O EVANGELHO
segundo os
APÓSTOLOS

John MacArthur

O EVANGELHO segundo os APÓSTOLOS

O papel das obras na vida de fé

Tradução
Markus Hediger

Thomas Nelson
BRASIL®

Rio de Janeiro, 2020

Título original: *The Gospel According to the Apostles*

Copyright © 1993 e 2000 por John MacArthur
Edição original por Nelson Books, uma marca da Thomas Nelson.
Todos os direitos reservados.
Copyright de tradução © Vida Melhor Editora LTDA., 2017.

As citações bíblicas são da *Nova Versão Internacional* (NVI), da Biblica, Inc., a menos que seja
especificada outra versão da Bíblia Sagrada.

Os pontos de vista desta obra são de responsabilidade de seus autores e colaboradores diretos,
não refletindo necessariamente a posição da Thomas Nelson Brasil, da HarperCollins Christian
Publishing ou de sua equipe editorial.

PUBLISHER	*Omar de Souza*
GERENTE EDITORIAL	*Samuel Coto*
EDITOR	*André Lodos Tangerino*
ASSISTENTE EDITORIAL	*Marina Castro*
COORDENAÇÃO DE PRODUÇÃO	*Thalita Ramalho*
PRODUÇÃO EDITORIAL	*Luiz Antonio Werneck Maia*
COPIDESQUE	*Jean Carlos Alves Xavier*
REVISÃO	*Davi F. de Carvalho* e *Geisa Oliveira*
DIAGRAMAÇÃO	*Abreu's System*
CAPA	*Rafael Brum*

CIP-BRASIL. CATALOGAÇÃO NA PUBLICAÇÃO
SINDICATO NACIONAL DOS EDITORES DE LIVROS, RJ

M113e

MacArthur, John, 1939-
O evangelho segundo os apóstolos : o papel das obras na vida de fé / John MacArthur ;
tradução Markus Hediger. - 1. ed. - Rio de Janeiro : Thomas Nelson Brasil, 2017.
304 p.

Tradução de: The gospel according to the apostles
Inclui bibliografia e índice
ISBN: 978.85.7860.915-3

1. Jesus Cristo. 2. Cristianismo. 3. Vida cristã. I. Hediger, Markus. II. Título.

17-38937   CDD: 210
                                            CDU: 27-312

Thomas Nelson Brasil é uma marca licenciada à Vida Melhor Editora LTDA.
Todos os direitos reservados à Vida Melhor Editora LTDA.
Rua da Quitanda, 86, sala 218 – Centro – 20091-005
Rio de Janeiro – RJ – Brasil
Tel.: (21) 3175-1030
www.thomasnelson.com.br

Para Lance Quinn,
que é um Timóteo para mim em todos os sentidos
— que realiza meus objetivos superando seu mestre.

Porque a graça de Deus se manifestou salvadora a todos os homens. Ela nos ensina a renunciar à impiedade e às paixões mundanas e a viver de maneira sensata, justa e piedosa nesta era presente, enquanto aguardamos a bendita esperança: a gloriosa manifestação de nosso grande Deus e Salvador, Jesus Cristo.

TITO 2:11-13

O Senhor sabe o quanto devo (e quanto cada leitor deve) a Phil Johnson por este livro. Ele é um querido amigo e meu complemento perfeito em todos os aspectos relacionados à escrita. Com grande cautela e habilidade, ele extrai minha voz do ar e a materializa. Eu não seria capaz de fazê-lo sem ele.

Sumário

Introdução 13

Capítulo 1:   Prólogo 19

Capítulo 2:   Uma introdução à controvérsia
da "salvação por senhorio". 23

Capítulo 3:   Sem fé, é impossível agradá-lo. 40

Capítulo 4:   Graça barata? 59

Capítulo 5:   A necessidade de pregar o arrependimento 77

Capítulo 6:   Somente pela fé 92

Capítulo 7:   Livres do pecado, escravos da justiça 111

Capítulo 8:   A luta mortal com o pecado 131

Capítulo 9:   A fé que *não* funciona 150

Capítulo 10:   Um antegosto da glória 168

Capítulo 11:   Protegidos pelo poder de Deus. 186

Capítulo 12:   O que preciso fazer para ser salvo? 206

Apêndice 1:   Uma comparação de três visões 229

Apêndice 2:   O que é dispensacionalismo
e o que ele tem a ver com a salvação pelo senhorio? 235

Apêndice 3:   Vozes do passado. 251

Glossário. 279

Índice bíblico 283

Notas 289

Introdução

ESTE LIVRO NÃO É UMA mera continuação de *O evangelho segundo Jesus*, livro que faz uma análise do ministério evangelístico de Jesus e compara a pregação, o ensinamento e o ministério particular do nosso Senhor aos métodos do evangelicalismo do século XX. Esta obra é sim mais um tipo de "*prequência*", uma abordagem do tema do tipo "comece pelo início", uma vez que aprofunda a estrutura da doutrina à qual seu precursor, *O evangelho segundo Jesus*, apenas menciona. Aqui, por sua vez, tratamos da doutrina da salvação apresentada pelos apóstolos, mostrando que o evangelho segundo Jesus é também o evangelho segundo os apóstolos. Assim, toda a mensagem do Novo Testamento é apresentada de maneira oposta ao "evangelho" vazio que muitos proclamam hoje em dia.

Talvez você esteja pensando: *Não, obrigado. Prefiro um bom livro devocional e deixo que os teólogos profissionais se ocupem com os estudos doutrinais.*

Mas, por favor, não desista da leitura, porque não se trata de um estudo técnico ou de um tratado acadêmico, tampouco de um manual para teólogos, mas sim de uma mensagem que vem ardendo em meu coração durante todos os anos do meu ministério. Longe de ser uma dissertação árida, trata-se de um estudo passional sobre a mais essencial das verdades cristãs. Se você considera a salvação algo importante (e o que poderia ser mais importante?), não pode ignorar as questões tratadas neste livro, e se tende a acreditar que um livro "doutrinal" é a antítese de um livro "devocional", espero conseguir mudar sua opinião.

Acredito que, hoje em dia, os cristãos desejem conteúdo doutrinal. Há cinco anos, enquanto escrevia *O evangelho segundo Jesus*, esse assunto passou a predominar em minha mente. Vários editores me advertiram de que o livro — cujo propósito era responder a uma controvérsia doutrinal que vinha envenenando o evangelicalismo há anos — era "excessivamente doutrinal" para o mercado. Todavia, eu não podia escrever o livro sem me aprofundar na doutrina. Quando finalmente o finalizei, tive de admitir que ele se parecia muito com um manual, uma vez que eu havia empregado a terminologia que é comum à sala de aula de uma faculdade ou de um seminário bíblico, porém estranha a muitos leigos. Era impresso em letras pequenas, apresentava muitas notas de rodapé e iniciava com uma avaliação crítica da soteriologia de alguns dispensacionalistas — certamente não era o tipo de leitura que um não acadêmico deseja para sua devoção diária. O livro acabou sendo publicado como estudo acadêmico, editado e comercializado pela divisão didática da editora.

Naturalmente, eu esperava que esse livro conquistasse um público mais amplo, mas confesso que me surpreendi quando se tornou um dos livros cristãos mais lidos da década de 1980, passando a ser o primeiro livro "doutrinal" a se tornar campeão de vendas em anos. Obviamente, *O evangelho segundo Jesus* respondia a uma necessidade — ou tocava num ponto delicado, dependendo do lado do debate em que você estava.

Quase imediatamente após a publicação do livro, comecei a receber cartas de líderes leigos pedindo que eu falasse mais sobre o assunto. Queriam conselhos práticos: *Como devemos explicar o evangelho às crianças? Existem panfletos que apresentam o caminho da salvação de forma plena e bíblica?* Queriam ajuda para entender as próprias experiências espirituais: *Vim a Cristo quando criança, mas entreguei-me a ele como Senhor apenas vários anos depois. Isso anula minha salvação?* Queriam conselhos espirituais: *Há anos venho lutando contra o pecado e contra uma falta de certeza. Você pode me ajudar a entender a fé autêntica e como obtê-la?* Desejavam esclarecimentos: *E quanto a Ló e aos coríntios que viviam em desobediência? Mesmo assim eram pessoas remidas, não eram?* Queriam também explica-

INTRODUÇÃO

ções simplificadas: *Não entendo com facilidade termos teológicos como "dispensacionalismo" e "soteriologia". Você poderia me explicar a controvérsia do senhorio numa linguagem simples?*

Este livro foi escrito para essas pessoas, pois é um tratado mais simples, o que é apropriado, pois o próprio evangelho é simples. Além do mais, afirmo que as questões bíblicas que ocupam o centro da controvérsia do senhorio também são todas muito simples. Você não precisa ser um teólogo experiente para discernir o sentido de passagens difíceis como 1João 2:3-4: "Sabemos que o conhecemos, se obedecemos aos seus mandamentos. Aquele que diz: 'Eu o conheço', mas não obedece aos seus mandamentos, é mentiroso, e a verdade não está nele".

Recorro também aqui a notas, principalmente para documentar as citações que um livro desse tipo exige. Incluí também uma seção sobre o dispensacionalismo, pois pretendia explicar mais detalhadamente o que ele representa e qual é a sua importância no contexto da controvérsia do senhorio. Mesmo assim, este é um livro para todos os cristãos. Não foi escrito como estudo avançado. Cada termo-chave é definido quando for utilizado pela primeira vez. Também incluí um glossário. Meu objetivo tem sido explicar as questões de modo que até mesmo um recém-convertido à fé consiga entender o que escrevo.

Infelizmente, a controvérsia do senhorio foi desnecessariamente obscurecida por argumentos complexos expressos em jargão teológico, e tudo isso tende a intimidar as pessoas que procuram entender sinceramente essas questões. Muitos leigos cristãos — e alguns líderes cristãos — chegaram à conclusão de que essas questões são profundas demais para sua compreensão. Outros se deixaram seduzir por argumentos excessivamente simplificados ou distraídos por uma retórica emocional em vez de refletirem sobre as questões com cautela e por conta própria. Espero que este livro funcione como um antídoto contra a confusão e a lógica deturpada que têm dominado o debate sobre o senhorio nos últimos cinco anos.

Não pretendo responder aos críticos — aliás, tenho uma gaveta cheia de resenhas de *O evangelho segundo Jesus*. A maioria tem sido positiva, e sou grato pelo encorajamento e pela confirmação, mas li também com muito cuidado todas as resenhas negativas (e foram muitas). Eu as estudei com um coração aberto, pedi que minha equipe e o corpo docente do *The Master's Seminary* avaliasse cada crítica e abri as Escrituras para estudar as questões bíblicas em oração. Esse processo ajudou a aguçar meu pensamento, e sou grato por isso. Alguns leitores têm percebido que edições posteriores do livro passaram a incluir algumas modificações, a fim de esclarecer ou refinar o que pretendo dizer.

No geral, porém, preciso confessar que fiquei profundamente decepcionado com a *qualidade* da reação dos críticos, pois a maioria esmagadora das críticas nada tem a ver com questões bíblicas. Alguns resenhistas lamentam que a questão do senhorio é desagregadora demais, que a mensagem é excessivamente dura ou que minha posição é exageradamente dogmática, ao passo que outros questionaram a semântica ou se distanciaram da minha terminologia. Alguns se mostraram indignados, alegando que *O evangelho segundo Jesus* representa uma agressão injusta contra eles, seus amigos ou essa ou aquela organização — há, inclusive, aqueles que declaram que o livro é desequilibrado, acusando-me de preparar o caminho de volta a Roma e afirmando que estou abandonando o dispensacionalismo; além disso, rotulam-me de ultracalvinista e culpam-me por ser excessivamente arminiano, e, também (o que mais me entristeceu), denunciam-me como defensor da salvação por meio das obras.

A todos aqueles que pediram que eu respondesse a essas acusações, tenho dito simplesmente que leiam o livro e julguem por si mesmos se as queixas são justas. Acredito que todas elas são respondidas por meio de *O evangelho segundo Jesus*.

O problema de todas essas críticas é que nenhuma delas trata das particularidades *bíblicas*. Como já disse naquele primeiro livro, não me importa muito se aquilo que ensino confunde o mapa dispensacionalista de alguém, tampouco me importa se algo é compatível com algum sistema específico de teologia. Minha missão não é promover nenhum esquema teológico novo. Meu único objetivo é discernir e ensinar o que as Escrituras dizem. Não pretendo me desculpar por isso. Se quisermos discutir assuntos doutrinais, devemos permitir que a Bíblia decida a questão.

Muitos cristãos estiveram dispostos a condenar a "salvação por senhorio" por chamar os pecadores para a entrega total, mas ninguém tentou explicar por que o próprio Jesus disse às multidões não salvas: "Se

INTRODUÇÃO

alguém quiser acompanhar-me, negue-se a si mesmo, tome a sua cruz e siga-me" (Marcos 8:34b). Muitos me consideram legalista por ensinar que uma vida transformada é consequência inevitável de uma fé genuína, mas ninguém ofereceu outra explicação possível para 2Coríntios 5:17: "Portanto, se alguém está em Cristo, é nova criação. As coisas antigas já passaram; eis que surgiram coisas novas!" Muitos se mostraram ávidos por discutir detalhes teológicos, casos hipotéticos, ramificações lógicas, premissas racionais, diferenças semânticas e coisas semelhantes, mas quase ninguém tem se mostrado disposto a se aprofundar nos textos bíblicos pertinentes.

O evangelicalismo moderno parece estar inadequadamente equipado para lidar com controvérsias como a questão do senhorio, uma vez que fomos condicionados a ouvir apenas "frases de efeito" breves e insípidas. Ao contemplar questões dessa magnitude, precisamos ouvir, raciocinar e ponderar as questões com cuidado, para então chegar a uma resolução e a um acordo. Muitos parecem pensar que a controvérsia do senhorio deveria ser resolvida por meio de um debate público semelhante aos debates televisivos entre os candidatos à presidência, e diversas vezes fui desafiado a medir minhas forças intelectuais com alguns dos principais defensores do pensamento contrário ao senhorio em praça pública, mas sempre me neguei a isso, e quero explicar por quê.

Minhas experiências com esse tipo de debate me convenceram de que não são muito edificantes. Os ouvintes saem do debate acreditando que compreendem plenamente o assunto, mas o formato típico desses debates só permite uma abordagem superficial ao assunto. As questões reais não são resolvidas em sessões de uma ou duas horas. Na prática, as questões reais raramente são discutidas; em vez disso, os debates públicos tendem a dar importância ao irrelevante. No fim das contas, tais debates apenas oferecem uma plataforma aos participantes mais espertos para ganhar pontos, e o pior de tudo é que ainda contribuem para a percepção de hostilidade pessoal.

Um concurso de retórica não pode resolver as diferenças existentes nessa controvérsia. Além disso, esse tipo de abordagem não possui fundamento bíblico. Não conheço nenhum caso nas Escrituras em que o debate foi usado para alcançar uma compreensão correta e um consenso em alguma questão doutrinária.

Em *O evangelho segundo Jesus*, expressei o desejo de que o livro pudesse servir como catalisador na discussão e na resolução definitiva das questões em pauta, e, desde sua publicação, tenho me reunido em particular com vários líderes cristãos do lado oposto — e minha porta permanece aberta. Não vejo nenhum desses homens como inimigos, tampouco considero nossas diferenças uma briga pessoal, pois, dentro do escopo daquilo em que cremos, concordamos muito mais do que discordamos. Mas não há como negar que essas questões pertinentes ao evangelho são fundamentais, por isso nossas diferenças em relação a elas precisam ser levadas a sério. Certamente, todos os envolvidos concordarão que não podemos fazer de conta que o que está em jogo não é importante.

No fim das contas, o melhor fórum para travar esse tipo de disputa doutrinária é o diálogo cuidadoso, baseado em raciocínio bíblico, preferivelmente de forma escrita, pois, desse modo, é mais fácil medir as palavras com cuidado, ser compreensivo e evitar o tipo de divisão que preocupa a todos nós. Precisamos esclarecer as questões, não intensificar a tonalidade emocional do nosso desacordo.

Meu desejo é apresentar o caso de forma bíblica, clara, graciosa, justa e com palavras que todos possam entender. Minha abordagem será a análise de algumas das passagens-chave das epístolas e de Atos que revelam como os apóstolos proclamaram o evangelho e como desdobraram as verdades da salvação para a igreja primitiva. Há tanta revelação clara sobre esse tema que talvez você sinta que a mesma coisa lhe é apresentada repetidas vezes — e, de fato, é o que acontece —, porque ela é essencial ao propósito do Espírito Santo de comunicar o tema da salvação que essas verdades são entremeadas na tecitura de muitas epístolas.

Creio que você concordará que o evangelho segundo os apóstolos é o mesmo evangelho pregado por Jesus. Creio também que você se convencerá de que esse evangelho difere drasticamente da mensagem diluída que, hoje em dia, é tão popular nos círculos evangélicos. E oro para que você encontre encorajamento neste livro à medida que coloca sua fé em ação.

CAPÍTULO 1

Prólogo

No evangelho, minha mente encontra uma satisfação que não encontra em qualquer outro lugar. [...] Não existe problema na minha vida com o qual o evangelho não lide e responda. Nele encontro descanso intelectual e uma resposta para todas as minhas perguntas.

E, graças a Deus, meu coração e meus desejos também são satisfeitos. Encontro satisfação completa em Cristo. Não existe desejo, não existe nada que meu coração possa ansiar que ele não satisfaça mais do que eu poderia imaginar. Toda inquietude do desejo é acalmada por ele na medida em que sua paz permeia minhas dificuldades, meus problemas e minha inquietude. [...]

Assim, encontro descanso a despeito de todas as circunstâncias. O evangelho me capacita a dizer com o apóstolo Paulo: "Estou convencido" — o que significa: tenho certeza — "de que nem morte nem vida, nem anjos nem demônios, nem o presente nem o futuro, nem quaisquer poderes, nem altura nem profundidade, nem qualquer outra coisa na criação será capaz de nos separar do amor de Deus que está em Cristo Jesus, nosso Senhor" (Romanos 8:38-39). Este é o descanso perfeito que independe das circunstâncias; que significa permanecer calmo em meio à tempestade.

D. MARTYN LLOYD-JONES[1]

ENQUANTO ESCREVIA ESTE LIVRO, DE repente toda minha vida mudou. Numa tarde, enquanto aguardava meu filho no campo de golfe, recebi um telefonema informando-me que minha esposa, Patricia, e nossa caçula, Melinda, haviam sofrido um grave acidente de carro. Patricia havia se ferido gravemente e estava sendo levada de helicóptero para um hospital que distava mais ou menos uma hora de onde eu estava. Não me deram detalhes. Deixei meus tacos de golfe no campo de treinamento, entrei imediatamente em meu carro e dirigi até o hospital.

Aquela uma hora no carro a caminho do hospital ficará gravada para sempre na minha memória. Mil pensamentos inundaram minha mente. É claro que me dei conta de que, possivelmente, jamais veria Patricia em vida. Pensei na lacuna enorme que passaria a experimentar ao viver sem ela, refleti sobre o papel essencial que ela havia exercido em minha vida e em meu ministério ao longo dos anos e perguntei-me como conseguiria sobreviver à sua ausência. Lembrei-me de nosso primeiro encontro, como passamos a amar um ao outro e de centenas de outros detalhes sobre nossa vida conjugal. Eu daria tudo para ficar com ela, mas percebi que tal escolha não cabia a mim.

Uma paz sobrenatural inundou minha alma. Meu luto, minha tristeza, minha incerteza e meus medos foram todos envolvidos por essa paz e por esse descanso. Eu sabia que Patricia e eu estávamos nas mãos do nosso Senhor, e, sob aquelas circunstâncias, esse era o único lugar em que eu conseguia imaginar qualquer senso de segurança. Eu não conhecia seus planos, não conseguia compreender seus propósitos e não entendia o que havia acontecido e por que, mas pude descansar no conhecimento de que seu plano para nós servia para o nosso bem e para a sua glória.

Quando cheguei ao pronto-socorro, soube que Melinda havia se machucado muito e sofrido alguns cortes, mas que não estava gravemente ferida. Ela estava muito abalada, mas não corria qualquer perigo.

Um médico veio me explicar os ferimentos de Patricia. Seu pescoço estava fraturado e duas vértebras estavam gravemente esmagadas. O dano havia ocorrido acima dos nervos cruciais na medula espinhal que controlam a respiração. Na maioria desses casos, a vítima morre imediatamente, mas, em sua Providência, nosso Senhor poupara a vida dela.

Ela havia sofrido também um forte golpe contra o crânio — o impacto do teto sobre sua cabeça, quando o carro tombou, foi tão forte que poderia tê-la matado. Foram aplicadas doses enormes de um novo remédio para diminuir o inchaço de seu cérebro, e o cirurgião se mostrou preocupado, advertindo que a pancada na cabeça ainda poderia ter consequências fatais. Foram necessários mais de quarenta pontos para

PRÓLOGO

suturar o corte em seu escalpo. Seu queixo e vários ossos em seu rosto estavam fraturados, e ela continuaria à beira da morte durante vários dias.

Os funcionários do pronto-socorro estavam prestes a levar Patricia para a sala de cirurgia, onde os médicos fixariam um arco de aço em sua cabeça com quatro parafusos presos diretamente ao crânio. Esse aparelho iria suspender sua cabeça e estabilizar seu pescoço durante a recuperação de suas vértebras. Ela teria de usar o arco durante vários meses e depois se submeter a um programa exaustivo de reabilitação física.

Nos dias que se seguiram, os médicos descobriram outros ferimentos. A clavícula direita estava fraturada, e o pior era que o braço direito de Patricia estava paralisado. Ela conseguia mexer seus dedos e agarrar objetos, mas seu braço pendia do corpo, e ela não o sentia. Sua mão esquerda estava fraturada e precisou ser engessada. Isso significava que Patricia não poderia usar nenhuma de suas mãos.

Tudo isso me deu a oportunidade maravilhosa de servir minha esposa. Durante toda nossa vida, ela havia cuidado das minhas necessidades e servido à família de inúmeras maneiras. Agora, era a minha vez, e eu aproveitei a oportunidade. Meu amor por ela e meu apreço por tudo aquilo que ela fez cresceram sem medida.

Enquanto escrevo estas linhas, Patricia ainda está usando o arco. É uma engenhoca impressionante, um jugo de aço enorme que suspende sua cabeça e apoia o peso em quatro barras de aço presos a um colete de plástico. Isso imobiliza sua cabeça e seu pescoço.

Alegro-me por poder dizer que agora ela está fora de perigo. Se em sua graça Deus permitir, quando este livro for publicado ela já estará livre do arco. Ela recuperou parte dos movimentos de seu braço direito, e os médicos acreditam que ela pode estar a caminho de uma recuperação plena.

Essa experiência tem sido o trauma mais difícil de nossa vida. No entanto, durante todo esse tempo, Patricia e eu aprendemos mais uma vez — num sentido muito prático — que a fé funciona. Nossa fé em Cristo — a mesma fé com a qual confiamos primeiramente nele como Senhor — permaneceu forte e nos permitiu confiar nele durante essa provação.

Compreendemos como nunca antes a doçura do convite do nosso Senhor em Mateus 11:28-30: "Venham a mim, todos os que estão cansados e sobrecarregados, e eu lhes darei descanso. Tomem sobre vocês o meu jugo e aprendam de mim, pois sou manso e humilde de coração, e vocês encontrarão descanso para as suas almas. Pois o meu jugo é suave e o meu fardo é leve." Descobrimos inúmeras vezes que, mesmo que nem sempre o jugo *pareça* ser suave e que nem sempre o fardo *aparente* ser leve, viver na realidade preciosa do senhorio de Cristo oferece a única vida em descanso verdadeiro independente do que aconteça.

Essa é, afinal de contas, a essência do evangelho segundo Jesus. Os apóstolos conheciam essa verdade tanto do ensinamento do Senhor quanto de suas próprias experiências. Essa era a essência da mensagem deles para um mundo não salvo. Eles pregavam que a fé *funciona*; ela não pode falhar ou permanecer passiva, pelo contrário, imediatamente se põe a trabalhar na vida do cristão. Ela funciona *para* nós, *em* nós e *por meio* de nós; além disso, é sustentada e nos sustenta em meio às provações da vida. Ela nos motiva diante das dificuldades da vida e nos ajuda a atravessar as tragédias da vida. A fé funciona e, por isso, ela nos capacita a desfrutar um descanso espiritual sobrenatural.

Nossa experiência durante o sofrimento de Patricia me deu novo vigor para este livro, e sou constantemente lembrado de que minha confiança no senhorio de Jesus Cristo é o fundamento e o sustento da minha vida. A provisão imensa de sua graça salvadora nos dá forças para perseverar.

O senhorio de Cristo não é uma doutrina abstrata seca e mofada, e o evangelho não é um assunto acadêmico. A fé não é um desafio teórico e a graça de Deus não é uma realidade conjectural. A forma como entendemos as verdades do evangelho determina como vivemos a nossa vida, e todas essas questões são dinâmicas, profundamente práticas e extremamente relevantes para o nosso dia a dia. Por favor, lembre-se disso enquanto estudar estas páginas.

CAPÍTULO 2

Uma introdução à controvérsia da "salvação por senhorio"

Amados, embora estivesse muito ansioso por lhes escrever acerca da salvação que compartilhamos, senti que era necessário escrever-lhes insistindo que batalhassem pela fé uma vez por todas confiada aos santos.

JUDAS 3

"POR QUE VOCÊ QUER ESCREVER outro livro sobre a 'salvação por senhorio'?" foi a pergunta que me foi feita recentemente por um amigo. "Essa questão já não foi tratada exaustivamente?"

Reconheço que parte de mim compartilha esse sentimento. Originalmente, não tinha nenhuma intenção de escrever uma sequência a *O Evangelho segundo Jesus*. Esse livro foi preparado durante vários anos e, quando finalmente o completei, estava ansioso para me ocupar com algo diferente. Mesmo sentindo que ainda havia muito a ser dito, eu estava satisfeito por acreditar que o livro tratava o assunto de maneira adequada. Eu não pretendia inserir-me no centro de um debate continuado. Acima de tudo, eu não queria que a controvérsia da "salvação por senhorio" se transformasse no único foco do meu ministério.

Isso foi cinco anos atrás. Hoje, sinto algo parecido com o que Judas deve ter sentido quando redigiu o versículo citado no início deste capítulo, e um impulso urgente na parte mais profunda da minha alma me impulsiona a dizer mais.

Isso realmente é uma questão crucial?

Uma das principais razões pelas quais me preocupo tanto tem a ver com alguns equívocos populares que ofuscam toda a controvérsia. "A salvação por senhorio" tem se tornado o tema teológico mais discutido e menos compreendido na cristandade evangélica. Quase todos parecem saber algo *sobre* o debate, mas poucos realmente entendem as questões envolvidas. É fácil encontrar opiniões fortes em ambos os lados, mas encontrar uma pessoa com uma compreensão autêntica é bem difícil. Muitos supõem que tudo isso seja um conflito superficial e que a igreja ficaria melhor se todos pusessem isso de lado. Um líder cristão muito conhecido me disse que havia evitado intencionalmente ler qualquer livro sobre a questão porque não queria ser obrigado a tomar partido. Outro me disse que a questão causava divisões desnecessárias.

No entanto, não se trata de uma questão teológica trivial, pois a forma como proclamamos o evangelho tem ramificações eternas para os não cristãos e define quem nós somos como cristãos. Tampouco a questão do senhorio é um problema teórico ou hipotético, tendo em vista que levanta várias perguntas fundamentais com repercussões no nível mais prático da vida cristã.

Então, como devemos proclamar o evangelho? Apresentamos Jesus aos não cristãos como Senhor ou apenas como Salvador? Quais são as verdades fundamentais da mensagem do evangelho? O que significa ser *salvo*? Como uma pessoa pode saber que sua fé é verdadeira? Podemos ter certeza absoluta da salvação? Que tipo de transformação ocorre no novo nascimento? Como explicamos o pecado na vida cristã? Até onde o cristão pode ir no pecado? Qual é a relação existente entre fé e obediência? Cada área da vida cristã é afetada por uma ou por várias dessas questões.

É claro, isso não significa que a discussão sobre o senhorio seja puramente pragmática. Várias doutrinas cruciais têm emergido no debate: dispensacionalismo, eleição, *ordo salutis* ("ordem da salvação"), relação entre santificação e justificação, segurança eterna, perseverança dos santos etc.

Não desanime. Você pode não reconhecer imediatamente alguns desses termos ou não conseguir definir todos eles, mas, se é cristão, todos eles são importantes para você. Você deveria ter um entendimento básico daquilo que eles significam e como estão relacionados às Escrituras e à mensagem do evangelho. A doutrina não é esfera exclusiva dos professores de seminários bíblicos; na verdade, todo cristão verdadeiro precisa se preocupar com a compreensão da sã doutrina, pois é a disciplina de discernir e digerir aquilo que Deus nos diz em sua Palavra que nos leva a glorificá-lo por meio de nossa vida. A doutrina forma o sistema de convicções que controla e compele a conduta, então, o que poderia ser mais prático — ou mais importante?

Precisamos manter tal perspectiva em mente quando abordarmos esse tema controverso. Não concordamos em questões doutrinais? Vejamos juntos o que diz a *Palavra de Deus*. Sistemas e polêmicas teológicos, retórica elegante ou posturas bombásticas e fanfarrices podem convencer algumas pessoas, mas não aqueles que procuram conhecer a mente de Deus. A verdade de Deus está revelada em sua Palavra, e é a esta que precisamos recorrer para resolver quaisquer questões doutrinais.

O que é a "salvação por senhorio"?

O chamado do evangelho para a fé pressupõe que os pecadores precisam se arrepender de seu pecado e submeterem-se à autoridade de Cristo. Isso é, em poucas palavras, aquilo que a "salvação por senhorio" ensina.

Não gosto do termo *salvação por senhorio* e rejeito a conotação pretendida por aqueles que cunharam a expressão, pois ela pode dar a entender que um coração submisso é extrínseco ou complementar à fé salvadora. Apesar de eu ter usado com relutância o termo para descrever meus pontos de vista, trata-se de uma concessão ao uso popular. A entrega ao senhorio de Jesus não é um adendo aos termos bíblicos da salvação; o chamado para a submissão está no centro do convite do evangelho em toda a Escritura.

Aqueles que criticam a salvação por senhorio gostam de nos acusar de ensinarmos um sistema de justiça baseado em obras. Não poderia haver equívoco maior. Apesar de eu ter feito de tudo para deixar isso o mais claro possível em *O evangelho segundo Jesus*, alguns críticos continuam a lançar essa alegação contra mim. Outros têm imaginado que estou defendendo alguma doutrina de salvação nova ou modificada que

O EVANGELHO SEGUNDO OS APÓSTOLOS

desafia os ensinamentos dos reformadores ou redefine radicalmente a fé em Cristo. Evidentemente, meu propósito é justamente o oposto.

Portanto, deixe-me tentar afirmar os pontos cruciais da minha posição da maneira mais clara possível. Estes artigos de fé são fundamentais a todo ensinamento evangélico:

- A morte de Cristo na cruz pagou o preço total pelos nossos pecados e adquiriu a salvação eterna. Seu sacrifício expiatório permite que Deus justifique os pecadores livremente sem comprometer a perfeição da justiça divina (Romanos 3:24-26). Sua ressurreição dentre os mortos declara sua vitória sobre o pecado e sobre a morte (1Coríntios 15:54-57).
- A salvação ocorre exclusivamente pela graça por meio da fé no Senhor Jesus Cristo — sem mais, sem menos (Efésios 2:8-9).
- Os pecadores não têm como merecer a salvação ou o favor de Deus (Romanos 8:8).
- Deus não exige daqueles que são salvos quaisquer obras preparatórias ou uma melhora antecedente como pré-requisito (Romanos 10:13; 1Timóteo 1:15).
- A vida eterna é uma dádiva de Deus (Romanos 6:23).
- Os cristãos são salvos e plenamente justificados antes mesmo de sua fé produzir uma única obra justa (Efésios 2:10).
- Cristãos podem pecar — e de fato o fazem (1João 1:8, 10). Até mesmo os cristãos mais fortes travam uma batalha constante e intensa contra o pecado na carne (Romanos 7:15-24). Às vezes, cristãos genuínos cometem pecados hediondos, como Davi fez em 2Samuel 11.

Além dessas verdades, creio que as Escrituras ensinam também estas:

- O evangelho chama os pecadores para a fé reunidos em concordância com arrependimento (Atos 2:38; 17:30; 20:21; 2Pedro 3:9). Arrependimento significa abandonar o pecado (Atos 3:19; Lucas 24:47). Não é uma obra, mas uma graça divinamente concedida (Atos 11:18; 2Timóteo 2:25). O arrependimento é uma mudança de coração, mas o arrependimento genuíno produzirá também uma mudança de conduta (Lucas 3:8; Atos 26:18-20).

UMA INTRODUÇÃO À CONTROVÉRSIA DA "SALVAÇÃO POR SENHORIO"

- A salvação é completamente obra de Deus, e aqueles que creem são salvos independente de qualquer esforço próprio (Tito 3:5). Até mesmo a fé é uma dádiva de Deus, não uma obra do homem (Efésios 2:1-5, 8). A fé verdadeira não pode, portanto, ser deficiente ou ter vida curta, mas permanece para sempre (Filipenses 1:6; cf. Hebreus 11).
- O objeto da fé é o próprio Cristo, não apenas uma crença ou uma promessa (João 3:16), portanto, a fé envolve um compromisso pessoal com Cristo (2Coríntios 5:15). Em outras palavras, todo cristão verdadeiro segue Jesus (João 10:27-28).
- A fé real inevitavelmente produz uma vida transformada (2Coríntios 5:17). A salvação inclui uma transformação do homem interior (Gálatas 2:20). A natureza do cristão é diferente, nova (Romanos 6:6), e o padrão de pecado e a inimizade com Deus não continuam quando uma pessoa nasce de novo (1João 3:9-10).
- A "dádiva de Deus", a vida eterna (Romanos 6:23), inclui tudo que diz respeito à vida e à santidade (2Pedro 1:3; Romanos 8:32), ou seja, não é apenas uma passagem para o céu.
- Jesus é Senhor de tudo, e a fé que ele exige envolve uma entrega incondicional (Romanos 6:17-18; 10:9-10). Ele não dá vida eterna àqueles cujos corações continuam voltados contra ele (Tiago 4:6).
- Aqueles que realmente creem amam Cristo (1Pedro 1:8-9; Romanos 8:28-30; 1Coríntios 16:22). Portanto, desejarão obedecer-lhe (João 14:15, 23).
- A conduta é uma prova de fé importante, e obedecer é evidência de que a fé é real (1João 2:3). Por outro lado, quem permanece indisposto à obediência a Cristo não evidencia uma fé verdadeira (1João 2:4).
- Cristãos genuínos podem tropeçar e cair, mas *perseverarão* na fé (1Coríntios 1:8). Aqueles que, mais tarde, se afastam completamente do Senhor jamais nasceram de novo verdadeiramente (1João 2:19).

Essa é a minha posição com relação à "salvação por senhorio". Todos que supõem que eu tenho segundas intenções mais profundas não entenderam o que eu estou dizendo.

Radical ou ortodoxo?

A maioria dos cristãos reconhecerá que os pontos mencionados anteriormente não são ideias novas ou radicais, e a maior parte dos cristãos bíblicos ao longo dos séculos os tem defendido como princípios básicos da ortodoxia. São preceitos padrões da doutrina afirmada, por exemplo, por todos os grandes credos reformados e calvinistas. Mesmo que alguns dos nossos irmãos wesleyanos possam não concordar em alguns pontos específicos, sua maioria não hesitaria em afirmar que o senhorio de Cristo ocupa o centro da mensagem do evangelho.[1] Nenhum grande movimento ortodoxo na história do cristianismo ensinou que os pecadores podem recusar o senhorio de Cristo e, mesmo assim, reivindicá-lo como seu Salvador.

A verdade é que o evangelho do não senhorio é um desenvolvimento bastante recente. Apesar de a maioria dos defensores da visão do não senhorio escrever e falar como se representasse o cristianismo evangélico histórico, isso não é verdade. Com a exceção de um grupo de pastores, autores e palestrantes norte-americanos, praticamente nenhum líder da igreja no mundo defende a doutrina do não senhorio como sendo ortodoxa. Até recentemente, na Europa Oriental e na União Soviética, por exemplo, ser cristão podia custar literalmente tudo a uma pessoa. Lá, a noção de uma fé sem compromisso é inimaginável. Na Inglaterra e no restante da Europa, os líderes cristãos que conheci condenam o ensinamento do não senhorio como uma aberração norte-americana, e o mesmo vale para outras partes do mundo que conheço.

Isso não quer dizer que o ensinamento do não senhorio não represente uma ameaça fora dos Estados Unidos. Ao longo das últimas três ou quatro décadas, folhetos evangélicos, manuais sobre métodos de testemunho, programas de rádio e televisão e outras mídias têm levado a mensagem do não senhorio para as partes mais remotas da terra. O chamado evangelho da fé simples — sem arrependimento, sem renúncia, sem compromisso, sem vida transformada — tem tido uma influência terrível sobre o vocabulário do evangelismo. Pelo fato de a terminologia do não senhorio ("aceite Jesus como Salvador" agora, "faça-o Senhor" mais tarde) ter se tornado familiar e confortável, o pensamento de muitos cristãos sobre o evangelho se tornou confuso. Se

UMA INTRODUÇÃO À CONTROVÉRSIA DA "SALVAÇÃO POR SENHORIO"

tantos proclamadores da salvação sem senhorio levianamente levantam acusações de heresia contra aqueles que se opõem ao seu ensinamento, não devemos nos surpreender com o fato de tantos cristãos sinceros estarem verdadeiramente confusos. Qual sistema representa a verdadeira ortodoxia?

O que ensina o evangelho do não senhorio?

Anteriormente, mencionei 16 crenças da salvação por senhorio. As sete primeiras são princípios que todo defensor do não senhorio também afirmaria:

- A morte de Cristo comprou a salvação eterna.
- Os salvos são justificados apenas pela fé em Cristo.
- Os pecadores não podem conquistar o favor divino.
- Deus não exige obras preparatórias ou a reformação pré-salvação.
- A vida eterna é uma dádiva.
- Os cristãos são salvos antes mesmo de sua fé produzir qualquer obra justa.
- Algumas vezes, os cristãos pecam de maneira terrível.

Quanto a isso, todos nós concordamos. Aqueles, porém, que assumem a posição do não senhorio, divergem dramaticamente da salvação por senhorio nos outros nove pontos restantes. Em vez disso, eles ensinam:

- O arrependimento é uma mudança de pensamentos sobre Cristo (*SGS*, p. 96, 99).[2] No contexto do convite do evangelho, *arrependimento* é apenas um sinônimo de *fé* (*SGS*, p. 97-99). Nenhum abandono do pecado é exigido para a salvação (*SGS*, p. 99).
- O todo da salvação, incluindo a fé, é uma dádiva de Deus (*SGS*, p. 96). Mas a fé pode não perdurar, ou seja, um cristão verdadeiro pode deixar de crer completamente (*SGS*, p. 141).
- A fé salvadora consiste simplesmente na convicção ou na afirmação da verdade do evangelho (*SGS*, p. 156). É a confiança de que Cristo pode remover a culpa e dar a vida eterna, não um compromisso pessoal com *ele* (*SGS*, p. 119).

O EVANGELHO SEGUNDO OS APÓSTOLOS

- Em toda experiência cristã, *algum* fruto espiritual é inevitável mas este, porém, pode não ser visível a outros (*SGS*, p. 45). Cristãos podem até cair num estado de infertilidade espiritual permanente (*SGS*, p. 53-54).
- Apenas os aspectos *judiciais* da salvação — como justificação, adoção, justiça imputada e santificação posicional — são garantidos aos cristãos nesta vida (*SGS*, p. 150-152). A santificação *prática* e o crescimento na graça exigem um ato de dedicação após a conversão.[3]
- A submissão à autoridade suprema de Cristo como Senhor não é essencial à transação salvadora (*SGS*, p. 71-76). Dedicação ou *disposição* de se dedicar a Cristo também não importam para a salvação (*SGS*, p. 74). A notícia de que Cristo morreu por nossos pecados e ressurgiu dentre os mortos é o evangelho *completo*. Nada além disso precisa ser crido para a salvação (*SGS*, p. 40-41).
- Os cristãos podem cair num estado de carnalidade vitalício. A categoria de "cristãos carnais" — pessoas que nasceram de novo e que continuam a viver como os não salvos — existe na igreja (*SGS*, p. 31, 59-66).
- Desobediência e pecado continuado não oferecem motivo para duvidar da realidade da fé de uma pessoa (*SGS*, p. 48).
- Um cristão pode abandonar Cristo completamente e chegar ao ponto de não crer. Deus garantiu que não desapropriará aqueles que assim abandonam sua fé (*SGS*, p. 141), ou seja, aqueles que creram uma vez estão seguros para sempre, mesmo que se desviam (*SGS*, p. 143).

Alguns dos defensores mais radicais da doutrina do não senhorio não param por aqui. Eles estipulam, além disso:
- O arrependimento não é essencial à mensagem do evangelho, uma vez que não mantém qualquer relação com a fé salvadora (*AF*, p. 144-146).[4]
- A fé é um ato humano, não uma dádiva de Deus (*AF*, p. 219), e ocorre num momento decisivo, mas não tem necessariamente uma continuidade (*AF*, p. xiv, 107). A fé verdadeira pode ser subvertida, derrubada, ruir ou até mesmo se transformar em descrença (*AF*, p. 111).

UMA INTRODUÇÃO À CONTROVÉRSIA DA "SALVAÇÃO POR SENHORIO"

- "Crer" para a salvação significa acreditar nos *fatos* do evangelho (*AF*, p. 37-39). "Confiar em Jesus" significa acreditar nos "fatos salvadores" sobre ele (*AF*, p. 39), e acreditar nesses fatos significa apropriar-se da dádiva da vida eterna (*AF*, p. 40). Aqueles que acrescentam qualquer noção de compromisso se afastaram da ideia do Novo Testamento com relação à salvação (*AF*, p. 27).
- O fruto espiritual não é garantido na vida cristã (*AF*, p. 73-75, 119). Alguns cristãos passam sua vida numa terra infértil de derrota, confusão e todo tipo de mal (*AF*, p. 119-125).
- Os cristãos têm a garantia do céu (*AF*, p. 112), mas não da vitória cristã (*AF*, p. 118-119). Poderíamos até dizer que "os salvos" ainda precisam de salvação (*AF*, p. 195-199). Cristo oferece toda uma gama de experiências de libertação após a conversão para fornecer aquilo que falta aos cristãos (*AF*, p. 196), mas todas essas outras "salvações" exigem o acréscimo de obras humanas, como obediência, submissão e a confissão de Jesus como Senhor (*AF*, p. 74, 119, 124-125, 196). Em alguma medida, portanto, Deus depende do esforço humano para alcançar a libertação do pecado nesta vida (*AF*, p. 220).
- A submissão não é, de maneira nenhuma, uma condição para a vida eterna (*AF*, p. 172). "Invocar o Senhor" significa *apelar* a ele, e não se *submeter* a ele (*AF*, p. 193-195).
- Nada garante que um cristão verdadeiro amará a Deus (*AF*, p. 130-131). A salvação nem mesmo coloca o pecador necessariamente num relacionamento correto de comunhão harmoniosa com Deus (*AF*, p. 145-160).
- Se as pessoas têm certeza de que creem, sua fé *precisa* ser genuína (*AF*, p. 31). *Todos* que, pela fé, confessam Cristo como Salvador — até mesmo aqueles que se envolvem em pecados sérios e contínuos — podem ter a certeza de que pertencem a Deus, aconteça o que acontecer (*AF*, p. 32, 93-95). É perigoso e destrutivo questionar a salvação de cristãos professos (*AF*, p. 18-19, 91-99). Os autores do Novo Testamento *jamais* questionaram a realidade da fé de seus leitores (*AF*, p. 98).

- É possível experimentar um momento de fé que garante o céu por toda eternidade (*AF*, p. 107), depois afastar-se permanentemente e viver uma vida desprovida de qualquer fruto espiritual (*AF*, p. 118-119). Cristãos genuínos podem até deixar de mencionar o nome de Cristo ou confessar o cristianismo (*AF*, p. 111).

O apêndice I é um gráfico que contrapõe as principais diferenças e semelhanças das diversas visões.

Qual é de fato a essência do debate sobre o senhorio?

Creio que seja óbvio que se trata de verdadeiras diferenças doutrinais; a controvérsia do senhorio não é um desacordo semântico. Os participantes desse debate defendem pontos de vista profundamente divergentes.

Muitas vezes, porém, as questões têm sido obscurecidas por distrações semânticas, interpretações distorcidas do ensinamento do senhorio, uma lógica distorcida e uma retórica excessivamente emocional. Muitas vezes, é mais fácil interpretar equivocadamente um ponto do que respondê-lo, e infelizmente essa tem sido a abordagem usual. O único resultado disso tem sido a confusão das questões reais.

Por favor, permita que eu apresente as falácias mais preocupantes que têm dificultado a compreensão e a resolução da questão do senhorio.

A controvérsia do senhorio não é uma disputa sobre a pergunta se a salvação é pela fé somente ou pela fé mais obras
Nenhum cristão verdadeiro sugeriria que obras precisam ser acrescentadas à fé a fim de garantir a salvação. Ninguém que interpreta corretamente as Escrituras afirmaria que o esforço humano ou obras da carne possam ser *meritórios* — dignos de honra ou recompensa de Deus.[5]

A controvérsia do senhorio *é* um conflito sobre a natureza da fé verdadeira, e aqueles que procuram eliminar o senhorio de Cristo do evangelho veem a fé como simples confiança num conjunto de verdades sobre Cristo. A fé descrita desse modo é meramente uma apropriação pessoal da promessa da vida eterna, porém as Escrituras descrevem a fé como algo que vai além disso — é uma confiança de todo coração em Cristo pessoalmente (por exemplo, Gálatas 2:16; Filipenses 3:9). Não é apenas uma fé *sobre* Cristo; é fé *em* Cristo. Observe a diferença: se eu disser que eu acredito em alguma promessa que você fez, estou dizendo muito menos do que se eu disser que confio em *você*, uma vez que acreditar em uma pessoa envolve necessariamente certa medida de compromisso. Confiar em Cristo significa colocar-se sob sua custódia tanto na vida quanto na morte. Significa que nos apoiamos em seu conselho, que confiamos em sua bondade e que confiamos a ele a missão de nos guardar no tempo e na eternidade. A fé verdadeira, a fé salvadora, significa que todo o meu ser (mente, emoções e vontade) o aceita em todos os seus aspectos (Salvador, Advogado, Provedor, Sustentador, Conselheiro e Senhor Deus).

Aqueles que têm esse tipo de fé amarão Cristo (Romanos 8:28; 1Coríntios 16:22; 1João 4:19), portanto, desejarão cumprir sua vontade. Como alguém que realmente crê em Cristo poderia continuar a desafiar sua autoridade e buscar o que ele odeia? Nesse sentido, então, a questão crucial da salvação por senhorio não diz respeito apenas à autoridade e à submissão, mas aos afetos do coração. Jesus como Senhor é muito mais do que uma figura de autoridade. Ele é também nosso mais alto tesouro e nosso mais precioso companheiro. Nós lhe obedecemos por puro deleite.

Assim, o evangelho exige rendição não só por causa da autoridade, mas porque a rendição é também a suprema alegria do cristão. Esse tipo de rendição não é um acréscimo externo à fé; é a própria essência do ato de crer.

A salvação por senhorio não *ensina que cristãos verdadeiros são perfeitos ou sem pecado*
Uma dedicação de todo coração a Cristo não significa que jamais desobedecemos ou que levamos vidas perfeitas. Os vestígios de nossa carne pecaminosa tornam inevitável que, muitas vezes, façamos o que não queremos fazer (Romanos 7:15). Mas o compromisso com Cristo significa, *sim*, que a obediência, e não a desobediência, seja nosso traço distintivo. Deus lidará com o pecado em nossa vida, e nós responderemos à sua punição amorosa tornando-nos mais santos (Hebreus 12:5-11). Esforcei-me para deixar isso claro em *O evangelho segundo Jesus*. Escrevi,

por exemplo: "Aqueles de fé verdadeira falharão — às vezes, frequentemente —, mas um cristão genuíno adotará como padrão de vida a confissão de seus pecados e pedirá perdão ao Pai (1João 1:9)" (p. 192).

Mesmo assim, alguns críticos têm tentado retratar a salvação por senhorio como forma mal disfarçada de perfeccionismo. Um irmão querido — apresentador de rádio cristão — me escreveu sugerindo que os comentários qualificantes no livro, como aquele que acabo de citar, são inconsistentes com minha posição geral. Ele supôs que eram "repúdios" acrescentados pelo editor para "amenizar" meu livro. Evidentemente, ele acreditava que minha intenção real era ensinar a perfeição impecável como teste da salvação verdadeira, mas estava totalmente errado.

É evidente que cristãos pecam. Eles desobedecem. Eles falham. *Todos* nós estamos muito distantes da perfeição nesta vida (Filipenses 3:12-15). "Todos tropeçamos de muitas maneiras" (Tiago 3:2). Até mesmo os cristãos mais maduros e santos veem "apenas um reflexo obscuro" (1Coríntios 13:12). Nossas mentes precisam ser renovadas constantemente (Romanos 12:2), mas isso não anula a verdade de que a salvação, num sentido muito real, torna-nos justos de forma prática. A mesma epístola que descreve o ódio e a batalha dos cristãos contra o pecado (Romanos 7:8-24) primeiro afirma que os cristãos foram libertos do pecado e tornados escravos da justiça (6:18). O mesmo apóstolo que escreveu: "Se afirmarmos que estamos sem pecado, enganamo-nos a nós mesmos" (1João 1:8) escreveu mais tarde: "Todo aquele que nele permanece não está no pecado" (3:6). Em outro lugar, ele diz: "Se afirmarmos que não temos cometido pecado, fazemos de Deus um mentiroso, e a sua palavra não está em nós" (1:10). E em outro: "Todo aquele que é nascido de Deus não pratica o pecado, porque a semente de Deus permanece nele" (3:9).

Existe um verdadeiro paradoxo — não uma incoerência — nessas verdades. Todos os cristãos pecam (1João 1:8), mas todos eles também obedecem: "Sabemos que o conhecemos, se obedecemos aos seus mandamentos" (1João 2:3). Pecado e carnalidade continuam presentes em todos os cristãos (Romanos 7:21), mas eles não podem ser o distintivo do nosso caráter (Romanos 6:22).

As Escrituras confirmam claramente e repetidas vezes o ponto de vista do senhorio com relação a essa questão: "Amado, não imite o que é mau, mas sim o que é bom. Aquele que faz o bem é de Deus; aquele que faz o mal não viu a Deus" (3João 11). Isso se refere à *direção*, não à *perfeição*, mas claramente vê a conduta como teste da realidade da fé.

O papel do pecador na salvação não é a questão principal na controvérsia do senhorio

A essência do debate está em o quanto *Deus* faz na redenção dos eleitos.

O que acontece na regeneração? O pecador que crê realmente nasce de novo (João 3:3, 7; 1Pedro 1:3, 23)? O nosso "velho eu" realmente está morto, "crucificado [...], para que [...] não mais sejamos escravos do pecado" (Romanos 6:6)? Os cristãos realmente são "participantes da natureza divina" (2Pedro 1:4)? É verdade que "se alguém está em Cristo, é nova criação. As coisas antigas já passaram; eis que surgiram coisas novas" (2Coríntios 5:17)? Podemos realmente dizer: "Vocês foram libertados do pecado e tornaram-se escravos da justiça" (Romanos 6:18)?

A salvação pelo senhorio afirma que sim.

Afinal de contas, esta é a essência da redenção: "Pois aqueles que de antemão conheceu, também os predestinou para serem conformes à imagem de seu Filho" (Romanos 8:29). Essa obra conformadora de Deus — a santificação — começa ainda nesta vida? Novamente, a salvação por senhorio afirma que sim.

As Escrituras concordam: "E todos nós, que com a face descoberta contemplamos a glória do Senhor, segundo a sua imagem estamos sendo transformados com glória cada vez maior" (2Coríntios 3:18). Mesmo que "ainda não se manifestou o que havemos de ser", é igualmente certo que "quando ele se manifestar, seremos semelhantes a ele [...]. Todo aquele que nele tem esta esperança purifica-se a si mesmo, assim como ele é puro" (1João 3:2-3).

E mais: "Aos que predestinou, também chamou; aos que chamou, também justificou; aos que justificou, também glorificou" (Romanos 8:30). Observe que a participação de Deus na salvação começa com a eleição e termina em glória. Nesse intervalo, cada aspecto do processo redentor é obra de Deus, não do pecador, e Deus não abandonará o processo, tampouco omitirá qualquer aspecto dele.

Tito 3:5 é claro: A salvação — toda ela — é "não por causa de atos de justiça por nós praticados". É obra de Deus, realizada "devido à sua misericórdia". Não se trata meramente de uma transação declaratória, garantindo juridicamente um lugar no céu, mas deixando o pecador cativo do pecado. Ela envolve uma transformação da disposição, da própria natureza, "pelo lavar regenerador e renovador do Espírito Santo".

A pergunta não é se somos salvos pela graça, mas como a graça opera na salvação

Os representantes do não senhorio adoram apresentar-se como defensores da graça, todavia, eles a caracterizam de modo tão anêmico que acabam ignorando sua essência. A graça de Deus é uma dinâmica espiritual que opera na existência dos remidos, ensinando-nos "a renunciar à impiedade e às paixões mundanas e a viver de maneira sensata, justa e piedosa nesta era presente" (Tito 2:12). A graça verdadeira é mais do que um presente enorme que abre as portas do céu ao som de violinos, mas que nos deixa imersos no pecado e na amargura do presente. A graça de Deus está operando na nossa vida neste momento, e por ela "somos criação de Deus realizada em Cristo Jesus para fazermos boas obras, as quais Deus preparou de antemão para que nós as praticássemos" (Efésios 2:10). Pela graça, ele "se entregou por nós, a fim de nos remir de toda a maldade e purificar para si mesmo um povo particularmente seu, dedicado à prática de boas obras" (Tito 2:14).

Essa obra contínua da graça na vida cristã é tão precisa quanto a justificação, a glorificação ou qualquer outro aspecto da obra redentora de Deus. "Estou convencido de que aquele que começou boa obra em vocês, vai completá-la até o dia de Cristo Jesus" (Filipenses 1:6). A salvação é inteiramente obra de Deus, e ele termina o que começou. Sua graça *é* suficiente. E potente. Ela não pode ser deficiente em nenhum aspecto. "Graça" que não afeta nossa conduta não é a graça de Deus.

O arrependimento não é incidental ao evangelho

O que é o evangelho, então, senão um chamado para o arrependimento (Atos 2:38; 3:19; 17:30)? Dito de outra forma: ele exige que os pecadores mudem — que parem de seguir uma direção e deem meia-volta para seguir em outra (1Tessalonicenses 1:9). Os apelos evangelísticos de Paulo sempre exigiam arrependimento: "Agora [Deus] ordena a todos, em todo lugar, que se arrependam" (Atos 17:30). Paulo descreveu seu próprio ministério e sua mensagem da seguinte forma: "[...] não fui desobediente à visão celestial. Preguei em primeiro lugar aos que estavam em Damasco, depois aos que estavam em Jerusalém e em toda a Judeia, e também aos gentios, *dizendo que se arrependessem e se voltassem para Deus, praticando obras que mostrassem o seu arrependimento*" (Atos 26:19-20; grifo meu). O arrependimento conduz à vida (Atos 11:18) e ao conhecimento da verdade (2Timóteo 2:25). Isso nos leva a crer que a salvação é impossível sem o arrependimento.

Os defensores da posição do não senhorio não raro alegam que a pregação do arrependimento acrescenta algo à doutrina bíblica da salvação pela graça mediante a fé.

Mas fé pressupõe arrependimento. Como podem os inimigos mortais de Deus (Romanos 5:10) acreditarem sinceramente em seu Filho *sem que* se arrependam? Como alguém pode verdadeiramente compreender a verdade da salvação do pecado e de suas consequências sem entender e odiar também o que é o pecado? O sentido pleno da fé é que confiemos em Cristo para nos libertar do poder e do castigo do pecado. Portanto, os pecadores não podem alcançar a fé sincera sem uma mudança completa do coração, uma reviravolta da mente, dos afetos e da vontade. Isso é arrependimento. Não é um suplemento ao convite do evangelho; é justamente o que o evangelho exige. Nosso Senhor descreveu sua missão primária como o chamado dos pecadores ao arrependimento (Mateus 9:13).

Muitas vezes, falamos da experiência da salvação como "conversão". Isso é terminologia bíblica (Mateus 18:3; João 12:40; Atos 15:3). *Conversão* e *arrependimento* são termos intimamente vinculados um ao outro. A conversão ocorre quando um pecador se volta para Deus em fé arrependida. É uma reviravolta completa, uma mudança absoluta de direção moral e volitiva. Essa inversão radical é a reação que o evangelho exige, não importa se a petição do pecador é chamada ato de "crer", "arrepender" ou "converter". Cada uma dessas palavras envolve as outras.

Quando alguém está se afastando de você e você diz: "Venha cá", não é necessário dizer: "*Dê meia-volta* e venha". A meia-volta está implícita na ordem "venha". Semelhantemente, quando nosso Senhor diz: "Venham a mim" (Mateus 11:28), o arrependimento é pressuposto. Em lugar nenhum as Escrituras fazem um apelo evangelístico que não implique a necessidade de arrependimento. Nosso Senhor nada oferece a pecadores impenitentes (Mateus 9:13; Marcos 2:17; Lucas 5:32).

Repito, o arrependimento não é obra humana. Jesus disse: "Ninguém pode vir a mim, se o Pai, que me enviou, não o atrair" (João 6:44). É Deus quem assegura o arrependimento (Atos 11:18; 2Timóteo 2:5). O arrependimento não é um aprimoramento próprio anterior à salvação. *Não* é uma questão de expiação do pecado ou de restituição *anterior* à conversão para Cristo em fé. É um abandono do pecado interior e uma conversão para Cristo. Apesar de o arrependimento genuíno não ser em si mesmo uma "obra" realizada pelo pecador, certamente produzirá boas obras como seu fruto inevitável (Mateus 3:8).

A controvérsia do senhorio não afeta toda a igreja
Por causa da publicidade que o debate sobre o senhorio tem recebido ao longo dos últimos cinco anos, o leitor pode ter a impressão de que todo o movimento evangélico global se encontra dividido com relação a essa questão. Mas, como já observei anteriormente, a teologia moderna do não senhorio é antes de tudo um fenômeno norte-americano. Certamente ele tem sido exportado para outras partes do mundo por missionários e pessoas treinadas em escolas norte-americanas, mas não conheço nenhum líder proeminente fora da América do Norte que tenha defendido a visão do não senhorio com base doutrinal.

Para ser ainda mais específico, a controvérsia moderna do senhorio é primariamente uma disputa entre os dispensacionalistas. O apêndice 2 explica o dispensacionalismo e por que ele está no centro do debate sobre o senhorio. Sem querer a essa altura entrar numa discussão técnica sobre teologia, deixe-me observar simplesmente que um ramo do movimento dispensacionalista desenvolveu e defendeu a doutrina do não senhorio. Sua influência sobre a cultura evangélica tem sido ampla. Uma vez que a controvérsia do senhorio tem sido debatida em programas de rádio e outros formatos populares, ela passou a ser apresentada como um conflito monumental que ameaça dividir o cristianismo protestante de modo fundamental. A verdade é que apenas um ramo do dispensacionalismo tem se erguido para defender a visão do não senhorio.

Quem são os defensores da visão dispensacionalista do não senhorio? Quase todos eles se inserem numa tradição que tem suas raízes nos ensinamentos de Lewis Sperry Chafer — mostrarei no apêndice 2 que o Dr. Chafer é o pai do ensinamento moderno do não senhorio. Cada

UMA INTRODUÇÃO À CONTROVÉRSIA DA "SALVAÇÃO POR SENHORIO"

figura proeminente no lado do não senhorio descende da linhagem espiritual do Dr. Chafer, mas, apesar de ele não ter inventado ou originado nenhum dos elementos-chave do ensinamento do não senhorio, foi ele quem codificou o sistema do dispensacionalismo no qual se fundamenta toda a doutrina contemporânea do não senhorio. Esse sistema é o vínculo comum entre aqueles que tentam defender a doutrina do não senhorio com argumentos teológicos.

As epístolas do Novo Testamento não apresentam um evangelho diferente daquele que Jesus pregou
Um dos distintivos da versão dispensacionalista do Dr. Chafer era a forma como ele segmentava o Novo Testamento e, principalmente, os ensinamentos de Cristo. Como veremos no apêndice 2, Chafer acreditava que muitos dos sermões e convites evangelísticos do nosso Senhor se dirigiam a pessoas em outra dispensação. Ele contrastou os "ensinamentos de Cristo sobre o reino" com seus "ensinamentos sobre a graça". Segundo Chafer, apenas os "ensinamentos sobre a graça" podem ser aplicados à era presente.

Muitos dispensacionalistas têm abandonado esse tipo de pensamento, mas alguns ainda não acreditam que o evangelho segundo Jesus é relevante para a discussão sobre a salvação por senhorio. "É claro que Jesus ensinava uma mensagem de senhorio", um irmão dispensacionalista da antiga linhagem me escreveu. "Ele estava pregando a pessoas que estavam sob a lei. Nós, que estamos sob a graça, devemos ter o cuidado de pregar uma mensagem de graça. Precisamos pregar o evangelho segundo os apóstolos."

No restante deste livro, concentraremo-nos na pregação e nos ensinamentos dos apóstolos, analisando com atenção especial o ensinamento do apóstolo Paulo. Examinaremos o que os apóstolos ensinaram sobre questões doutrinárias centrais ao debate do senhorio: fé, graça, arrependimento, justificação, santificação, pecado, obras, certeza, perseverança e a mensagem do evangelho. Um fato claro emergirá: o evangelho segundo Jesus é igual ao evangelho segundo os apóstolos, e a fé que ele exige não é passiva, mas dinâmica; é uma fé arrependida, submissa, confiante e duradoura que funciona.

CAPÍTULO 3

Sem fé, é impossível agradá-lo

Fé é a aceitação de um presente das mãos de Cristo. [...] É uma coisa muito maravilhosa; envolve a transformação de toda a natureza do homem e, também, um novo ódio contra o pecado e uma nova fome e sede de justiça. Essa transformação maravilhosa não é obra do homem; a própria fé nos é dada pelo Espírito de Deus. Cristãos jamais se tornam cristãos por conta própria; é Deus que os transforma em cristãos.

[...] É totalmente inconcebível que um homem receba essa fé em Cristo, que ele aceite essa dádiva que Cristo oferece e, mesmo assim, continue contente no pecado, pois o que Cristo nos oferece é a salvação do pecado — não apenas a salvação da culpa do pecado, mas também a salvação do poder do pecado. O que o cristão faz, portanto, é observar a lei de Deus; mas não o faz como meio de merecer a salvação — pois a salvação lhe foi dada gratuitamente por Deus —, mas a observa com alegria como parte central da própria salvação. A fé da qual Paulo fala é, como ele mesmo diz, uma fé que opera por meio do amor; e o amor é o cumprimento de toda a lei [...] A fé à qual Paulo se refere quando fala sobre a justificação somente pela fé é uma fé que funciona.

J. GRESHAM MACHEN[1]

No CENTRO DO ERRO DO não senhorio encontra-se um equívoco desastroso sobre a natureza da fé. O ensinamento do não senhorio retrata a fé como inerentemente inerte — e até mesmo antitética a obras, obediência e submissão à vontade de Deus. Os discípulos da doutrina do não senhorio têm muito a dizer *sobre* a fé, afinal, a "fé simples" é o fundamento de todo o seu sistema. Infelizmente, a maioria se apoia em

40

definições rudimentares de *fé* ("ser convencido ou dar crédito a algo ou alguém", *SGS*, p. 146) e *acreditar* ("considerar algo verdadeiro", *SGS*, p. 155). Muitos chegam até a abominar qualquer definição das palavras. Um desses escreveu:

> Em todas as outras esferas da vida, exceto a religião, não ficamos nos ocupando com perguntas introspectivas sobre a "natureza" da nossa fé. [...] Quero deixar bem claro aqui que palavras da nossa língua como "crer" ou "fé" funcionam como equivalentes totalmente apropriados às suas contrapartes gregas. Não existe resíduo de significado oculto nas palavras gregas que não seja transmitido por suas traduções normais para a nossa língua. [...]
>
> Isso significa que um leitor grego que se deparasse com as palavras "aquele que crê em mim tem vida eterna" entenderia a palavra "crer" exatamente como nós o fazemos. *Certamente* o leitor não entenderia que essa palavra implica submissão, entrega, arrependimento ou qualquer coisa desse tipo. Para esse leitor, e também para você, "crer" significa "crer".
>
> Um dos conceitos da teologia moderna é supor que podemos definir termos simples como "crer" e "descrença" e substituir seus significados por elaborações complicadas. A confusão produzida por esse tipo de processo tem uma influência penetrante sobre a igreja de hoje (*AF*, p. 27-29).

Essas afirmações resumem a tese de um capítulo intitulado de "Fé significa exatamente isto — fé!"

Tudo bem. Suponhamos que *fé* e *crer* são equivalentes satisfatórios das palavras gregas *pistis* ("fé, fidelidade") e *pisteuo* ("crer, confiar"). O que os dicionários ingleses dizem sobre *fé*?

O *Oxford American Dictionary* diz que fé é "1. confiança numa pessoa ou coisa; 2. crença numa doutrina religiosa; 3. um sistema de crenças religiosas, *a fé cristã*; 4. lealdade, sinceridade".

Espere um minuto. "Lealdade, sinceridade"? O ensinamento do não senhorio admitiria que estes são elementos da fé verdadeira? Esse tipo de conceito não é especificamente excluído da definição de fé do não senhorio?

O EVANGELHO SEGUNDO OS APÓSTOLOS

Recorremos então à autoridade do *Oxford English Dictionary* (*OED*), que preenche mais de uma página inteira com significados para *fé*. Ele define fé como "confiança, dependência"; "crença que resulta da confiança em testemunho ou autoridade"; "obrigação de cumprir a confiança depositada em alguém; lealdade devida a um superior, fidelidade; obrigação de uma promessa ou compromisso"; e "ser confiável, fiel e leal". O *OED* inclui até mesmo uma definição teológica:

> Aquele tipo de fé (chamada ora fé *salvadora* ora fé *justificadora*) por meio da qual, no ensinamento do NT, um pecador é justificado aos olhos de Deus. Os teólogos definem isso de maneiras divergentes (veja citações), mas existe um consenso geral que a vê como uma convicção com efeitos práticos sobre o caráter e a vontade, ao contrário do consentimento meramente intelectual à fé religiosa (às vezes chamada *fé especulativa*).

A doutrina do não senhorio concordaria com essas definições? Certamente não. Os patronos da salvação do não senhorio redefinem *fé* precisamente para excluir da palavra qualquer ideia de lealdade, sinceridade, fidelidade, obediência, submissão e "coisas desse tipo".

Portanto, o partidário do não senhorio não encontra nenhum apoio em seu apelo ao significado vernacular padrão da palavra *fé*. E quanto a *crer*?

Segundo o *OED*, *crer* é um verbo que significa "ter confiança ou fé *em* (uma pessoa); e, consequentemente, confiar nela". O dicionário observa que *crer* é derivado de raízes que significam "estimar, valorizar, considerar agradável ou satisfatório, estar satisfeito com".

Estar satisfeito com Cristo

Vinda diretamente do dicionário de língua inglesa, esta é, francamente, uma definição melhor de *crer* do que a proposta por aqueles que defendem a salvação por não senhorio. Ela diferencia *crer* explicitamente de um mero consentimento abstrato a fatos acadêmicos. Ela descreve uma fé que *não pode* ser oposta ao compromisso, à entrega, ao arrependimento, ao regozijo no Senhor e a "coisas desse tipo".

42

No fim das contas, porém, devemos recorrer não ao dicionário, mas às Escrituras para uma definição de fé. Um capítulo do Novo Testamento, Hebreus 11, nos foi dado com o propósito explícito de definir e descrever *fé*. O autor de Hebreus nos diz exatamente *o que é fé e o que ela faz*. Aqui, descobrimos que a fé representada pelo ensinamento do não senhorio pouco se parece com a fé da qual falam as Escrituras.

O que é fé

Hebreus 11 começa: "Ora, a fé é a certeza daquilo que esperamos e a prova das coisas que não vemos. Pois foi por meio dela que os antigos receberam bom testemunho. Pela fé entendemos que o universo foi formado pela palavra de Deus, de modo que aquilo que se vê não foi feito do que é visível" (vs. 1-3).

O capítulo inteiro trata da supremacia e superioridade da fé, enfrentando, assim, o farisaísmo do judaísmo do século I, que ensinava que justiça, perdão dos pecados e salvação podiam ser alcançados apenas por meio de um sistema rigoroso de obras meritórias. A tradição judaica havia distorcido as leis de Deus ao ponto de a maioria dos judeus as considerar como meio de conquistar o favor de Deus. Mesmo após conhecerem as verdades básicas de Cristo, alguns hebreus se recusavam a abandonar sua religião de justiça baseada em obras.

A salvação baseada em obras é e sempre foi abominada por Deus (cf. Romanos 8:3; Gálatas 2:16; Filipenses 3:9; 1Timóteo 1:9,10). Deus jamais remiu os homens por meio de obras, mas sempre por meio da fé (cf. Gênesis 15:6). "O justo viverá pela sua fidelidade" (Habacuque 2:4) não é uma verdade apenas sobre a nova aliança. Como Hebreus 11 deixa claro, desde Adão, o instrumento da salvação de Deus tem sido a fé, não a obra. Obras são um produto secundário da fé, jamais meios da salvação.

O Novo Testamento cita Habacuque 2:4 três vezes: em Romanos 1:17, Gálatas 3:11 e Hebreus 10:38. Romanos explica a que se refere "o justo". Gálatas é um tipo de comentário sobre "viverá". Hebreus 11 sonda a profundeza da expressão "pela fidelidade".

Habacuque 2:4 serve como ponte entre Hebreus 10 e seu grande tema da justificação pela fé. Os santos mencionados no capítulo 11 são exemplos de pessoas que foram justificadas pela fé e que viviam pela fé. A fé é tanto o caminho para a vida quanto um estilo de vida. A fé é o *único* caminho; sem ela, ninguém agrada a Deus (v. 6).

O que é fé? "Fé é a certeza daquilo que esperamos e a prova das coisas que não vemos" (11:1). Esse versículo é um dístico típico da poesia hebraica e define *fé* em duas expressões paralelas e quase idênticas. Não pretende ser uma definição teológica completa, no entanto, todos os elementos cruciais que representam a doutrina bíblica de fé estão contidos nesse versículo e nos exemplos de fé a seguir.

Fé é a certeza daquilo que esperamos

A fé transporta as promessas de Deus para o tempo presente. Dito de outro modo: implicitamente, a fé real leva Deus ao pé da letra. Fé é uma confiança sobrenatural naquele que fez as promessas, e não a esperança incerta por algo que pode vir a acontecer num futuro vago e indefinido. É uma confiança que gera uma certeza absoluta no aqui e no agora "daquilo que esperamos".

A palavra traduzida como "certeza" (*hupostasis*, em grego) aparece mais duas vezes em Hebreus. Em 1:3, é traduzida como "ser" na frase "expressão exata do seu ser", que fala sobre a semelhança entre Cristo e seu Pai. Em 3:14, a palavra é "confiança", como em 11:1. Ela se refere à essência, à substância, ao conteúdo real — à realidade como oposta à mera aparência. *Hupostasis* é formada por *stasis* ("ficar") e *hupo* ("sob") e se refere a um fundamento, ao solo sobre o qual algo é construído. Um dicionário grego observa que *hupostasis* era usada na antiga literatura grega como termo jurídico que se referia a "documentos que comprovam a posse da propriedade de uma pessoa, guardados em arquivos como evidência de posse". Esse é o sentido transmitido em Hebreus 11:1. O dicionário grego fornece esta tradução: "Fé é a escritura de posse das coisas que esperamos."[2]

A tradução de Hebreus 11:1 feita pela *King James Version* também é boa: "Fé é a substância das coisas que esperamos e a evidência das coisas que não vemos." A fé, longe de ser ambígua ou incerta, é uma convicção concreta. É a confiança presente de uma realidade futura, "a *certeza* das coisas que esperamos".

A certeza que esse versículo descreve não é a certeza pessoal da salvação, mas a certeza absoluta referente à mensagem do evangelho.

SEM FÉ, É IMPOSSÍVEL AGRADÁ-LO

Afirma que a fé é uma convicção concedida por Deus sobre a verdade das promessas da Bíblia e a confiabilidade de Cristo. O versículo não diz que a fé garante automaticamente a certeza plena da salvação pessoal.

Uma questão que tem sido levantada pelo debate sobre o senhorio é se a essência da fé salvadora é a certeza pessoal. A doutrina do não senhorio radical ensina que fé é certeza e que certeza é fé. "Uma pessoa que *nunca teve certeza* da vida eterna *nunca creu* na mensagem salvadora de Deus" (*AF*, p. 51). Também: "É absolutamente impossível darmos crédito à mensagem do evangelho se não soubermos que somos salvos" (*AF*, p. 50). Por outro lado, se tiver certeza de que foi salvo, você necessariamente é salvo: "As pessoas sabem se elas creem em algo ou não, e essa é a verdadeira questão no que diz respeito a Deus" (*AF*, p. 31). Esse ensinamento não abre qualquer espaço para a possibilidade de uma certeza *falsa*.

Trataremos desse assunto mais a fundo no capítulo 10. Como veremos, a certeza plena envolve muito mais do que uma simples crença nas promessas objetivas das Escrituras, pois a fé é muito mais do que uma sensação de certeza. Hebreus 11:1 diz simplesmente que a fé é uma certeza sobrenatural referente à verdade do evangelho e à confiabilidade de Cristo.[3]

Essa fé certa precisa ser a obra de Deus em nós. Mesmo que a verdade do evangelho seja confirmada por muitas evidências, a natureza humana tende a rejeitar a verdade sobre Cristo. Portanto, sem a obra do Espírito em nós, jamais conseguimos crer no sentido descrito por esse versículo.

A fé de Hebreus 11:1 não é igual à fé sobre a qual falamos todos os dias. Bebemos água da torneira acreditando que ela é potável. Dirigimos nossos carros na estrada confiando que os freios funcionam. Submetemo-nos ao bisturi do cirurgião e à broca do dentista numa postura de fé. Quando entregamos um rolo de fotografias na loja, confiamos que as cópias impressas nos serão devolvidas até a data prometida (cf. *SGS*, p. 118). Acreditamos na integridade básica dos nossos líderes governamentais (*AF*, p. 27-28). A capacidade para esse tipo de fé é intrínseca à natureza humana, porém, essa não é a fé que Hebreus 11:1 descreve.

Em primeiro lugar, a fé natural se apoia num objeto que não é necessariamente confiável. A água *pode* estar poluída. Os freios *podem* falhar. Cirurgiões *cometem* erros. A loja *pode não* entregar suas fotos reveladas dentro do prazo. *Provavelmente* o presidente não cumprirá algumas das promessas que fez durante a campanha eleitoral. Mas quando cremos na vida eterna, confiamos em algo que é mais real e em alguém que é mais confiável do que jamais poderíamos compreender com nossos sentidos naturais. Nossos sentidos podem nos enganar; Deus, não (Tito 1:2). Pessoas são falhas; Deus, não (Números 23:19). As circunstâncias mudam; Deus nunca muda (Malaquias 3:6). Portanto, a fé descrita em Hebreus 11:1 se concentra num *objeto* infinitamente mais confiável do que qualquer variedade cotidiana de fé.

A *natureza* da fé também é diferente na esfera espiritual. A fé natural confia nos sentidos físicos, isto é, tendemos a acreditar apenas naquilo que nós ou outros podem ver, ouvir e sentir. Quando confiamos na água, nos freios, no cirurgião, na loja ou no presidente, nós o fazemos porque nossos sentidos e nossa experiência humana nos dizem que normalmente essas coisas são dignas de nossa confiança. A fé de Hebreus 11:1, por sua vez, é uma convicção *sobrenatural* — uma certeza sólida, inabalável e contrária à natureza humana. Ela inclui uma capacidade de apreender uma realidade espiritual imperceptível ao homem natural: "Quem não tem o Espírito não aceita as coisas que vêm do Espírito de Deus, pois lhe são loucura; e não é capaz de entendê-las, porque elas são discernidas espiritualmente" (1Coríntios 2:14). Hebreus 11:27 caracteriza a fé de Moisés da mesma forma ("perseverou, porque via aquele que é invisível").

A consequência clara de tudo isso é que a fé é uma dádiva de Deus. Se fosse uma mera decisão humana, ela não seria nenhuma certeza. Poderia ser uma decisão ruim. Se a fé fosse uma mera função da mente humana, ela não mereceria confiança. A mente pode facilmente ser enganada, equivocada, iludida ou mal informada. A fé verdadeira, porém, é uma certeza implantada divinamente que se eleva acima do funcionamento natural da mente humana. Afinal de contas, o homem natural *não pode* ver aquele que é invisível (v. 27).

Mas ver o invisível é a natureza da fé.

Fé é [...] a prova das coisas que não vemos

Essa frase paralela leva a mesma verdade ainda mais longe. *Prova* implica uma manifestação mais profunda da certeza interior. As pessoas de fé estão preparadas a viver sua crença. Suas vidas refletem um compromisso com aquilo cuja verdade foi confirmada às suas mentes e aos seus corações. Elas têm tanta certeza das promessas e das bênçãos ainda futuras que se comportam como se tais promessas já tivessem sido realizadas (Hebreus 11:7-13; cf. Romanos 4:17-21).

"Prova das coisas que não vemos" é um eco da descrição da fé salvadora pelo apóstolo Pedro (1Pedro 1:8-9): Apesar de ainda não termos visto Cristo, nós o amamos. Apesar de não o vermos agora, cremos nele — somos dedicados a ele — com uma alegria inexprimível e gloriosa, obtendo o resultado da fé, a salvação da nossa alma. Esse tipo de fé é inatingível, isto é, não importa o que a desafia, não importa o custo, ela permanece. Na verdade, todos os exemplos em Hebreus 11 mostram pessoas cuja fé foi severamente testada. Em todos os casos, a fé deles permaneceu forte. Poderíamos acrescentar Jó a esses exemplos, cuja fé Satanás tentou destruir com os piores tipos de tragédias pessoais, e também Pedro, que Satanás peneirou como trigo — mas sua fé não falhou (Lucas 22:32). Foi com esse objetivo que Jesus orou por Pedro. E com o mesmo êxito, ele ora por *todos* os salvos (Romanos 8:34; Hebreus 7:25; 1João 2:2). Não importa o que ataque essa fé, ela não pode ser destruída.

Como poderia esse tipo de fé não transformar uma vida? É impossível. Essa fé é uma convicção firme e sobrenatural que domina o comportamento do verdadeiro cristão, como mostram também os exemplos em Hebreus 11. As pessoas de fé obedecem, adoram, perseveram, sacrificam e trabalham *pela fé*. Nossas obras não são esforços carnais, mas o produto inevitável de uma convicção sólida de que as "coisas que não podemos ver" são, mesmo assim, reais, e obedecemos porque estamos comprometidos com o objeto da nossa fé.

Compromisso é o elemento disputado em torno do qual gira a controvérsia do senhorio, tendo em vista que a teologia do não senhorio nega que crer em Cristo envolva qualquer elemento de compromisso pessoal com ele. É impossível harmonizar a visão de fé do não senhorio com Hebreus 11. A única intenção desse capítulo é ressaltar os exemplos de pessoas que tinham um *compromisso* com aquilo em que *acreditavam*. Mais precisamente: elas tinham um *compromisso* com o Deus no qual *acreditavam* — até na morte.

A teologia sistemática costuma reconhecer três elementos de fé: conhecimento (*notitia*), consentimento (*assensus*) e confiança (*fiducia*).

O EVANGELHO SEGUNDO OS APÓSTOLOS

Augustus H. Strong e Louis Berkhof definem a *notitia* como "elemento intelectual" da fé; já *assensus* é o "elemento emocional" e *fiducia*, o "elemento voluntário [volitivo]".[4] A fé verdadeira, portanto, envolve toda a pessoa — mente, emoções e vontade. A mente abraça o *conhecimento*, um reconhecimento e uma compreensão da verdade de que Cristo salva; já o coração *consente*, acrescenta a confiança e a afirmação segura de que a salvação de Cristo é aplicável à sua própria alma; e, por fim, a vontade responde com *confiança*, com o compromisso pessoal e a apropriação de Cristo como única esperança para a salvação eterna.

Essa "confiança", ou *fiducia*, o elemento volitivo da fé, é a coroação do ato de crer e envolve a submissão ao objeto de fé; em outras palavras, é uma apropriação pessoal de Cristo como Salvador *e* Senhor — a teologia padrão afirma isso universalmente. Strong definiu *fiducia* da seguinte maneira: "confiança em Cristo como Senhor e Salvador; ou, em outras palavras — para distinguir seus dois aspectos: a) submissão da alma, culpada e impura, ao governo de Cristo. [...] b) recebimento e apropriação de Cristo como fonte de perdão e vida espiritual."[5] Berkhof repete Strong nesse ponto quase literalmente.[6] B. B. Warfield, observando que *confiança* envolve algum elemento de compromisso com seu objeto, escreve: "Não podemos dizer que acreditamos em algo do qual desconfiamos demais para nos comprometer com isso."[7]

A fé salvadora significa, então, que todo o meu ser abraça Cristo por inteiro. A fé não pode ser separada do compromisso.

A teologia radical do não senhorio rejeita tudo isso como "psicanálise" desnecessária daquilo que deveria ser um simples conceito. "Ninguém precisa ser psicólogo para entender o que é fé", escreveu Zane Hodges. "Muito menos precisamos recorrer à "psicologia popular" para explicá-la. É um desperdício de tempo empregar as categorias populares — intelecto, emoções ou vontade — como maneira de analisar os mecanismos da fé, pois essas discussões ultrapassam em muito os limites do pensamento bíblico" (*AF*, p. 30-31).

Mas todos os três elementos de fé estão claramente contidos no nosso texto: *conhecimento*: "Pela fé *entendemos*" (v. 3); *consentimento*: "fé é a *certeza* daquilo que esperamos" (v. 1); e *confiança*: "fé é a *prova* das coisas que não vemos" (v. 1). Os homens e mulheres retratados nesse grande Monumento da Fé estavam, todos eles, comprometidos — com mente, coração e alma

48

— com o objeto de sua fé. Como qualquer pessoa familiarizada com esse capítulo poderia desenvolver uma noção de fé sem compromisso pessoal?

Fé é crer que Deus existe

Hebreus 11:6, um versículo decisivo, nos permite entender ainda mais a natureza da fé: "Sem fé é impossível agradar a Deus, pois quem dele se aproxima precisa crer que ele existe e que recompensa aqueles que o buscam."

Absolutamente nada que fazemos pode agradar a Deus, exceto esse tipo de fé. Sem fé, é *impossível* agradar a Deus. Religião, herança racial, obras meritórias — tudo que os hebreus consideravam agradável a Deus — é totalmente fútil sem fé.

O início da fé é simplesmente crer que Deus *existe*, e isso certamente significa muito mais do que acreditar num ser supremo anônimo e desconhecido. Os hebreus conheciam o nome de Deus como eu sou (Êxodo 3:14). A expressão "quem dele se aproxima precisa crer que ele existe" é um chamado para a fé naquele Deus que se revelou nas Escrituras. Esse versículo não ratifica fé em alguma deidade abstrata — no "fundamento da existência", no "homem lá em cima", em Alá, no "deus desconhecido" dos filósofos gregos (At 17:23) ou em qualquer outro deus feito por homens. Está falando da fé no Deus uno da Bíblia, cuja revelação suprema de si mesmo é a pessoa de seu Filho, o Senhor Jesus Cristo.

É evidente que a fé verdadeira possui uma substância objetiva. *Existe* um conteúdo intelectual na nossa fé. Crer não é um salto irracional na escuridão ou algum tipo de confiança etérea separada do conhecimento. Existe uma base factual, histórica e intelectual para a nossa fé, portanto, uma fé que não esteja fundamentada nessa verdade objetiva não é fé. Creio que nesse ponto todos, inclusive aqueles que estão em lados opostos no que diz respeito à questão do senhorio, podem concordar.

Mas o ensinamento do não senhorio tende, a essa altura, a cometer dois erros sérios. Em primeiro lugar, despe a fé *de tudo exceto* do aspecto objetivo e acadêmico, transformando o exercício da fé em uma mera questão mental. Em segundo lugar, tende a reduzir o conteúdo objetivo ao mínimo possível, transformando o fundamento da fé em algo tão pobre que praticamente não precisamos saber nada sobre quem Deus é

O EVANGELHO SEGUNDO OS APÓSTOLOS

ou o que Cristo tem feito. É uma abordagem minimalista à fé, algo que não tem base nas Escrituras.

Até onde irão os apologistas do não senhorio em privar o evangelho de seu conteúdo essencial? Um artigo apresentado na principal publicação mensal da fraternidade do não senhorio sugeriu que "uma pessoa pode depositar sua confiança em Jesus Cristo e apenas nele sem entender exatamente *como* ele retira os pecados". Portanto, afirmou o artigo, "é possível crer de forma salvadora em Cristo sem entender a realidade de sua ressurreição".[8] O homem que escreveu esse artigo afirmou que nem a morte de Cristo nem sua ressurreição são essenciais à mensagem evangelística. Basta, afirma ele, "apresentar apenas a verdade central do evangelho: ou seja, que todos aqueles que creem em Jesus Cristo têm vida eterna".[9] Evidentemente, ele acredita que pessoas que nunca ouviram que Cristo morreu por seus pecados podem ser salvas.

Mas o apóstolo Paulo disse: "Se você confessar com a sua boca que Jesus é Senhor e crer em seu coração que Deus o ressuscitou dentre os mortos, será salvo" (Romanos 10:9). A ressurreição era elemento central do evangelho de Paulo: "Irmãos, quero lembrar-lhes o evangelho que lhes preguei [...], que Cristo morreu pelos nossos pecados, [...] foi sepultado e ressuscitou ao terceiro dia, segundo as Escrituras" (1Coríntios 15:1-4). Existem muitos falsos cristos (Mateus 24:24), mas o único que concede a vida eterna ressuscitou dentre os mortos para possibilitar a salvação. Aqueles que adoram um cristo menor do que este não podem ser salvos: "Se Cristo não ressuscitou, é inútil a nossa pregação, como também é inútil a fé que vocês têm" (1Coríntios 15:14).

A crucificação e a ressurreição são os fatos mais essenciais do evangelho (1Coríntios 15:1-4). Quando Hebreus 11:6 nos chama para "crer que ele existe", está exigindo que creiamos no Deus das Escrituras, naquele que deu seu Filho para que este morresse e ressuscitasse. Reconheço que os santos do Antigo Testamento não tinham a revelação plena sobre a morte e ressurreição de Cristo; eles foram salvos por meio da fé baseada naquilo que Deus *tinha* revelado. Mas desde o domingo da primeira ressurreição, ninguém foi salvo exceto por meio da fé na expiação dos pecados por meio de Cristo e sua ressurreição subsequente.

Por isso, a expressão "crer que ele existe" fala da fé no Deus das Escrituras, baseada numa compreensão da verdade crucial sobre ele. Isso é

50

notitia, conhecimento — o lado objetivo da fé. Mas, como vemos, a fé salvadora não se limita a isso.

Fé é buscar Deus

Não basta crer apenas que o Deus da Bíblia existe. Não basta conhecer suas promessas ou até mesmo acreditar intelectualmente na verdade do evangelho. Se quisermos agradá-lo, precisamos também "crer que ele recompensa aqueles que o buscam". Essa expressão reúne consentimento (*assensus*) e confiança (*fiducia*) para completar a imagem da fé. *Consentimento* vai além de uma observação impassível de quem Deus é. O coração que consente afirma a bondade de seu caráter como "aquele que recompensa". Já a *confiança* aplica esse conhecimento pessoalmente e praticamente voltando-se para Deus em fé sincera como pessoa que o busca.

Não basta simplesmente postular um ser supremo, não basta nem mesmo aceitar o Deus *certo*. A fé verdadeira não se resume ao conhecimento *sobre* Deus: é a *busca* de Deus. Na verdade, "buscar Deus" é muitas vezes usado como sinônimo de fé nas Escrituras. Isaías 55:6 é um chamado para a fé: "Busquem o Senhor enquanto é possível achá-lo; clamem por ele enquanto está perto." O próprio Deus disse a Israel: "Vocês me procurarão e me acharão quando me procurarem de todo o coração" (Jeremias 29:13). "Assim diz o SENHOR à nação de Israel: 'Busquem-me e terão vida'" (Amós 5:4). "Busquem, pois, em primeiro lugar o Reino de Deus e a sua justiça, e todas essas coisas lhes serão acrescentadas" (Mateus 6:33).

Talvez alguém conteste que Hebreus 11:6 diz simplesmente que precisamos *crer* que Deus recompensa aqueles que buscam; não diz que precisamos *ser* buscadores de Deus. Mas por que Deus recompensa aqueles que o buscam? Por causa de suas obras? Não, "Todos os nossos atos de justiça são como trapo imundo" (Isaías 64:6). Deus recompensa apenas aqueles com fé — sem fé é impossível agradar a Deus. Assim, esse versículo identifica a busca de Deus como epítome da fé verdadeira.

Quando o buscamos, nós o encontramos plenamente revelado no Senhor Jesus Cristo (Mateus 7:7; Lucas 11:9).

A atitude descrita aqui é a antítese da justiça por meio de obras. Em vez de conquistar o favor de Deus, a fé procura o próprio Deus. Em vez de negociar pela aprovação de Deus, a fé o segue como o maior prazer da alma. Longe de transformar a fé em uma obra humana, essa definição ressalta que a fé é o abandono da tentativa de agradar a Deus por meio de obras — que ela é a aderência a Deus, que manifesta o que lhe agrada pelas suas obras por meio de seu povo.

Fé, então, é buscar e encontrar Deus em Cristo, é desejá-lo e, por fim, satisfazer-se nele. Dito de outro modo, a fé depende completamente de Cristo — para a redenção, para a justiça, para a comunhão, para a sustentação, para conselhos, direção e socorro, e também para seu senhorio e para tudo na vida que realmente satisfaz.

Observe que acabamos de fechar o círculo da definição de fé sugerida pelo dicionário inglês: Fé é satisfazer-se com Cristo. O próprio Jesus o disse: "Eu sou o pão da vida. Aquele que vem a mim nunca terá fome; aquele que crê em mim nunca terá sede" (João 6:35). A hipótese de um cristão autêntico não se satisfazer com Cristo não é crível, afinal, o próprio Deus declarou seu Filho amado como plenamente satisfatório (Mateus 3:17; 17:5). Como uma fé sincera poderia considerá-lo inferior a isso?

Como você acredita que esse tipo de fé se comporta? O restante de Hebreus 11 dá uma resposta inequívoca a essa pergunta.

O que a fé faz

A fé obedece
Esta é, em três palavras, a lição-chave de Hebreus 11. Aqui, vemos pessoas de fé adorando a Deus (v. 4); caminhando com Deus (v. 5); trabalhando para Deus (v. 7); obedecendo a Deus (vs. 8-10); vencendo a infertilidade (v. 11) e superando a morte (v. 12).

A fé capacitou essas pessoas a perseverar até a morte (vs. 13-16); a confiar a Deus seus bens mais preciosos (vs. 17-19); a crer em Deus referente ao futuro (vs. 20-23); a abandonar os tesouros terrenos pela recompensa celestial (vs. 24-26); a ver aquele que é invisível (v. 27); a receber milagres das mãos de Deus (vs. 28-30); a ter coragem em face de grande perigo (vs. 31-33); a conquistar reinos, realizar atos de justiça, receber promessas, calar a boca de leões, sufocar o poder do fogo, esca-

SEM FÉ, É IMPOSSÍVEL AGRADÁ-LO

par da espada, transformar-se de fraco em forte, tornar-se poderoso na guerra e afugentar exércitos estrangeiros (vs. 33-34). Essa fé venceu a morte, sofreu torturas, persistiu a correntes e prisões, resistiu a tentações, passou pelo martírio e sobreviveu a todo tipo de dificuldades (vs. 35-38).

E a fé persevera

Se existe uma verdade que podemos afirmar sobre a fé de Hebreus 11 é que ela não pode ser morta. Ela persevera. Não importa o que aconteça — ela se agarra a Deus com amor e certeza independentemente do tipo de ataque que o mundo ou as forças do mal lancem contra ela.

A teologia do não senhorio postula um tipo totalmente diferente de fé. A fé do não senhorio é frágil, às vezes temporária, muitas vezes inoperante; é simplesmente estar convencido de algo ou dar crédito a fatos históricos (*SGS*, p. 30). A fé do não senhorio é confiança, considerar algo verdadeiro — mas sem qualquer compromisso com o objeto de fé (*SGS*, p. 118-119). A fé do não senhorio é a convicção interna de que aquilo que Deus nos diz no evangelho é verdade — isso e apenas isso (*AF*, p. 31). A fé do não senhorio é "uma apropriação única da dádiva de Deus". Ela não continuará a crer necessariamente (*AF*, p. 63). Na verdade, a fé do não senhorio pode até se transformar em descrença hostil (*SGS*, p. 141).

Seria a fé apenas a iluminação da razão humana, ou será que ela transforma todo o ser? Alguns defensores da visão do não senhorio ficam ressentidos com a acusação de que, para eles, a fé é apenas uma atividade mental. Mas eles deixam consistentemente de definir a atividade de crer como algo *além* de uma função cognitiva. Muitos usam a palavra *confiança*, mas quando a definem, o que eles descrevem é *consentimento*.

Charles Ryrie, por exemplo, cita com aprovação o capítulo de Berkhof sobre *notitia, assensus* e *fiducia*. Ele até cita a definição que Berkhof oferece de *fiducia*, confiança: "uma confiança pessoal em Cristo como Salvador *e Senhor, inclusive a submissão a Cristo da alma como culpada e maculada*, e a aceitação e a apropriação de Cristo como fonte do perdão e de uma vida espiritual" (*SGS*, p. 120; grifo meu). No mesmo parágrafo, porém, Ryrie faz a estranha declaração de que "Berkhof não introduz ou fala sobre a questão do senhorio de Cristo sobre nossa vida". À medida que Ryrie continua a expor sua explicação de "confiança", fica evidente que, na ver-

O EVANGELHO SEGUNDO OS APÓSTOLOS

dade, ele pretende reduzir Berkhof a isto: *Fiducia* é "uma confiança pessoal em Cristo como Salvador [...] e como [...] fonte do perdão e da vida [eterna]". Na verdade, quando Ryrie explica melhor o que ele pretende dizer com "confiança pessoal em Cristo", ele continuamente retoma uma linguagem que fala apenas sobre acreditar em fatos: "Crer em Cristo para a salvação significa ter confiança de que ele pode remover a culpa do pecado e dar vida eterna" (*SGS*, p. 119). Isso é *consentimento*, não é *confiança*. Consentimento é a aceitação de verdades *sobre* Cristo; confiança é voltar-se *para* ele em plena submissão (cf. Deuteronômio 30:10; 2Reis 23:25; 1Tessalonicenses 1:9). Era essa a essência da declaração de Berkhof.

Aqui está o típico apelo do não senhorio aos pecadores: "confiar no evangelho" (*SGS*, p. 30); "acreditar nas boas novas" (*SGS*, p. 39); "crer que Cristo morreu por nossos pecados" (*SGS*, p. 40); "acreditar que ele é Deus e seu Messias que morreu e que ressuscitou dentre os mortos" (*SGS*, p. 96); "crer que Cristo é capaz de perdoar" (*SGS*, p. 118); "crer que sua morte pagou por todo seu pecado" (*SGS*, p. 119); "confiar na verdade" (*SGS*, p. 121); "acreditar que alguém [...] pode remover pecado" (*SGS*, p. 123).

Inevitavelmente, a doutrina do não senhorio transforma a *mensagem* do evangelho em objeto de fé, e não o próprio Senhor Jesus. Compare os apelos do não senhorio com a linguagem bíblica: "Creia no Senhor Jesus, e serão salvos" (Atos 16:31). Os pecadores são convidados a crer *nele*, não só nos fatos sobre ele (Atos 20:21; 24:24; 26:18; Romanos 3:22, 26; Gálatas 2:16, 20; 3:22, 26; Filipenses 3:9). A fé certamente *inclui* conhecimento e consentimento à verdade sobre Cristo e sua obra salvadora, mas a fé salvadora precisa ir além de conhecimento e consentimento. É a confiança pessoal no Salvador. O chamado do evangelho é confiar *nele* (cf. João 5:39-40).[10] Isso envolve necessariamente alguma medida de amor, lealdade e submissão à sua autoridade.

Isso mistura fé com obras, como alguns gostam de afirmar? De forma nenhuma. Que não haja nenhuma confusão sobre esse ponto. Fé é uma realidade *interna* com consequências *externas*. Quando dizemos que a fé engloba obediência, estamos falando da *postura* de obediência dada por Deus, e não tentando incluir *obras* na definição da fé. Deus transforma o coração que crê em um coração obediente; isto é, em um coração que deseja obedecer. Sendo assim, podemos dizer que essencialmente a fé está completa antes de uma única obra de obediência ser produzida.

Mas não se engane — a fé verdadeira sempre produzirá obras justas, pois ela é a raiz e as obras, o fruto. Já que o próprio Deus é o viticultor, o fruto é garantido. É por isso que, sempre que as Escrituras dão exemplos de fé — como aqui em Hebreus 11 —, ela é inevitavelmente vista como obediente, operante e ativa.

A teologia do não senhorio argumenta que, a fim de estarmos totalmente livres da justiça por meio de obras, a fé precisa estar livre de toda obediência, inclusive de uma *atitude* de obediência. No pensamento do não senhorio, é inaceitável exigir que a fé inclua até mesmo a *disposição* de obedecer,[11] contudo, é justamente essa disposição que diferencia a fé genuína da hipocrisia. Warfield escreveu: "Podemos afirmar com bastante legitimidade que 'estar preparado para agir' é um teste muito bom para a autenticidade de 'fé', 'crença'. Uma assim chamada 'fé', 'crença' que não esteja preparada para agir chega muito perto de não ser 'fé', 'crença'. Aquilo do qual temos convicção certamente deveria merecer nossa confiança; se não estivermos dispostos a confiar em algo, pode ser que não tenhamos tanta certeza disso — ou seja, parecemos não acreditar, ter fé em tal coisa."[12]

Fé e descrença são estados do coração, mas elas necessariamente têm um impacto sobre o comportamento.[13] Jesus disse: "O homem bom tira coisas boas do bom tesouro que está em seu coração, e o homem mau tira coisas más do mal que está em seu coração, porque a sua boca fala do que está cheio o coração" (Lucas 6:45). O estado do nosso coração inevitavelmente será revelado por seu fruto — essa é uma lição-chave que devemos extrair de Hebreus 11 e de sua crônica de fidelidade.

Precisamos ressaltar um ponto crucial aqui. As obras descritas em Hebreus 11 são *obras de fé*, isto é, não são esforços carnais para conquistar o favor de Deus. As obras descritas aqui de forma nenhuma são meritórias, mas sim a expressão pura de corações que creem. *Pela fé* Abel ofereceu um sacrifício melhor (v. 4). *Pela fé* Enoque caminhou com Deus (v. 5). *Pela fé* Noé construiu a arca (v. 7). *Pela fé* Abraão obedeceu (v. 8). *Pela fé* ele viveu em terras estrangeiras (v. 9). *Pela fé* ele ofereceu Isaque (v. 17). *Pela fé* Isaque, Jacó e José perseveraram até o fim de suas vidas (vs. 20-22). *Pela fé* os pais de Moisés o esconderam (v. 23). *Pela fé* Moisés desprezou o Egito em favor da repreensão de Cristo (vs. 24-26). *Pela fé* ele deixou o Egito sem medo (v. 27). *Pela fé* ele observou a Páscoa (v. 28). *Pela fé* toda a nação de Israel passou pelo Mar Vermelho (v. 29). *Pela fé* eles conquistaram Jericó (v. 30). *Pela fé* Raabe recebeu os espiões em paz (v. 31).

> Que mais direi? Não tenho tempo para falar de Gideão, Baraque, Sansão, Jefté, Davi, Samuel e os profetas, os quais *pela fé* conquistaram reinos, praticaram a justiça, alcançaram o cumprimento de promessas, fecharam a boca de leões, apagaram o poder do fogo e escaparam do fio da espada; da fraqueza tiraram força, tornaram-se poderosos na batalha e puseram em fuga exércitos estrangeiros. Houve mulheres que, pela ressurreição, tiveram de volta os seus mortos. Alguns foram torturados e recusaram ser libertados, para poderem alcançar uma ressurreição superior; outros enfrentaram zombaria e açoites; outros ainda foram acorrentados e colocados na prisão, apedrejados, serrados ao meio, postos à prova, mortos ao fio da espada. Andaram errantes, vestidos de pele de ovelhas e de cabras, necessitados, afligidos e maltratados. [...] Vagaram pelos desertos e montes, pelas cavernas e grutas.
>
> HEBREUS 11:32-38 (GRIFO MEU)

Justiça por meio de obras? Não. "Todos estes receberam bom testemunho por meio da fé" (v. 39). Hebreus 12:1 identifica essas pessoas como "grande nuvem de testemunhas" da qual "estamos rodeados". Testemunhas em que sentido? Eles dão testemunho da validade, alegria, paz, satisfação, poder e continuidade da fé salvadora. Então, o autor chama-nos todos para a corrida da fé (vs. 1-2).

A despeito desse testemunho monumental em prol das obras de fé, os apologistas do não senhorio alegam muitas vezes que ver as obras como expressão inevitável da fé equivale a estabelecer um sistema de justiça por meio de obras. Zane Hodges argumenta da seguinte maneira:

> A salvação por senhorio não pode escapar da acusação de que ela mistura fé e obras. A maneira como ela o faz é sucintamente afirmada por MacArthur: "Obediência é a manifestação inevitável da fé salvadora."

SEM FÉ, É IMPOSSÍVEL AGRADÁ-LO

Mas isso é igual a dizer: "Sem obediência não há justificação e não há céu." Vista *dessa* perspectiva, a "obediência" é, na verdade, uma *condição* para a justificação e para o céu [...]. Se o céu não pode ser obtido sem obediência a Deus — e é isso o que a salvação por senhorio ensina —, então, logicamente, essa obediência é uma *condição* para se alcançar o céu (*AF*, p. 213-214).

Mas a tolice dessa linha de argumentação é imediatamente evidente. Dizer que obras são um *resultado* necessário da fé *não* é o mesmo que fazer das obras uma *condição* para a justificação. Certamente, o próprio Hodges acredita que todos os cristãos serão glorificados no fim (Romanos 8:30). Ele aceitaria a acusação de que estaria fazendo da glorificação uma *condição* para a justificação? Suponho que tanto a visão do senhorio quanto a visão do não senhorio concordam que todos os cristãos serão conformados à imagem de Cristo (Romanos 8:39). Divergimos apenas na cronologia. A salvação por senhorio sustenta que o processo de se tornar semelhante a Cristo começa no momento da conversão e continua por toda a vida. A visão do não senhorio abre espaço para a possibilidade de que a santificação prática possa ser interrompida pouco antes de alcançar sua meta ou nem mesmo começar até esta vida na Terra terminar.

Obras meritórias nada têm a ver com fé. Mas *obras de fé* têm tudo a ver com ela. Como veremos no capítulo 9, uma fé que não produz obras é morta e ineficaz. Uma fé que permanece passiva não é melhor do que a fé demonstrada pelos demônios (Tiago 2:19).

Precisamos encerrar este capítulo com uma distinção clara e cuidadosa. Obras de fé são *consequência* da fé, não *componente* desta. Como observamos anteriormente, a fé é uma reação totalmente interna e, portanto, está completa antes mesmo de produzir sua primeira obra. No momento da salvação, a fé nada *faz* senão receber a provisão de Cristo. O cristão nada contribui em termos meritórios para o processo de salvação. Como afirmou J. Gresham Machen, na citação com a qual abri este capítulo, "fé é a aceitação de um presente das mãos de Cristo". Melhor ainda, fé se apropria do próprio Cristo. Em sentido algum isso é uma questão de obras ou mérito.

Mas a fé verdadeira jamais permanece passiva. A partir do momento da regeneração, a fé parte para a ação. Ela não trabalha por favores divinos, tampouco contra a graça de Deus, mas conforme sua graça. Quando colocamos "em ação a salvação com temor e tremor" (Filipenses 2:12), descobrimos que "é Deus quem efetua em vocês tanto o querer quanto o realizar, de acordo com a boa vontade dele" (v. 13). A fé verdadeira mantém nossos olhos fixos em Jesus, o autor e aperfeiçoador de toda fé genuína (Hebreus 12:2).

CAPÍTULO 4

Graça barata?

Graça barata significa graça vendida na feira como quinquilharias [...]
Graça barata não é o tipo de perdão que nos liberta da labuta do peca-
do. Graça barata é a graça que dispensamos a nós mesmos.

Graça barata é a pregação do perdão sem a exigência de arrependi-
mento, batismo sem disciplina da igreja, comunhão sem confissão, absol-
vição sem confissão pessoal. Graça barata é graça sem discipulado, graça
sem a cruz, graça sem Jesus Cristo, vivo e encarnado.

DIETRICH BONHOEFFER[1]

GRAÇA BARATA. A EXPRESSÃO SEM dúvida é ofensiva.

"Por que você usa essa expressão?" — perguntou-me um amigo.
"Parece denegrir a graça de Deus. Afinal de contas, a graça não é *barata*
— é totalmente de graça! A gratuidade perfeita não é a própria essência
da graça?"

Mas "graça barata" não se refere à graça de Deus. É uma graça auto-
concedida, uma pseudograça. Essa graça é "barata" em seu *valor*, não em
seu custo. É uma graça de barganha, de bens danificados, desgastada, cor-
roída por mariposas, uma graça de segunda mão. É uma graça feita por
homens, que lembra as indulgências que Roma vendia nos dias de Martinho Lutero. Barata? Seu custo é, na verdade, muito mais alto do que o
comprador pode imaginar, mesmo que a "graça" não tenha valor algum.

O termo "graça barata" foi cunhado por Dietrich Bonhoeffer, pastor luterano alemão e adversário dos nazistas. Bonhoeffer foi enforcado
em 1945 pelos guardas da SS, antes, porém, seus escritos conseguiram

O EVANGELHO SEGUNDO OS APÓSTOLOS

deixar sua marca. Sua perspectiva teológica era neo-ortodoxa, e o evangelicalismo rejeita grande parte de seu ensino; entretanto, Bonhoeffer levantou sua voz com poder contra a secularização da igreja. Ele analisou corretamente os perigos da postura frívola da igreja em relação à graça. Após descartarmos os ensinamentos neo-ortodoxos, procedemos bem em fazer nosso o ataque de Bonhoeffer contra a graça barata:

> Graça barata significa graça como doutrina, como princípio, como sistema. Significa o perdão dos pecados proclamado como verdade geral, o amor de Deus ensinado como "concepção" cristã de Deus. Um consentimento intelectual a essa ideia é visto como suficiente para garantir a remissão dos pecados. Supõe-se que a igreja que defende a doutrina da graça correta participa, *ipso facto*, daquela graça. Nesse tipo de igreja, o mundo encontra uma cobertura barata para seus pecados, uma vez que nenhuma contrição é exigida, muito menos um desejo real de ser libertado do pecado. A graça barata, portanto, equivale a uma negação da Encarnação da Palavra de Deus.
>
> Graça barata significa a justificação do pecado sem a justificação do pecador. A graça faz tudo, dizem eles, e assim tudo pode permanecer como sempre foi "Tudo que o pecado não podia expiar". O mundo continua da mesma forma de sempre, e nós continuamos pecadores, "até mesmo na melhor das vidas", como disse Lutero. Deixem, então, o cristão viver igual ao resto do mundo, deixem que ele se molde conforme os padrões do mundo em todas as esferas da vida e que ele não aspire a viver uma vida sob a graça diferente de sua antiga vida sob o pecado.[2]

A graça barata não perdeu seu apelo mundano desde que Bonhoeffer escreveu essas palavras. Na verdade, a tendência de baratear a graça conseguiu penetrar e corroer o coração do cristianismo evangélico. O movimento do não senhorio tem assumido a liderança na legitimação e institucionalização da graça barata no fundamentalismo norte-americano. O ensinamento do não senhorio tragicamente distorce e aplica erradamente a doutrina bíblica da graça — ao mesmo tempo em que exalta verbalmente as maravilhas da graça, ela substitui a coisa real por uma cópia, tática esta que tem confundido muitos cristãos sinceros.

A teologia do não senhorio ignora profundamente a verdade bíblica de que a graça "nos ensina a renunciar à impiedade e às paixões mundanas e a viver de maneira sensata, justa e piedosa nesta era presente" (Tito 2:12). Em vez disso, representa a graça como passagem do tipo "Saia de GRAÇA da prisão" — sem quaisquer condições e compromissos, um pacote ilimitado de anistia, benevolência, indulgência, perdão, caridade, leniência, imunidade, aprovação, tolerância e privilégios autoconcedidos à parte de quaisquer exigências morais.

A supergraça está rapidamente se transformando no carro alegórico mais popular do carnaval evangélico, e aqueles que tornam opcional a lealdade ao senhorio de Cristo estão liderando o movimento. Começaram até a chamar seu ensinamento "teologia da graça" e se referem ao seu movimento como "O Movimento da Graça".

Mas a graça da qual eles falam altera a *posição* dos cristãos sem afetar seu *estado*. É uma graça que chama os pecadores para Cristo, mas não pede que se entreguem a ele. Na verdade, os teólogos do não senhorio alegam que a graça é *diluída* se o pecador crê que precisa se entregar a Cristo, e quanto mais nos entregarmos, mais a graça será diluída (*SGS*, p. 18). Essa claramente não é a graça de Tito 2:11-12.

Não surpreende, portanto, que os cristãos estejam confusos. Com tanto ensinamento contraditório e obviamente não bíblico continuando a conquistar popularidade, podemos nos preocupar com o futuro do cristianismo bíblico.

O que é graça?

Graça é uma palavra muito mal compreendida, e defini-la de maneira breve é notoriamente difícil. Alguns dos manuais teológicos mais detalhados não conseguem oferecer uma definição concisa do termo. Em língua inglesa, sugeriram um acrônimo: grace ("God's Riches At Christ's Expense" [Riquezas de Deus à custa de Cristo]). Isso não é uma forma ruim de caracterizar a graça, mas não é uma definição teológica suficiente. Uma das definições mais conhecidas do termo *graça* consiste em apenas quatro palavras: Favor imerecido de Deus. A. W. Tozer desdobrou isso: "Graça é o bom prazer de Deus que o inclina a dispensar benefícios aos não merecedores."[3] Berkhof é mais preciso: Graça é "a operação imerecida de Deus no coração do homem, efetuada por meio da ação do Espírito Santo".[4]

No centro do termo *graça* está a ideia de favor divino. A palavra hebraica para graça é *chēn*, usada, por exemplo, em Gênesis 6:8: "A Noé, porém, o Senhor mostrou benevolência." O verbo *chānan*, que significa "demonstrar favor", é intimamente associado a essa palavra. No Novo Testamento, "graça" é uma tradução da palavra grega *charis*, que significa "gratidão", "benevolência", "favor" ou "reconhecimento". Intrínsecas ao seu significado são as ideias de favor, bondade e benevolência.

Graça é tudo isso e muito mais: não é apenas favor imerecido; é favor dispensado ao pecador que merece ira. Demonstrar bondade a um estranho é "favor imerecido"; fazer o bem aos seus inimigos é demonstrar o espírito da graça (Lucas 6:27-36).

Graça não é uma qualidade dormente ou abstrata, mas um princípio operante dinâmico e ativo: "Porque a graça de Deus se manifestou salvadora a todos os homens. Ela nos ensina [...]" (Tito 2:11-12). Não é um tipo de bênção etérea que permanece passiva até que nos apropriemos dela. Graça é a iniciativa soberana de Deus em prol dos pecadores (Efésios 1:5-6). Graça não é um evento único na experiência cristã — permanecemos na graça (Romanos 5:2). Toda a vida cristã é impulsionada pela graça: "[...] bom que o nosso coração seja fortalecido pela graça, e não por alimentos" (Hebreus 13:9). Pedro disse que devemos crescer "na graça e no conhecimento de nosso Senhor e Salvador Jesus Cristo" (2 Pedro 3:18).

Assim, poderíamos apropriadamente definir a graça como *a influência voluntária e benevolente de um Deus santo que opera soberanamente nas vidas dos pecadores desmerecedores.*

Graciosidade é um atributo de Deus, e é de sua natureza dispensar graça. Ele "é misericordioso, compassivo e justo" (Salmos 112:4). "[...] ele é misericordioso e compassivo, muito paciente e cheio de amor; arrepende-se, e não envia a desgraça" (Joel 2:13). Ele é "o Deus de toda graça" (1Pedro 5:10). Seu Filho é cheio "de graça e verdade" (João 1:14). Seu Espírito é "o Espírito da graça" (Hebreus 10:29). Berkhof fez a seguinte observação: "Às vezes, falamos da graça como uma qualidade inerente, mas, na verdade, é a comunicação ativa de bênçãos divinas pela

GRAÇA BARATA?

operação do Espírito Santo a partir da plenitude daquele que é 'cheio de graça e verdade'."[5]

Charis ocorre 155 vezes no texto grego, e destas, cem vezes somente nas epístolas paulinas. É interessante observar que, nas palavras documentadas de Jesus, o termo em si nunca é usado como referência à graça divina, mas esta permeava todo o seu ministério e ensino ("os cegos veem, os aleijados andam, os leprosos são purificados, os surdos ouvem, os mortos são ressuscitados, e as boas novas são pregadas aos pobres" [Mateus 11:5]; "Venham a mim, todos os que estão cansados e sobrecarregados, e eu lhes darei descanso" [Mateus 11:28]).

Graça é uma dádiva.[6] Deus "nos concede graça maior [...] concede graça aos humildes" (Tiago 4:6). "Todos recebemos da sua plenitude, graça sobre graça" (João 1:16). Cristãos devem administrar "fielmente a graça de Deus em suas múltiplas formas" (1Pedro 4:10). Mas isso não significa que a graça de Deus é colocada à nossa disposição. Não possuímos a graça de Deus ou controlamos sua operação. Somos sujeitos à graça, jamais vice-versa.

Com frequência, Paulo contrastou a graça com a lei (Romanos 4:16; 5:20; 6.14-15; Gálatas 2:21; 5:4), no entanto, teve o cuidado de afirmar que graça não anula as exigências morais de Deus. Antes, cumpre a justiça da lei (Romanos 6:14-15). Em certo sentido, a graça é para a lei aquilo que milagres são para a natureza, ou seja, ela se eleva acima da lei e faz o que esta não consegue (cf. Romanos 8:3). No entanto, não anula as exigências legítimas da lei, mas sim as confirma e valida (Romanos 3:31). Graça tem sua própria lei superior e libertadora: "Porque por meio de Cristo Jesus a lei do Espírito de vida me libertou da lei do pecado e da morte" (Romanos 8:2; cf. Tiago 1:25). Observe que essa nova lei nos emancipa do *pecado* e da *morte*. Paulo foi explícito nesse ponto: "Que diremos então? Continuaremos pecando para que a graça aumente? De maneira nenhuma! Nós, os que morremos para o pecado, como podemos continuar vivendo nele?" (Romanos 6:1-2). A graça reina por meio da *justiça* (Romanos 5:21).

Existem dois extremos que precisamos evitar quando falamos sobre a graça. Devemos ter o cuidado de não anular a graça por meio do legalismo (Gálatas 2:21) e de não a corromper por meio da licenciosidade (Judas 4).

Dois tipos de graça

Os teólogos falam da graça *comum* e da graça *especial*. A primeira é concedida à humanidade em geral, sendo aquela que restringe a expressão plena do pecado e ameniza os efeitos destrutivos do pecado na sociedade humana. Essa graça impõe limites morais à conduta das pessoas, preserva uma aparência de ordem nas questões humanas, impõe um senso de certo e errado por meio da consciência e do governo civil, capacita homens e mulheres a apreciarem a beleza e a bondade, e dispensa bênçãos de todos os tipos a todas as pessoas. Deus "[...] faz raiar o seu sol sobre maus e bons e derrama chuva sobre justos e injustos" (Mateus 5:45). Essa é a graça comum.

A graça comum não é redentora, não perdoa pecados nem purifica pecadores, e também não renova o coração, nem estimula a fé ou viabiliza a salvação. Ela pode convencer do pecado e iluminar a alma para a verdade de Deus, mas sozinha não leva à salvação eterna, pois os corações dos pecadores estão firmemente voltados contra Deus (Romanos 3:10-18).

A graça especial, ou melhor, a graça *salvadora*, é a obra irresistível de Deus que liberta homens e mulheres da penalidade e do poder do pecado, renovando a pessoa interior e santificando o pecador por meio da operação do Espírito Santo. Normalmente, quando o Novo Testamento usa o termo *graça*, está se referindo à graça salvadora. Neste livro, sempre que eu falar de graça, se eu não explicitar algo diferente, estarei me referindo à graça *salvadora*.

A graça salvadora "reina pela justiça para conceder vida eterna" (Romanos 5:21), além de santificar e levar a alma para a glória (Romanos 8:29-30). Cada fase do processo da salvação é determinada pela graça soberana. Na verdade, no Novo Testamento, o termo *graça* é, muitas vezes, usado como sinônimo de todo o processo salvador, principalmente nas epístolas paulinas (cf. 1Coríntios 1:4; 2Coríntios 6:1; Gálatas 2:21). Paulo via a redenção tão exclusivamente como obra da graça de Deus que, muitas vezes, usava a palavra *graça* como termo geral para a totalidade da salvação. Graça supervisiona toda a salvação, desde o início até o fim, e nunca é interrompida antes de concluir sua obra e jamais entrega um serviço malfeito.

GRAÇA BARATA?

O que estamos dizendo aqui é que a graça é *eficaz*. Dito de outra forma, a graça sempre produz os resultados pretendidos. A graça de Deus *sempre* é eficaz, e essa verdade está arraigada nas Escrituras — ela era um tema importante no ensinamento de Agostinho. A doutrina da graça eficaz é o fundamento da *soteriologia* reformada (o ensinamento sobre a salvação).[7] Charles Hodge definiu graça eficaz como "o poder do Deus Todo-poderoso".

A teologia do não senhorio é fundamentalmente uma negação da graça eficaz. A "graça" descrita no ensinamento do não senhorio *não* garante que seus objetivos sejam alcançados — e, aparentemente, muitas vezes ela não os alcança. Sob a graça do não senhorio, partes centrais do processo — inclusive o arrependimento, o compromisso, a entrega e até mesmo a santidade — são aspectos opcionais da experiência cristã, que o cristão individual pode querer ou não desenvolver (cf. *SGS*, p. 18). A fé do cristão pode até estagnar totalmente, no entanto, a graça do não senhorio nos diz que não devemos concluir que "ele ou ela nunca foi cristão" (*SGS*, p. 142). Bem, *o que* devemos concluir então? Que a graça salvadora não é eficaz? Essa é a única conclusão sensata que podemos tirar da teologia do não senhorio: "O milagre da salvação na nossa vida, realizado pela graça por meio da fé sem obras, dá muito espaço para a *provisão* de uma vida de boas obras para a qual ele nos destinou. *Mas ele não garante isso*" (*AF*, p. 73-74; grifos meus).

Poderíamos legitimamente caracterizar toda a controvérsia do senhorio como disputa sobre a graça eficaz. Nessa discussão, todos os pontos se resumem a este: a graça salvadora de Deus inevitavelmente produz os efeitos desejados? Se todos os lados pudessem chegar a um acordo em relação à essa pergunta, o debate estaria resolvido.

Graça soberana

Tudo isso não deixa dúvida de que a soberania de Deus na salvação ocupa o centro do debate sobre o senhorio. A ironia é que o chamado Movimento da Graça nega toda a essência da graça: é *Deus* quem efetua toda a obra salvadora nos pecadores. A redenção é *toda* ela obra sua. Deus é totalmente soberano no exercício de sua graça; ele não está

65

O EVANGELHO SEGUNDO OS APÓSTOLOS

sujeito à vontade humana. "Pois ele diz a Moisés: 'Terei misericórdia de quem eu quiser ter misericórdia e terei compaixão de quem eu quiser ter compaixão'. Portanto, isso não depende do desejo ou do esforço humano, mas da misericórdia de Deus" (Romanos 9:15-16).

Não me entenda mal; não somos passivos nesse processo, tampouco a graça salvadora obriga as pessoas a crer contra a sua vontade. Não é isso que significa *graça irresistível*. Graça não é coerção, mas, ao transformar o coração, a graça torna a pessoa completamente disposta a confiar e a obedecer.

As Escrituras deixam claro que cada aspecto da graça é a obra soberana de Deus, pois ele conhece e elege os seus eleitos com antecedência (Romanos 8:29), chama o pecador para si (Romanos 8:30), atrai a alma para Cristo (João 6:44), promove o novo nascimento (João 1:13; Tiago 1:18), concede arrependimento (Atos 11:18) e fé (Romanos 12:3; Atos 18:27), justifica aquele que crê (Romanos 3:24; 8:30), santifica os remidos (Efésios 2:10) e, por fim, os glorifica (Romanos 8:30).[8] Em nenhuma fase do processo a graça é impedida pelo fracasso humano, e em nenhum momento ela depende do mérito ou é subjugada ao esforço humano. "Que diremos, pois, diante dessas coisas? Se Deus é por nós, quem será contra nós? Aquele que não poupou seu próprio Filho, mas o entregou por todos nós, como não nos dará juntamente com ele, e de graça, todas as coisas?" (Romanos 8:31-32; grifo meu). *Isso* é graça.

Muitas pessoas têm dificuldades de entender o conceito da graça soberana, mas, se Deus não fosse soberano no exercício de sua graça, então isso não seria graça. Se os propósitos de Deus dependessem de alguma reação de fé própria ou do mérito humano, então Deus não seria soberano, e a salvação não seria totalmente obra sua. Se esse fosse o caso, os remidos poderiam se gabar de algo, e a graça não seria graça (Romanos 3:27; Efésio 2:9).

Além do mais, por causa da depravação humana, não há nada num pecador caído e imoral que deseja Deus ou que é capaz de responder em fé. Paulo escreveu: "Não há ninguém que entenda, ninguém que busque a Deus. Todos se desviaram, tornaram-se juntamente inúteis; não há ninguém que faça o bem, não há nem um sequer. Suas gargantas são um túmulo aberto; com suas línguas enganam. Veneno de serpentes está em seus lábios" (Romanos 3:11-13). Observe as metáforas que envolvem a morte. Esse é o estado de todos que estão no pecado. Como veremos em breve, as Escrituras ensinam que a humanidade está morta em violações e pecados (Efésios 2:1), "[...] separados da comunidade de Israel, sendo estrangeiros quanto às alianças da promessa, sem esperança e sem Deus no mundo" (v. 12). Não há saída desse dilema desesperado, senão pela intervenção soberana da graça salvadora de Deus.

Vocês são salvos pela graça

O texto clássico sobre a salvação pela graça é Efésios 2:8-9: "Pois vocês são salvos pela graça, por meio da fé, e isto não vem de vocês, é dom de Deus; não por obras, para que ninguém se glorie." Analisemos esses versículos em seu contexto e tentemos entender como as Escrituras descrevem a salvação pela graça por meio da fé no Senhor Jesus Cristo.

Em Efésios 1, a mensagem central de Paulo é a soberania de Deus ao graciosamente salvar os eleitos. Ele escreveu que Deus nos escolheu (v. 4), nos predestinou (v. 5), garantiu nossa adoção (v. 5), nos concedeu a sua graça (v. 6), nos remiu (v. 7), nos perdoou (v. 7), derramou riquezas abundantes de sua graça sobre nós (v. 8), nos revelou a sua vontade (v. 9), obteve uma herança para nós (v. 11), nos salvou (v. 13) e nos selou com o Espírito (vs. 13-14). Em suma, ele "nos abençoou com todas as bênçãos espirituais nas regiões celestiais em Cristo" (v. 3). Tudo isso é a obra de sua graça soberana, realizada não por causa de qualquer bem em nós, mas simplesmente "conforme o bom propósito da sua vontade" (v. 5; cf. v. 9) e "conforme o plano daquele que faz todas as coisas segundo o propósito da sua vontade" (v. 11).

Aqui, nos dez primeiros versículos de Efésios 2, Paulo registra o processo da salvação desde toda eternidade:

Vocês estavam mortos em suas transgressões e pecados, nos quais costumavam viver, quando seguiam a presente ordem deste mundo e o príncipe do poder do ar, o espírito que agora está atuando nos que vivem na desobediência. Anteriormente, todos nós também vivíamos entre eles, satisfazendo as vontades da nossa carne, seguindo os seus desejos e pensamentos. Como os outros, éramos por natureza merecedores da ira. Todavia, Deus, que é rico em misericórdia, pelo grande amor com que nos amou, deu-nos vida juntamente com Cristo, quando ainda estávamos mortos em transgressões — pela graça vocês são salvos. Deus nos ressuscitou com Cristo e com ele nos fez assentar nas regiões celestiais em Cristo Jesus, para mostrar, nas eras que hão de vir, a incomparável riqueza de sua graça, demonstrada em sua bondade para conosco em Cristo Jesus. Pois vocês são salvos pela graça, por meio da fé, e isto não vem de vocês, é dom de Deus; não por obras, para que ninguém se glorie. Porque somos criação de Deus realizada em Cristo Jesus para fazermos boas obras, as quais Deus preparou antes para nós as praticarmos.

O foco de Paulo nesses versículos está voltado exclusivamente para a obra de *Deus* na nossa salvação, pois não há obra *humana* que possa ser considerada parte do processo salvador (vs. 8-9). Esses versículos descrevem nosso passado, presente e futuro como cristãos: o que éramos (vs. 1-3), o que somos (vs. 4-6, 8-9) e o que seremos (vs. 7, 10). A passagem é um tratado sobre a salvação por senhorio. O apóstolo Paulo menciona seis aspectos da salvação: somos salvos do pecado (vs. 1-3), por amor (v. 4), para a vida (v. 5), para a glória de Deus (vs. 6-7), por meio da fé (vs. 8-9) e para boas obras (v. 10).

Somos salvos do pecado. Paulo escreve:

Vocês estavam mortos em suas transgressões e pecados, nos quais costumavam viver, quando seguiam a presente ordem deste mundo e o príncipe do poder do ar, o espírito que agora está atuando nos que vivem na desobediência. Anteriormente, todos nós também vivíamos entre eles, satisfazendo as vontades da nossa carne, seguindo os seus desejos e pensamentos. Como os outros, éramos por natureza merecedores da ira (Efésios 2:1-3).

Essa é, provavelmente, a declaração mais sucinta nas Escrituras sobre a depravação total e a condição perdida da humanidade pecaminosa.

Pelo fato de termos nascido em pecado, nascemos para a morte, "pois o salário do pecado é a morte" (Romanos 6:23). As pessoas não se tornam espiritualmente mortas porque elas pecam; elas são pecadoras

GRAÇA BARATA?

"por natureza" (v. 3) e, portanto, nascem sem vida espiritual. Pelo fato de estarmos mortos para Deus, estávamos mortos para a verdade, a justiça, a paz, a felicidade e todas as outras coisas boas, tão incapazes de responder a Deus quanto um cadáver.

Certa tarde, no início do meu ministério na Grace Church, ouvi uma batida frenética na porta do meu escritório. Abri a porta e lá estava um garoto, sem fôlego e em lágrimas. Com voz aflita ele perguntou: "O senhor é o reverendo?" Quando respondi que sim, ele disse: "Rápido! Por favor, venha comigo." Obviamente havia algo terrivelmente errado, por isso corri com ele até sua casa, a mais ou menos meia quadra e do outro lado da rua da nossa igreja.

Dentro da casa, encontrei a mãe chorando descontroladamente. Ela disse: "Meu bebê está morto! Meu bebê está morto!" Ela me levou até o quarto dos fundos. Na cama estava o pequeno corpo imóvel de um recém-nascido. Evidentemente, ele havia morrido durante o sono, e seu corpo estava azul e já frio. A mãe tentara desesperadamente reavivá-lo, mas não havia nada que pudesse ser feito. A criança estava morta. Não havia qualquer sinal de vida. A mãe segurou carinhosamente o pequeno corpo, beijou-o, acariciou seu rosto, falou com ele e derramou lágrimas sobre ele. Mas a criança não reagiu. A ambulância chegou e tentou reanimar a criança, mas era tarde demais. Não houve qualquer efeito. Não houve reação porque não havia vida. Nem mesmo o amor poderoso de uma mãe desesperada conseguiu provocar uma reação.

A morte espiritual é exatamente assim. Pecadores não regenerados não têm vida com a qual pudessem reagir a estímulos espirituais. Não há amor, imploração ou verdade espiritual que possa provocar uma reação. Sem Deus, as pessoas são como mortos desprezíveis, zumbis espirituais, mortos-vivos incapazes até mesmo de compreender a seriedade de sua situação. Não têm vida. Podem até executar todos os movimentos da vida, mas elas não a possuem. São mortas mesmo quando estão vivas (cf. 1 Timóteo 5:6).

Antes de ser salvo, cada cristão passou por esse mesmo apuro. Nenhum de nós respondeu a Deus ou à sua verdade, pois estávamos mortos em nossas "transgressões e pecados" (Efésios 2:1). "Estávamos mortos em transgressões" (v. 5). "Transgressões e pecados" se referem aqui a atos específicos e descrevem a esfera de existência da pessoa separada

de Deus, a esfera em que vive o pecador — é a noite eterna dos vivos-
-mortos. Todos seus habitantes são totalmente depravados.

Depravação total não significa que o estilo de vida de toda pessoa
é igualmente corrupto e mal ou que os pecadores sempre são tão maus
quanto podem ser. Significa que a humanidade é corrupta em todos os
aspectos. Os não remidos têm a mente, o coração, a vontade, as emoções
e seu ser físico depravados, e são absolutamente incapazes de qualquer
coisa que não o pecado. Mesmo quando realizam atos humanitários, fi-
lantrópicos ou religiosos, eles o fazem para sua própria glória, não para a
glória de Deus (cf. 1Coríntios 10:31). Os pecadores podem nem sempre
praticar os pecados mais grotescos, mas nada que façam irá agradar a
Deus ou conquistar seu favor, pois o pecado manchou cada aspecto de
seu ser. Estar espiritualmente morto significa tudo isso.

Cem corpos no Instituto Médico-Legal podem estar em cem fases
diferentes de decomposição, mas todos estão igualmente mortos. Como
a morte, a depravação também se manifesta em muitas formas diferentes, mas, assim como a morte não possui intensidades diferentes, a
depravação também é sempre absoluta. Nem todas as pessoas são ma-
nifestamente tão más quanto poderiam ser, mas todas estão igualmente
mortas em seu pecado.

De que maneira as pessoas conseguem sobreviver nesse estado de
morte espiritual? Elas seguem "[...] a presente ordem deste mundo e o
príncipe do poder do ar, o espírito que agora está atuando nos que vivem na desobediência" (Efésios 2:2). Satanás é "o príncipe do poder do
ar", ele governa a esfera do pecado e da morte ("deste mundo") na qual
estão os não remidos. É a esfera que apresenta muitas religiões diferentes, aparentemente concorrentes, sistemas morais e padrões de conduta,
mas, no fim das contas, todos eles estão sob o controle e nas garras do
diabo. "O mundo todo está sob o poder do Maligno" (1João 5:19).

Assim, os não remidos — quer percebam isso quer não — têm um
mesmo senhor, "o príncipe do poder do ar". Satanás é o *archōn*, o príncipe. Ele é "o senhor deste mundo" e reinará até o Senhor o expulsar
(João 12:31). Todos que estão nessa esfera de pecado e morte vivem sob
seu domínio, compartilham de sua natureza, são conspiradores em sua
rebelião contra Deus e, assim, respondem naturalmente à autoridade
da iniquidade. Eles estão sintonizados na mesma frequência espiritual.

Jesus até chama o diabo de o pai daqueles que estão sob seu senhorio (João 8:44).

Observe que os não salvos são "por natureza merecedores da ira" (Efésios 2:3). Nem todas as pessoas são "filhos de Deus", como alguns gostam de dizer. Aqueles que não receberam a salvação por meio de Jesus Cristo são inimigos de Deus (Romanos 5:10; 8:7; Tiago 4:4), não só "filhos da desobediência", mas, consequentemente, "merecedores da ira" — objetos da condenação eterna de Deus.

O propósito de Paulo em Efésios 2:1-3 não é mostrar como os não salvos vivem — mesmo que o ensinamento seja valioso para esse propósito também —, mas sim lembrar aos cristãos como eles viviam *no passado*. "[...] todos nós também *vivíamos* entre eles, satisfazendo as vontades da nossa carne, seguindo os seus desejos e pensamentos. Como os outros, éramos por natureza merecedores da ira" (v. 3; grifo meu). A esfera do pecado e da morte é uma experiência para o cristão no tempo verbal pretérito. Nós *éramos* sujeitos ao mundo, à carne e ao diabo (vs. 2-3). No *passado*, seguíamos os caminhos dos filhos da desobediência (v. 2). *Estávamos* mortos nos pecados e nas transgressões (v. 1). Agora, tudo isso é coisa do passado.

Apesar de, no passado, termos sido iguais ao resto da humanidade, pela graça de Deus não somos mais assim. Por causa de sua obra salvadora em nós, somos remidos no presente e para toda a eternidade. Fomos libertos da morte espiritual, do pecado, da alienação de Deus, da desobediência, do controle demoníaco, do prazer e do juízo divino (vs. 1-3). É isso o que a graça salvadora faz.

Somos salvos pelo amor
"Todavia, Deus, que é rico em misericórdia, pelo grande amor com que nos amou, deu-nos vida juntamente com Cristo" (vs. 4-5). A misericórdia de Deus é "rica", sem medida, transbordante, abundante, ilimitada. Alguns que têm dificuldades com o conceito da graça soberana acreditam que Deus é injusto por eleger alguns e não salvar todos. Isso é o oposto de um raciocínio correto. A verdade é: *todos* merecem o inferno, mas Deus, em sua graça, decide salvar alguns. *Ninguém* seria salvo sem a graça soberana de Deus. Aquilo que impede a reconciliação dos pecadores com Deus não é uma deficiência de misericórdia ou graça no lado

de Deus da equação, mas sim o *pecado,* e o pecado é um problema. A rebelião e a rejeição fazem parte da natureza de todo pecador.

As duas palavras, "todavia, Deus", afirmam que a iniciativa de salvar é toda de Deus. Pelo fato de ele ser rico em misericórdia para conosco e por causa de seu grande amor por nós, ele interveio e proveu um caminho pela graça para que pudéssemos voltar para ele.

Deus é intrinsicamente bondoso, misericordioso e amoroso. O amor é tão integral a quem ele é que o apóstolo João escreveu: "Deus é amor" (1João 4:8, 16). Em seu amor, ele estende a mão para os seres humanos pecaminosos, corruptos, empobrecidos, condenados e espiritualmente mortos, e os abençoa com cada bênção espiritual nos lugares celestiais em Cristo (Efésios 1:3).

Deus ama o suficiente não apenas para perdoar, mas também para dar seu Filho a fim de que este morresse por aqueles que o ofenderam: "Porque Deus tanto amou o mundo que deu o seu Filho Unigênito, para que todo o que nele crer não pereça, mas tenha a vida eterna" (João 3:16). "Ninguém tem maior amor do que aquele que dá a sua vida pelos seus amigos" (João 15:13). O amor de Deus por aqueles que não o merecem viabiliza a salvação e a preenche com toda misericórdia. É o epítome da graça soberana.

Somos salvos para a vida
"[Deus] deu-nos vida com Cristo, quando ainda estávamos mortos em transgressões" (Efésios 2:5). O procedimento salvador começa no momento em que Deus dá vida espiritual a uma pessoa morta. É Deus quem dá o primeiro passo. Jesus disse: "Ninguém pode vir a mim, se o Pai, que me enviou, não o atrair" (João 6:44). É claro! Os não salvos estão *mortos,* incapazes de qualquer atividade espiritual. Se Deus não nos reavivar, somos incapazes de responder a ele em fé.

Quando um pecador é salvo, ele não está mais alienado da vida de Deus. Ele se torna espiritualmente vivo por meio de uma união milagrosa com Cristo operada por Deus. Ele se torna sensível a Deus pela primeira vez. Paulo chama isso "uma vida nova" (Romanos 6:4). Agora, ele consegue entender a verdade espiritual e desejar coisas espirituais (1Coríntios 2:10-16). Agora ele participa da natureza divina (2Pedro 1:4). Ele pode buscar a santidade — "as coisas do alto" — em vez das "coisas terrenas" (Colossenses 3:2).

Essa vida nova é "em Cristo Jesus" (Efésios 2:6). Ele *é* a nossa vida (Colossenses 3:4). "Viveremos com ele" (Romanos 6:8), na semelhança de sua ressurreição (6:5). Na verdade, a nossa vida é a sua vida vivida em nós (Gálatas 2:20). Ela é totalmente diferente da nossa vida anterior e a manifestação suprema da soberana graça de Deus.

Somos salvos para a glória de Deus

"Deus nos ressuscitou com Cristo e com ele nos fez assentar nas regiões celestiais em Cristo Jesus, para mostrar, nas eras que hão de vir, a incomparável riqueza de sua graça, demonstrada em sua bondade para conosco em Cristo Jesus" (Efésios 2:6-7). A salvação tem um propósito específico: que nós desfrutemos e manifestemos sua glória, apresentando as riquezas de sua graça (cf. Romanos 9:23).

Nossa nova cidadania está no céu (Filipenses 3:20). Deus nos ressuscita com Cristo e nos assenta ao seu lado nos lugares celestiais, e já não pertencemos mais a este mundo atual ou à sua esfera de pecaminosidade e rebelião. Somos resgatados da morte espiritual e das consequências do nosso pecado. Isso é graça pura.

Observe que o apóstolo descreve essa vida celestial como se ela já estivesse plenamente realizada. Mesmo não tendo ainda posse plena de tudo que Deus tem para nós em Cristo, vivemos em seu domínio, assim como antigamente vivíamos na esfera do pecado e da morte. "Lugares celestiais" implica claramente o senso pleno do domínio de Deus. Essa expressão não pode ser lida de modo a tornar seu senhorio opcional. Residir nos lugares celestiais significa gozar da comunhão plena com a Trindade. É por residirmos nessa esfera que gozamos da proteção de Deus, de sua provisão diária, de todas as bênçãos de seu favor. E ninguém que reside ali ainda anda conforme os caminhos deste mundo, conforme o príncipe do poder do ar e sob o controle do espírito que agora opera nos filhos da desobediência. Não somos mais "filhos da ira", mas sim "filhos de Deus" (João 1:12; 1João 3:1) e cidadãos do céu (Efésios 2:19).

Assim como na antiga esfera do pecado e da morte estávamos sujeitos ao príncipe do poder do ar (v. 2), agora, nessa nova esfera, seguimos um novo Senhor. Assim como éramos "por natureza filhos da ira" (v. 3) e "filhos da desobediência" (v.2), agora estamos por natureza "vivos juntamente com Cristo" (v. 5) e "nele" (v. 6).

O maior propósito de Deus na nossa salvação é exaltar sua graça soberana "para mostrar, nas eras que hão de vir, a incomparável riqueza dessa graça demonstrada em sua bondade para conosco em Cristo Jesus" (v. 7). Assim, nosso Pai amoroso glorifica a si mesmo quando ele nos abençoa, e sua graça é o elemento central da sua glória. Desde o primeiro momento da salvação até as "eras que hão de vir", nunca deixamos de nos beneficiar de sua graça e bondade para conosco. Em nenhum momento a graça cessa e o esforço humano assume o controle.[9]

Somos salvos por meio da fé

"Pois vocês são salvos pela graça, por meio da fé, e isto não vem de vocês, é dom de Deus; não por obras, para que ninguém se glorie" (Efésios 2:8-9). Fé é a nossa *reação*, não a *causa* da salvação. Nem mesmo a fé "vem de vocês"; ela está incluída no "dom de Deus".

Alguns defensores do não senhorio refutam essa interpretação.[10] Eles ressaltam que "fé" (*pistis*) é um substantivo feminino, enquanto "isto" (*touto*) é neutro. Gramaticalmente, o pronome "isto" não possui antecedente claro. Ele não se refere ao substantivo *fé*, mas sim ao ato (implícito) de crer. É possível também que se refira ao todo da salvação.

Em todo caso, o sentido é inequívoco: a fé é um dom gracioso de Deus. Jesus confirmou essa verdade explicitamente: "Ninguém pode vir a mim, a não ser que isto lhe seja dado pelo Pai" (João 6:65). A fé é retratada como dádiva divina também em Atos 3:16 ([...] "A fé que vem por meio dele lhe deu esta saúde perfeita, como todos podem ver"), em Filipenses 1:29 ("pois a vocês foi dado o privilégio de, não apenas crer em Cristo, mas também de sofrer por ele") e em 2Pedro 1:1 ("Simão Pedro, servo e apóstolo de Jesus Cristo, àqueles que, mediante a justiça de nosso Deus e Salvador Jesus Cristo, receberam conosco uma fé igualmente valiosa").[11]

"Não por obras" não estabelece um contraste entre fé e arrependimento, fé e compromisso ou fé e entrega. Na verdade, a questão aqui não é tão simples quanto a oposição fé *versus* circuncisão ou fé *versus* batismo. O contraste é entre *graça divina* e *mérito humano*.

O esforço humano não traz salvação. Somos salvos somente pela graça, somente por meio da fé e somente em Cristo. Quando abrimos mão de toda esperança, exceto da fé em Cristo e em sua obra realizada em nosso favor, estamos agindo por meio da fé que Deus em sua graça nos deu. Crer é, portanto, o primeiro ato de um cadáver espiritual reavivado. É o novo homem inspirando pela primeira vez. Já que a fé não falha, o homem espiritual continua a respirar.

Obviamente, se a salvação ocorre inteiramente pela graça de Deus, ela não pode ser resultado de obras. O esforço humano nada tem a ver com sua obtenção ou sustentação (cf. Romanos 3:20; Gálatas 2:16). Ninguém deve se gloriar, como se nós tivéssemos tido qualquer parte em sua realização (cf. Romanos 3:27; 4:5; 1Coríntios 1:31).

Mas não podemos parar por aqui, pois existe mais um ponto crucial no raciocínio de Paulo. É a tese principal que ele tem preparado até agora.

Somos salvos para boas obras

"Porque somos criação de Deus realizada em Cristo Jesus para fazermos boas obras, as quais Deus preparou antes para nós as praticarmos" (2:10). Esse é um versículo que a teologia do não senhorio não consegue responder adequadamente, e muitos livros sobre o não senhorio simplesmente o ignoram. Os versículos 8 e 9 parecem se encaixar facilmente no sistema do não senhorio, mas sem o versículo 10 não temos a imagem completa daquilo que Paulo está dizendo sobre a nossa salvação.

Não podemos ressaltar demais o fato de que obras não exercem qualquer papel na *obtenção* da salvação, mas boas obras têm tudo a ver com o *viver* a salvação. Nenhuma boa obra pode *merecer* a salvação, mas muitas boas obras *resultam* da salvação autêntica. Não são necessárias boas obras para se *tornar* um discípulo, mas boas obras são um *distintivo* necessário de todos os discípulos verdadeiros. Afinal de contas, Deus ordenou que caminhássemos nelas.

Observe que, antes que possamos fazer qualquer boa obra para o Senhor, ele faz sua boa obra em nós. Pela graça de Deus nos tornamos "*sua* criação realizada em Cristo Jesus para fazermos boas obras". A mesma graça que nos reavivou com Cristo e nos ressuscitou com ele nos capacita a fazer as boas obras para as quais ele nos salvou.

Observe também que Deus "preparou" essas boas obras, e não recebemos nenhum mérito por elas. Até mesmo as *nossas* boas obras são obras de *sua* graça. No capítulo anterior, nós as chamamos "obras da fé", mas seria apropriado também se as chamássemos "obras da graça", pois

O EVANGELHO SEGUNDO OS APÓSTOLOS

elas são evidências da salvação verdadeira. Essas obras, como todo outro aspecto da salvação, são produto da graça soberana de Deus.

Boas obras e posturas justas são características intrínsecas da identidade cristã. Elas procedem da natureza daquele que vive na esfera dos céus. Assim como os não salvos são pecadores por natureza, os remidos são justos por natureza. Paulo disse aos coríntios que a graça abundante de Deus oferece uma suficiência transbordante que os equipou para "toda boa obra" (2Coríntios 9:8). Ele disse a Tito que Cristo "[...] se entregou por nós a fim de nos remir de toda a maldade e purificar para si mesmo um povo particularmente seu, *dedicado à prática de boas obras*" (Tito 2:14; grifo meu).

Lembre-se de que a mensagem primária de Paulo aqui *não* é de natureza evangelística. Ele está escrevendo a cristãos, muitos dos quais haviam vindo a Cristo anos antes, portanto, não se dá ao trabalho de explicar-lhes como eles podem *ser* salvos. Em vez disso, apenas os lembra de como *foram* salvos, para que pudessem reconhecer como a graça deve operar na vida dos remidos. A expressão "somos criação" é a chave para toda a passagem.

A palavra grega para "criação" é *pōiema,* da qual deriva a nossa palavra *poema.* Nossas existências são como um soneto de composição divina, uma obra-prima literária. Desde toda a eternidade, Deus nos planejou para ser conforme a imagem de seu Filho (Romanos 8:29). Todos nós continuamos obras de arte imperfeitas e incompletas que estão sendo criadas cuidadosamente pelo Mestre divino. Ele ainda não terminou conosco, e sua obra não terminará até ele nos transformar na imagem perfeita de seu Filho (1João 3:2). A energia que ele usa para realizar sua obra é a graça. Às vezes, o processo é lento e árduo; outras vezes, é imediatamente triunfante. Em todo caso: "Estou convencido de que aquele que começou boa obra em vocês, vai completá-la até o dia de Cristo Jesus" (Filipenses 1:6).

Graça barata? Jamais. Nenhum aspecto da graça verdadeira é barato. Ela custou a Deus o seu Filho. Seu valor é inestimável e seus efeitos, eternos. Mas ela *é* gratuita — "a qual nos deu gratuitamente no Amado" (Efésios 1:6) — e "transbordou para muitos" (Romanos 5:15), elevando-nos para a esfera celestial onde Deus ordenou que andássemos.

CAPÍTULO 5

A necessidade de pregar o arrependimento

Nossos ouvidos se acostumaram a ouvir que devemos "aceitar Jesus como nosso Salvador pessoal", uma forma de expressão não encontrada nas Escrituras. Essa frase acabou perdendo seu significado. Podem até ser palavras precisas para o cristão — "Salvador pessoal" —, mas são totalmente inapropriadas para instruir um pecador no caminho para a vida eterna, pois ignoram completamente um elemento essencial do evangelho, o arrependimento. E esse ingrediente necessário da pregação do evangelho está rapidamente desaparecendo dos púlpitos evangélicos, apesar de o Novo Testamento estar cheio dele [...].

Paulo confrontou os intelectuais no Areópago pregando: "[Deus] ordena que todos, em todo lugar, se arrependam" (Atos 17:30). Isso não era uma nota opcional na trombeta apostólica, mas sim a melodia, o tema de suas instruções aos pecadores. Falar apenas sobre "aceitar um Salvador pessoal" elimina esse imperativo crucial.

WALTER CHANTRY[1]

Ao longo dos últimos cinco anos, tive oportunidades de servir em muitas das nações que costumávamos chamar de países da "Cortina de Ferro". Lá, encontrei uma igreja evangélica surpreendentemente vigorosa — solidamente bíblica e doutrinalmente ortodoxa e *viva*. Normalmente, os cristãos ocidentais não compreendem nem apreciam a vitalidade das igrejas da Europa Oriental, mas o fariam se as visitassem pessoalmente. As igrejas estão cheias — muitas vezes tão lotadas que chega a ser desconfortável —, com multidões do lado de fora olhando pelas janelas. As pessoas são sinceras em seu compromisso com Cristo de uma forma que se tornou rara entre os cristãos ocidentais. Seus cultos são de adoração, tênues, mas intensamente passionais. O choro espontâneo é tão comum quanto o riso. A oração pelos perdidos e o evangelismo pessoal ocupam os corações e as mentes dessas pessoas mais do que atividades sociais e esportes, e o foco de sua mensagem ao mundo é um claro chamado para o arrependimento.

O cristianismo da Europa Oriental costuma se referir aos recém--convertidos como "penitentes". Quando alguém vem a Cristo, os cristãos dizem que o novo cristão se "arrependeu", e normalmente os recém--convertidos recebem a oportunidade de se apresentar à igreja e verbalizar seu arrependimento. Em quase todos os cultos a que assisti na antiga União Soviética, pelo menos um convertido fez uma confissão pública de arrependimento.

É absolutamente bíblico que a igreja faça do arrependimento o aspecto principal de sua mensagem ao mundo não salvo. Afinal de contas, o evangelho convida as pessoas para que elas venham àquele que pode libertá-las do *pecado*. Pessoas que não se sentem culpadas e não querem ser libertas do poder e do castigo do pecado não querem um libertador.

Você já percebeu que a Grande Comissão do nosso Senhor exige que preguemos o arrependimento? Lucas é o único evangelista que documenta o *conteúdo* da mensagem que Jesus ordenou que seus discípulos pregassem: "que em seu nome seria pregado o arrependimento para perdão de pecados a todas as nações" (Lucas 24:47). Como veremos em breve, o arrependimento era o cerne da mensagem da igreja a um mundo hostil em todo o livro de Atos.

A Bíblia é clara: o arrependimento é o núcleo do chamado do evangelho. Se não estivermos pregando o arrependimento, não estamos pregando o evangelho que nosso Senhor ordenou que pregássemos. Se não convidarmos as pessoas para que abandonem seus pecados, não estamos comunicando o evangelho que os apóstolos proclamavam.

A igreja ocidental tem sutilmente mudado a direção do evangelho. Em vez de exortar os pecadores para que se arrependam, o evangelicalismo na nossa sociedade pede que os não salvos "aceitem Cristo". Isso torna soberanos os pecadores e coloca Cristo à sua disposição. Na verdade, coloca Cristo no banco dos réus e entrega a túnica do juiz ao inquiridor

— o oposto de como deveria ser. Ironicamente, as pessoas que *deveriam* estar preocupadas em ser aceitas por Cristo ouvem dos cristãos que é prerrogativa do pecador "aceitar Cristo". Esse evangelho alterado retrata a conversão como "uma decisão por Cristo", não como uma mudança de coração que transforma a vida e que envolve fé genuína, arrependimento, entrega e o novo nascimento para uma nova vida.

A. W. Tozer escreveu:

> A fórmula "Aceite Cristo" transformou-se em uma panaceia de aplicação universal, e eu acredito que isso tem sido fatal para muitos...
>
> O problema é que toda essa postura do "Aceite Cristo" é provavelmente errada. Ela apresenta Cristo como apelando a nós, e não nós apelando a ele. Ela deixa Cristo esperando por nosso veredito, em vez de nos deixar de joelhos com corações apertados à espera de seu veredito sobre nós. Ela pode até permitir que aceitemos Cristo num impulso mental ou emocional, sem qualquer dor, sem qualquer custo para o nosso ego e sem inconveniências para o nosso estilo de vida comum.
>
> Podemos imaginar alguns paralelos para essa maneira ineficaz de lidar com uma questão vital. Israel no Egito, por exemplo, havia "aceitado" o sangue da Páscoa, mas continuou a viver em escravidão. O filho pródigo havia "aceitado" o perdão de seu pai e permaneceu entre os porcos num país distante. Não está claro que, se aceitar Cristo tem algum significado, é preciso haver um ato moral que esteja em conformidade com isso?[2]

O "ato moral" ao qual Tozer se referia é o arrependimento.

O arrependimento no debate sobre o senhorio

O arrependimento não é mais uma obra meritória do que sua contraparte, a fé. É uma reação *interna*. O arrependimento genuíno implora ao Senhor que ele perdoe e liberte do peso do pecado e do medo do julgamento e do inferno. É a atitude do publicano que, com medo até mesmo de olhar em direção ao céu, bateu em seu peito e clamou:

O EVANGELHO SEGUNDO OS APÓSTOLOS

"Deus, tem misericórdia de mim, que sou pecador" (Lucas 18:13). O arrependimento não é apenas uma mudança de comportamento, mas, considerando que o arrependimento verdadeiro envolve uma mudança de coração e de propósito, ele inevitavelmente *resulta* em uma mudança de comportamento.

Como a fé, o arrependimento também tem ramificações intelectuais, emocionais e volitivas. Berkhof descreve o elemento *intelectual* do arrependimento como "uma mudança de visão, um reconhecimento do pecado com a inclusão de culpa pessoal, impureza e impotência". O elemento *emocional* é "uma mudança de sentimento, que se manifesta em tristeza pelo pecado cometido contra o Deus santo". O elemento *volitivo* é "uma mudança de propósito, um abandono interno do pecado e uma disposição de buscar perdão e purificação".[3] Cada um desses elementos é deficiente sem os outros. O arrependimento é uma reação da pessoa como um todo; por isso, alguns o chamam entrega total.

Essa visão do arrependimento é, obviamente, incompatível com a teologia do não senhorio. O que os professores do não senhorio dizem sobre o arrependimento? Não existe um consenso absoluto entre eles.

Alguns protagonistas radicais simplesmente negam que o arrependimento tenha qualquer parte no apelo do evangelho: "Mesmo que o arrependimento genuíno *possa* anteceder a salvação [...], isso não ocorre *necessariamente*. E já que não é essencial à transação salvadora como tal, não é, de forma nenhuma, condição dessa transação" (*AF*, p. 146). Essa visão tende a fazer da "transação salvadora" uma mera *justificação* forense (a declaração graciosa de Deus de que todas as exigências da lei são satisfeitas em prol do pecador que crê por meio da justiça de Jesus Cristo). Essa "transação salvadora" unidimensional nem mesmo insere o pecador num relacionamento correto com Deus. Assim, a visão radical do não senhorio chega a oferecer esta fórmula peculiar: "Se a questão for simplesmente 'O que preciso fazer para ser salvo?', a resposta é: crer no Senhor Jesus Cristo (Atos 16:31). Se a questão for mais ampla: 'Como posso entrar em harmonia com Deus?', a resposta é: arrependimento diante de Deus e fé no nosso Senhor Jesus Cristo (Atos 20:21)" (*AF*, p. 146).

As insinuações subjacentes a essas declarações são assombrosas. Como ou por que uma pessoa que não esteja arrependida se perguntaria:

80

A NECESSIDADE DE PREGAR O ARREPENDIMENTO

"O que preciso fazer para ser salvo?" De que essa pessoa estaria querendo ser salva? Em que sentido a salvação é uma questão separada de "entrar em harmonia com Deus"? É possível obter salvação eterna sem qualquer senso da gravidade do próprio pecado e alienação de Deus? Essa é a implicação do ensinamento do não senhorio radical.

Mas a visão predominante do não senhorio acerca do arrependimento consiste simplesmente em redefinir o arrependimento como mudança da mente — não como um abandono do pecado ou como mudança de propósito. Essa visão afirma: "Tanto no Antigo quanto no Novo Testamento, *arrependimento* significa 'mudar sua mente'" (SGS, p. 92). "O arrependimento é uma condição para receber a vida eterna? Sim, se for arrependimento ou mudança da mente com relação a Jesus Cristo. Não, se significar arrepender-se do pecado ou até mesmo a decisão de abandonar o pecado" (*SGS*, p. 99). Segundo essa definição, arrependimento é simplesmente um sinônimo da definição de fé do não senhorio. É simplesmente um exercício intelectual.[4]

Observe que a definição do arrependimento do não senhorio nega *explicitamente* os elementos emocionais e volitivos da descrição do arrependimento de Berkhof. O arrependimento do não senhorio *não* é "arrepender-se do pecado ou até mesmo a decisão de abandonar o pecado". Significa simplesmente "mudar sua mente com relação à sua antiga concepção de Deus e à descrença em Deus e Cristo" (*SGS*, p. 98). E, novamente, seria possível experimentar esse tipo de "arrependimento" sem qualquer compreensão da gravidade do pecado ou da severidade do juízo de Deus contra os pecadores. É um pseudoarrependimento oco e sem contrição.

O arrependimento na Bíblia

A definição do arrependimento apresentada pelo não senhorio está em harmonia com as Escrituras? Evidentemente, não. É verdade que tristeza em decorrência do pecado não é arrependimento. Judas sentiu remorso, mas não se arrependeu (Mateus 27:3). Arrependimento não é apenas uma decisão de melhorar; todos que já fizeram votos de Ano-Novo sabem como é fácil romper com a determinação humana. Arrependimento certamente não é *penitência*, uma atividade realizada para expiar os próprios pecados.

Mas o arrependimento tampouco é apenas uma questão intelectual. Certamente, até mesmo Judas mudou de opinião; o que ele não fez foi distanciar-se do seu pecado e implorar a misericórdia do Senhor. O arrependimento não é uma mudança apenas da *mente*; é uma mudança do *coração*. É uma conversão espiritual, uma meia-volta completa. Arrependimento no contexto do novo nascimento significa abandonar o pecado e voltar-se para o Salvador. É uma reação voltada para fora, não uma atividade externa, mas seu fruto se evidenciará na conduta do verdadeiro cristão (Lucas 3:8).

Muitos dizem que arrependimento e fé são dois lados da mesma moeda — moeda esta chamada *conversão*. O arrependimento leva ao abandono do pecado e se volta para Cristo, e a fé o abraça como única esperança de salvação e de justiça. É isso que conversão significa em termos simples.

Fé e arrependimento são conceitos distintos, mas eles não podem ocorrer independentemente um do outro. O arrependimento genuíno *sempre* é o reverso da fé; e a fé verdadeira acompanha o arrependimento. "Os dois não podem ser separados."[5]

Isaías 55:1-13, o clássico chamado do Antigo Testamento para a conversão, mostra ambos os lados da moeda. Ele chama os indivíduos para a fé de várias formas: "Venham às águas [...], comprem vinho e leite sem dinheiro e sem custo" (v. 1). "Comam o que é bom, e a alma de vocês se deliciará na mais fina refeição" (v. 2). "Ouçam-me, para que sua alma viva" (v. 3). "Busquem o Senhor enquanto se pode achá-lo; clamem por ele enquanto está perto" (v. 6).

Mas a passagem também inclui o arrependimento: "Que o ímpio abandone seu caminho, e o homem mau, os seus pensamentos. Volte-se ele para o Senhor" (v. 7).

Esse versículo demonstra que a questão do arrependimento é moral, não apenas intelectual. Exige-se daquele que se arrepende não apenas uma "mudança da mente", mas um abandono do amor ao pecado. Um dos principais dicionários do Novo Testamento ressalta que o conceito de arrependimento do Novo Testamento *não* é predominantemente intelectual. "Antes, destaca a decisão do homem completo de se converter.

A NECESSIDADE DE PREGAR O ARREPENDIMENTO

É claro que não nos preocupamos nem com uma conversão meramente externa nem com uma mudança de pensamentos meramente intelectual."[6] Outro dicionário teológico importante define o arrependimento como:

> conversão radical, uma transformação da natureza, um abandono definitivo do mal, uma orientação resoluta para Deus em total obediência (Marcos 1:15; Mateus 4:17; 18:3). [...] Essa conversão é de uma vez por todas. Não pode haver volta, apenas avanço em movimento responsável no caminho agora escolhido. Isso afeta o homem como um todo, primeira e fundamentalmente o centro da vida pessoal, depois, logicamente, sua conduta em cada momento e em cada situação, seus pensamentos, suas palavras e seus atos (Mateus 12:33ss. par.; 23:26; Marcos 7:15 par.). Toda a proclamação de Jesus [...] é uma proclamação de uma conversão incondicional para Deus, de um abandono incondicional de tudo que é contrário a Deus, não apenas daquilo que é descaradamente mal, mas também daquilo que, em determinado caso, impossibilita uma conversão total a Deus. [...] Dirige-se a todos sem distinção e é apresentado com seriedade não atenuada, a fim de indicar o único caminho da salvação. *Exige entrega total, dedicação total à vontade de Deus.* [...] Inclui toda a jornada do novo homem que é reclamado para si pelo senhorio divino. Traz consigo a fundação de uma nova relação pessoal com Deus. [...] Desperta a obediência em alegria para uma vida segundo a vontade de Deus.[7]

Arrependimento nos evangelhos

Um argumento contra o arrependimento que encontramos em todos os livros do não senhorio é este: o Evangelho de João, talvez o livro mais explicitamente evangelístico das Escrituras (João 20:31), nunca menciona o arrependimento. Se o arrependimento fosse tão essencial à mensagem do evangelho, João não teria incluído um chamado ao arrependimento?

Lewis Sperry Chafer escreveu: "O Evangelho de João, que foi escrito para apresentar Cristo como o objeto da fé para a vida eterna, não

83

emprega uma única vez a palavra *arrependimento*."[8] Chafer sugeriu que o quarto evangelho seria

> incompleto e enganador se o arrependimento precisa ser atribuído a um lugar separado e independente do ato de crer. Nenhuma pessoa sensata tentaria defender [o arrependimento como condição da salvação] contra tais probabilidades, e aqueles que tentaram isso sem dúvida o fizeram sem ponderar as evidências ou considerar a posição insustentável que assumem.[9]

Mais recentemente, Charles Ryrie escreveu:

> É surpreendente lembrar-se de que o Evangelho de João, o evangelho da crença, jamais usa a palavra *arrepender-se*. No entanto, João certamente teve muitas oportunidades para usá-la nos eventos da vida do nosso Senhor que ele registrou. Teria sido muito apropriado usar *arrepender-se* ou *arrependimento* no relato da conversa do Senhor com Nicodemos. Mas a palavra que ele usou foi *crer* (João 3:12, 15). Portanto, se Nicodemos precisou arrepender-se, *crer* deve ser um sinônimo; caso contrário, como o Senhor poderia ter deixado de usar a palavra *arrepender-se* ao conversar com ele? Cristo não exigiu que a prostituta samaritana se arrependesse. Ele a instruiu a pedir (João 4:10), e quando o testemunho dela e do Senhor se propagou e alcançou outros samaritanos, João registrou não que eles se arrependeram, mas que eles creram (versículos 39, 41-42). E há mais ou menos cinquenta outras ocorrências de "crer" ou "fé" no Evangelho de João, mas nenhum uso de "arrepender". O clímax é João 20:31: "Mas estes foram escritos para que vocês creiam [...] e, crendo, tenham vida em seu nome" (*SGS*, p. 97-98).

Mas ninguém luta com mais ferocidade nesse campo de batalha do que Zane Hodges:

> Um dos fatos mais surpreendentes sobre a doutrina do arrependimento na Bíblia é que essa doutrina está totalmente ausente do Evangelho de João. Não existe uma única referência a ela nos 21 capítulos de

João! No entanto, um autor do senhorio afirma: "Nenhum evangelismo que omita a mensagem do arrependimento pode corretamente ser chamado de evangelho, pois os pecadores não podem vir a Jesus Cristo sem uma mudança radical do coração, da mente e da vontade"[10]

Isso é uma declaração surpreendente. Já que o Evangelho de João *omite* a mensagem do arrependimento, devemos concluir que esse evangelho não é, no fim das contas, um evangelho bíblico?

A ideia em si já contém sua própria refutação. O quarto evangelista afirma explicitamente estar praticando evangelismo (João 20:30-31). Não é a teologia do Evangelho de João que é deficiente, mas sim a teologia que encontramos na salvação por senhorio. Na verdade, os esforços desesperados dos professores do senhorio de identificar o arrependimento no quarto evangelho demonstram claramente que eles identificaram sua própria fraqueza fundamental. A mensagem do Evangelho de João é claramente completa e adequada sem qualquer referência ao arrependimento (*AF*, p. 146-147).

Hodges sugere que o apóstolo João *evitou* intencionalmente o tema do arrependimento (*AF*, p. 149). No Evangelho de João, não se encontra

uma palavra — uma única sílaba — sobre o arrependimento. E se houve algum lugar perfeito para o evangelista inserir esse tema em seu evangelho, este teria sido o lugar.

Mas seu silêncio é ensurdecedor! [...]

O silêncio do capítulo 1 persiste até o final do livro. O quarto evangelho nada diz sobre o arrependimento, muito menos vincula o arrependimento à vida eterna.

Esse fato é o golpe fatal contra a teologia do senhorio. Apenas uma cegueira resoluta consegue resistir à conclusão óbvia: *Para João, o arrependimento não era uma condição para a vida eterna*. Se o tivesse sido, ele o teria dito. Afinal de contas, é disso que seu livro trata: da obtenção da vida eterna (*AF*, p. 148).

O que devemos pensar dessa sugestão? O "silêncio" do apóstolo João sobre o arrependimento é realmente o golpe fatal contra a posição do senhorio?

Dificilmente. H. A. Ironside já respondeu a essa questão há mais de cinquenta anos. Ele escreveu:

> O arranjo dos quatro evangelhos está em perfeita harmonia. Nos evangelhos sinópticos [Mateus, Marcos e Lucas], o chamado é para o arrependimento. Em João, a ênfase está no ato de crer. Alguns têm alegado que aqui existe uma inconsistência ou contradição, mas precisamos lembrar que João escreveu anos após os evangelistas mais velhos e tendo em vista o objetivo claro de mostrar que Jesus é o Cristo, o Filho de Deus, e que, crendo, poderíamos ter vida por meio de seu nome. Ele não segue simplesmente uma trilha já bem trilhada. Em vez disso, acrescenta e complementa os registros anteriores, incentivando a confiança no testemunho que Deus deu sobre seu Filho. Ele não ignora o ministério do arrependimento porque ressalta a importância da fé. Pelo contrário, ele mostra à alma arrependida a simplicidade da salvação, a obtenção da vida eterna por meio de uma confiança naquele que, como luz verdadeira, lança luz sobre cada homem, manifestando, assim, a condição caída da humanidade e a necessidade de uma completa mudança de atitude em relação a si mesmo e a Deus.[11]

A afirmação de Zane Hodges de que "o quarto evangelho nada diz sobre o arrependimento" (*AF*, p. 148) é demonstrativamente falsa. É verdade que João não usa a palavra *arrependimento*, mas, como já observamos no capítulo anterior, nosso Senhor usou a palavra *graça*. Suspeitaríamos que os teólogos do não senhorio recuariam diante de qualquer sugestão de que a doutrina da graça está ausente do ensinamento de Jesus.

O arrependimento está entremeado no próprio tecido do Evangelho de João, mesmo que ele nunca utilize a palavra em si. No relato de Nicodemos, por exemplo, o arrependimento foi claramente sugerido na ordem de Jesus de "nascer de novo" (João 3:3, 5, 7). O arrependimento era a essência da ilustração do Antigo Testamento que nosso Senhor deu a Nicodemos (vs. 14-15). Em João 4, a mulher junto ao poço se *arrependeu*, como revelam seus atos nos versículos 28-29.

O arrependimento não está implicitamente incluído nas seguintes descrições joaninas da fé salvadora?

A NECESSIDADE DE PREGAR O ARREPENDIMENTO

João 3:19-21: Este é o julgamento: a luz veio ao mundo, mas os homens amaram as trevas, e não a luz, porque as suas obras eram más. Quem pratica o mal odeia a luz e não se aproxima da luz, temendo que as suas obras sejam manifestas. Mas quem pratica a verdade vem para a luz, para que se veja claramente que as suas obras são realizadas por intermédio de Deus.

João 10:26-28: mas vocês não creem, porque não são minhas ovelhas. As minhas ovelhas ouvem a minha voz; eu as conheço, e *elas me seguem*. Eu lhes dou a vida eterna (grifo meu).

João 12:24-26: Digo-lhes verdadeiramente que, se o grão de trigo não cair na terra e não morrer, continuará ele só. Mas se morrer, dará muito fruto. Aquele que ama a sua vida, a perderá; ao passo que aquele que odeia a sua vida neste mundo, a conservará para a vida eterna. Quem me serve precisa seguir-me; e, onde estou, o meu servo também estará. Aquele que me serve, meu Pai o honrará.

Dizer que João pedia uma fé que excluía o arrependimento é uma representação grosseiramente falsa do conceito do que significa ser cristão na perspectiva desse apóstolo. Apesar de João nunca usar *arrepender--se* como verbo, os verbos que ele *usa* são ainda mais fortes. Ele ensina que todo cristão verdadeiro ama a luz (3:19), vem para a luz (3:20-21), obedece ao Filho (3:36), pratica a verdade (3:21), adora em espírito e em verdade (4:23-24), honra a Deus (5:22-24), faz boas obras (5:29), come a carne de Jesus e bebe seu sangue (6:48-66), ama a Deus (8:42, cf. 1João 2:15), segue Jesus (10:26-28) e observa os mandamentos de Jesus (14:15). Essas ideias dificilmente harmonizam com a salvação do não senhorio! Todas elas pressupõem o arrependimento, compromisso e um desejo de obedecer.

Como esses termos sugerem, o apóstolo tomou o cuidado de descrever a conversão como meia-volta completa. Para João, tornar-se cristão significava ressurreição da morte para a vida, saída das trevas para a luz, abandono das mentiras pela verdade, substituição do ódio pelo amor e troca do mundo por Deus. O que seriam essas imagens senão imagens de uma conversão radical?

Amar a Deus é a expressão mais frequente que João usa para descrever a conduta do cristão. Como um pecador pode começar a amar a

Deus sem um arrependimento autêntico? Afinal de contas, o que significa *amar*?

Por fim, lembre-se de que é o Evangelho de João que esboça o ministério de convicção do Espírito Santo em relação ao mundo incrédulo (João 16:8-11). O Espírito Santo convence os incrédulos de quê? Do "pecado, da justiça e do juízo" (João 16:8). Não lhe parece que o ministério do Espírito Santo de convencer as pessoas do pecado e de suas consequências tem o propósito específico de estabelecer o fundamento para o arrependimento?

O arrependimento subjaz a todos os escritos de João. Ele é *implícito*, não necessariamente explícito. Seus leitores estavam tão familiarizados com a mensagem apostólica que ele não precisou se deter na questão do arrependimento. João estava ressaltando outros aspectos da mensagem do evangelho, aspectos diferentes daqueles destacados por Mateus, Marcos e Lucas, mas com certeza não estava escrevendo para contradizê-los! Seu objetivo certamente não era desenvolver uma doutrina da salvação do não senhorio.

Na verdade, o propósito de João era exatamente o oposto: ele estava mostrando que Jesus é *Deus* (por exemplo, 1:1-18; 5:18; 12:37-41), e os leitores de João compreendiam claramente a implicação *disso*: Se Jesus é Deus e nós precisamos aceitá-lo como Deus (João 1:12), a nossa primeira obrigação ao vir até ele é o arrependimento (cf. Lucas 5:8).

Arrependimento na pregação apostólica

Até mesmo o estudo mais superficial da pregação em Atos mostra que o evangelho segundo os apóstolos era um chamado muito claro ao arrependimento. No Pentecostes, Pedro concluiu seu sermão — uma mensagem clara de senhorio — assim: "Portanto, que todo Israel fique certo disto: Este Jesus, a quem vocês crucificaram, Deus o fez Senhor e Cristo" (Atos 2:36). A mensagem penetrou nos corações de seus ouvintes, e eles perguntaram a Pedro que tipo de reação eles deveriam ter. Pedro disse abertamente: "Arrependam-se, e cada um de vocês seja batizado em nome de Jesus Cristo, para perdão dos seus pecados" (v. 38).

A NECESSIDADE DE PREGAR O ARREPENDIMENTO

Observe que ele não menciona a fé, uma vez que esta estava implícita no chamado ao arrependimento. Pedro não estava fazendo do batismo uma condição de sua salvação; ele simplesmente esboçou o primeiro passo de obediência que deveria seguir ao arrependimento (cf. 10:43-48). O público de Pedro, familiarizado com o ministério de João Batista, compreendia o batismo como confirmação externa do arrependimento sincero (cf. Mateus 3:5-8). Pedro não estava pedindo que executassem um ato meritório, e todo o ensinamento bíblico deixa isso claro.

Mas a mensagem que ele lhes deu era uma ordem direta de arrependimento. Como mostra o contexto de Atos 2, as pessoas que ouviram Pedro entenderam que ele estava exigindo uma entrega incondicional ao Senhor Jesus Cristo.

Encontramos uma cena semelhante em Atos 3. Pedro o João haviam sido usados pelo Senhor para curar um homem paralítico na porta do templo (vs. 1-9). Quando uma multidão se reuniu, Pedro começou a pregar para ela, lembrando como a nação judaica havia assassinado seu próprio Messias. Sua conclusão foi exatamente a mesma à qual ele chegara no dia de Pentecostes: *"Arrependam-se, pois, e voltem-se para Deus,* para que os seus pecados sejam cancelados, para que venham tempos de descanso da parte do Senhor, e ele mande o Cristo, o qual lhes foi designado, Jesus. É necessário que ele permaneça no céu até que chegue o tempo em que Deus restaurará todas as coisas, como falou há muito tempo, por meio dos seus santos profetas" (vs. 19-21; grifo meu). A versão *King James* diz: "Arrependam-se [...] e sejam convertidos, para que seus pecados sejam apagados". Novamente, o significado da mensagem de Pedro era inequívoco. Ele estava chamando para uma meia-volta de 180 graus — isso é arrependimento.

Em Atos 4, um dia após Pedro e João terem servido como instrumentos na cura do homem paralítico, eles foram levados e apresentados ao Sinédrio, a instituição de maior autoridade em Israel. Com ousadia, Pedro disse: "Saibam os senhores e todo o povo de Israel que por meio do nome de Jesus Cristo, o Nazareno, a quem os senhores crucificaram, mas a quem Deus ressuscitou dos mortos, este homem está aí curado diante dos senhores. Este Jesus é 'a pedra que vocês, construtores, rejeitaram, e que se tornou a pedra angular'. Não há salvação em nenhum outro, pois, debaixo do céu não há nenhum outro nome dado aos homens pelo qual devamos ser salvos" (Atos 4:10-12). Apesar de a palavra *arrependimento* não ser mencionada aqui, o arrependimento era a mensagem evidente a esses senhores, tendo em vista que eles haviam rejeitado e assassinado seu Messias legítimo e agora precisavam dar meia-volta: abandonar o pecado abominável que eles haviam cometido e voltar-se para aquele contra o qual haviam pecado, pois apenas ele podia conceder-lhes salvação.

Quando Pedro foi chamado por Deus para pregar o evangelho a Cornélio e sua casa, a mensagem tinha outro foco: para "que todo aquele que nele crê receba o perdão dos pecados mediante o seu nome" (Atos 10:43).

Mas será que Pedro ignorou a questão do arrependimento em seu ministério a Cornélio? De forma nenhuma. Cornélio *estava* claramente arrependido. Mais tarde, quando Pedro relatou o incidente à igreja em Jerusalém, os líderes da igreja responderam: "Então, Deus concedeu *arrependimento para a vida* até mesmo aos gentios!" (Atos 11:18; grifo meu). Obviamente, toda a igreja de Jerusalém entendeu que o arrependimento equivalia a uma reação salvadora.

Normalmente, os defensores do não senhorio tendem a encontrar em Atos 16:30-31 apoio para sua visão de que o arrependimento não é essencial ao chamado da fé salvadora. Naquela passagem, o apóstolo Paulo respondeu à famosa pergunta do carcereiro filipense: "Senhores, que devo fazer para ser salvo?" O que Paulo lhe disse? Simplesmente: "Creia no Senhor Jesus, e serão salvos, você e os de sua casa". Evidentemente, Paulo não chamou o carcereiro para o arrependimento.

Mas espera aí. É justo tirar essa conclusão dessa passagem? Não, não é. O carcereiro conhecia muito bem o preço de ser cristão (vs. 23-24) e também estava, obviamente, preparado para se arrepender. Ele estava prestes a tirar sua própria vida quando Paulo o impediu (vs. 25-27), pois havia chegado ao fim de suas forças. Além do mais, Paulo expôs o evangelho a ele de forma mais extensa do que está documentado em Atos 16:31, como se pode ler no versículo seguinte: "E pregaram a palavra de Deus, a ele e a todos os de sua casa". No fim das contas, o carcereiro se arrependeu. Ele demonstrou seu arrependimento por meio de seus atos (vs. 33-34). Essa passagem não pode ser usada para provar que Paulo pregava o evangelho sem chamar os pecadores para o arrependimento.

O arrependimento sempre ocupou o centro da pregação evangelística de Paulo. Ele confrontou os filósofos pagãos de Atenas e proclamou: "No passado Deus não levou em conta essa ignorância, mas agora ordena que todos, em todo lugar, se arrependam" (Atos 17:30). Em sua famosa mensagem aos presbíteros de Éfeso, Paulo os lembrou: "Vocês sabem que não deixei de pregar-lhes nada que fosse proveitoso, mas ensinei-lhes tudo publicamente e de casa em casa. Testifiquei, tanto a judeus como a gregos, que eles precisam converter-se a Deus com *arrependimento e fé em nosso Senhor Jesus*" (Atos 20:20-21; grifo meu). Mais tarde, quando foi levado à força até o rei Agripa, Paulo defendeu seu ministério com estas palavras: "Assim, rei Agripa, não fui desobediente à visão celestial. Preguei [...] também aos gentios, dizendo que se arrependessem e se voltassem para Deus, praticando obras que mostrassem o seu arrependimento" (Atos 26:19-20).

Desde o início até o fim do livro de Atos, o arrependimento é claramente o apelo central da mensagem apostólica. O arrependimento que eles pregavam não era apenas uma mudança de opinião sobre a pessoa de Jesus, mas, sim, um abandono do pecado (3:26; 8:22) e um voltar-se para o Senhor Jesus Cristo (20:21). Era o tipo de arrependimento que resulta em mudança de comportamento (26:20). A mensagem apostólica não se parece em nada com o evangelho do não senhorio tão popular hoje em dia.

Fico profundamente preocupado quando observo o que está acontecendo na igreja de hoje. O cristianismo bíblico perdeu sua voz. A igreja está pregando um evangelho que, em vez de confrontar, pretende confortar os indivíduos pecaminosos. As igrejas se transformaram em espetáculos de diversão e entretenimento na tentativa de conquistar o mundo. Esses métodos podem atrair multidões durante um tempo, mas não são os métodos *de Deus*, portanto, fracassarão. Nesse período, a igreja está sendo infiltrada e corrompida por cristãos professos que nunca se arrependeram, nunca abandonaram o pecado e, portanto, nunca aceitaram Cristo como Senhor *ou* Salvador.

Precisamos voltar para a mensagem que Deus nos chamou para pregar. Precisamos enfrentar o pecado e chamar os pecadores ao arrependimento — para uma ruptura radical com o amor pelo pecado e para uma busca da misericórdia do Senhor. Precisamos ostentar Cristo como Salvador *e* Senhor, aquele que liberta seu povo da penalidade *e* do poder do pecado. Afinal de contas, foi para a proclamação deste evangelho que ele nos chamou.

CAPÍTULO 6

Somente pela fé

A DIFERENÇA ENTRE ROMA E A Reforma pode ser vista nestas simples fórmulas:

Visão romana
fé + obras = justificação

Visão protestante
fé = justificação + obras

Nenhuma das duas elimina as obras. A visão protestante elimina o mérito humano e reconhece que, apesar de as obras serem evidência ou fruto da fé verdadeira, elas nada acrescentam ao fundamento meritório da nossa redenção nem contribuem com ele.

O debate atual sobre "senhorio/salvação" precisa ter o cuidado de proteger ambas as fronteiras. Por um lado, é importante ressaltar que a fé verdadeira produz fruto verdadeiro; por outro, é vital enfatizar que o único mérito que nos salva é o mérito de Cristo que recebemos somente pela fé.

R. C. SPROUL[1]

Na década de 1950, um monge melindroso que, em suas próprias palavras, "odiava Deus", estava estudando a epístola de Paulo aos Romanos. Ele não conseguiu passar pela primeira metade de Romanos 1:17: "[No

SOMENTE PELA FÉ

evangelho] é revelada a justiça de Deus, uma justiça que do princípio ao fim é pela fé." Então, ele escreveu:

> Eu desejava profundamente entender a epístola de Paulo aos Romanos e nada me impedia senão aquela expressão: "a [justiça] de Deus", porque eu a entendia como justiça pela qual Deus é justo e age justamente ao punir o injusto. Minha situação era a seguinte: apesar de ser um monge impecável, estava diante de Deus como pecador atormentado na consciência e não tinha convicção de que meu mérito o apaziguaria. Por isso, eu não amava um Deus justo e irado, mas o odiava e murmurava contra ele. Mas me agarrei ao querido Paulo e desejava ardentemente saber o que ele pretendia dizer.[2]

Uma simples verdade bíblica mudou a vida desse monge — e iniciou a Reforma protestante. Foi a compreensão de que a justiça de Deus podia tornar-se a justiça do pecador — e que isso podia acontecer exclusivamente por meio da fé. Martinho Lutero encontrou a verdade no mesmo versículo no qual ele tropeçara, Romanos 1:17: "Porque no evangelho é revelada a justiça de Deus, uma justiça que do princípio ao fim é pela fé, como está escrito: '*O justo viverá pela fé*'" (grifo meu). Até então, Lutero tinha visto a "justiça de Deus" como atributo do Senhor soberano por meio do qual ele julgava os pecadores — não como atributo que um pecador alguma vez poderia possuir. Ele descreveu a descoberta que encerrou as eras escuras:

> Identifiquei a conexão entre a justiça de Deus e a declaração de que "o justo viverá pela fé". Então, entendi que a justiça de Deus é aquela justiça por meio da qual, pela graça e grande misericórdia, Deus nos justifica pela fé. Então me senti como renascido e como se tivesse passado pelas portas abertas do paraíso. Toda a Escritura assumiu um novo sentido. Antes, a "justiça de Deus" me enchera de ódio; agora, ela se tornou indescritivelmente doce em amor maior. Essa passagem de Paulo tornou-se para mim um portão para o céu.[3]

A justificação pela fé foi a grande verdade que Lutero reconheceu e que dramaticamente transformou a igreja, e é também a doutrina que

93

traz equilíbrio para a posição do senhorio. Normalmente, os críticos alegam que a salvação por senhorio é salvação por obras, porém, a justificação pela fé é a resposta a essa acusação.

Levando em conta que os cristãos são justificados somente pela fé, sua posição diante de Deus jamais estará relacionada ao mérito pessoal. Boas obras e a santidade pessoal não fornecem fundamento para a aceitação por Deus. Deus recebe como justos aqueles que creem, não por causa de alguma coisa boa que veja neles — tampouco por causa de sua própria obra santificadora em sua vida —, mas exclusivamente na base da justiça de *Cristo*, que é creditada em sua conta. "Todavia, àquele que não trabalha, mas confia em Deus, que justifica o ímpio, sua fé lhe é creditada como justiça." (Romanos 4:5). Isso é justificação.

Declarado justo: O que muda de fato?

Em seu sentido teológico, justificação é um termo forense, ou puramente legal. Descreve o que Deus *declara* sobre o cristão, não o que ele *faz para mudar* o cristão. Na verdade, a justificação em si não efetua qualquer mudança na natureza ou no caráter do pecador. Justificação é um decreto judicial divino. Muda apenas o nosso *status*, mas tem ramificações que garantem que outras mudanças virão. Decretos forenses como esse são bastante comuns na vida cotidiana.

Quando me casei, por exemplo, Patricia e eu ficamos diante de um pastor (meu pai) e recitamos nossos votos. Quase no final da cerimônia, meu pai declarou: "Pela autoridade a mim investida pelo estado da Califórnia, eu os declaro marido e mulher." A partir daquele exato momento, nós éramos legalmente marido e mulher. Segundos antes, havíamos sido um casal de noivos, agora éramos casados. Na verdade, nada dentro de nós mudou quando aquelas palavras foram ditas, mas nosso *status* mudou diante de Deus, da lei, da nossa família e dos nossos amigos. As implicações daquela simples declaração têm perdurado e transformado toda a nossa vida (algo pelo qual sou grato), mas, quando meu pai pronunciou aquelas palavras, tratava-se meramente de uma declaração jurídica.

Semelhantemente, quando o representante do júri lê o veredito, o réu não é mais o "acusado". Legal e oficialmente ele se torna instantane-

SOMENTE PELA FÉ

amente culpado ou inocente — dependendo do veredito. Nada em sua natureza muda, mas, se ele for considerado inocente, sairá da corte como homem livre aos olhos da lei, plenamente justificado.

Em termos bíblicos, a justificação é o veredito divino de "inocente — plenamente justo". É a inversão da atitude de Deus com relação ao pecador, uma vez que antes ele condenava e agora, o justifica. Antes, o pecador vivia sob a ira de Deus, agora, como cristão, ele está sob a bênção de Deus. Justificação é mais do que um simples perdão, pois um simples perdão ainda deixaria o pecador sem mérito perante Deus. Assim, quando Deus justifica, ele imputa justiça divina ao pecador (Romanos 4:22-25). O mérito infinito de Cristo torna-se, assim, o fundamento sobre o qual o cristão se apresenta a Deus (Romanos 5:19; 1Coríntios 1:30; Filipenses 3:9). Portanto, a justificação eleva o cristão para a esfera da aceitação plena e do privilégio divino em Jesus Cristo.

Por causa da justificação, os cristãos não apenas são perfeitamente livres de qualquer acusação (Romanos 8:33), como também têm o mérito pleno de Cristo creditado em sua conta pessoal (Romanos 5:17). Na justificação, somos adotados como filhos e filhas (Romanos 8:15); tornamo-nos co-herdeiros com Cristo (v. 17); somos unidos com Cristo para que nos tornemos um com ele (1Coríntios 6:17); e daqui em diante estamos "em Cristo" (Gálatas 3:27) e ele está em nós (Colossenses 1:27). São realidades forenses que resultam da justificação.

A diferença entre justificação e santificação

Justificação é diferente de santificação porque, na justificação, Deus não *torna* o pecador justo; ele *declara* justa aquela pessoa (Romanos 3:28; Gálatas 2:16). Justificação *imputa* a justiça de Deus na conta do pecador (Romanos 4:11b); santificação *concede* justiça ao pecador em termos pessoais e práticos (Romanos 6:1-7; 8:11-14). A justificação ocorre do lado de fora do pecador e muda sua posição (Romanos 5:1-2), ao passo que a santificação é interna e muda o estado do cristão (Romanos 6:19). A justificação é um evento e a santificação, um processo. Os dois precisam ser diferenciados, mas nunca podem ser separados. Deus não justifica quem ele não santifica; e não santifica quem ele não justifica. Ambos são elementos essenciais da salvação.

Por que, então, fazer essa distinção? Se a justificação e a santificação estão tão intimamente interligadas ao ponto de não ser possível ter uma sem a outra, por que se dar ao trabalho de defini-las distintamente?

Essa pergunta é crucial no debate sobre o senhorio. Foi também uma questão central entre Roma e os reformadores no século XVI.

A justificação na doutrina católica romana

O catolicismo romano mistura suas doutrinas da justificação e santificação. Na teologia católica, a justificação é uma infusão de graça que *torna* o pecador justo. Nessa teologia, a base da justificação é que, dentro do pecador, algo se torna bom — não a justiça imputada de Cristo.

O concílio de Trento, a resposta de Roma à Reforma, declarou anátema todo aquele que disser que "o [pecador] é justificado apenas pela fé — se isso significar que nada mais é exigido por meio da cooperação na aquisição da graça da justificação".[4] O concílio católico determinou o seguinte: "Justificação [...] não é remissão dos pecados apenas, mas também a santificação e a renovação do homem interior por meio da qual o indivíduo injusto se torna justo."[5] Assim, a teologia católica confunde os conceitos da justificação e da santificação e substitui a justiça do cristão pela justiça de Cristo.

Essa diferença entre Roma e os reformadores não é um exemplo de teologia excessivamente minuciosa. A corrupção da doutrina da justificação resulta em vários outros graves erros teológicos, por exemplo, afirmar que se a santificação está incluída na justificação, então a justificação é um processo, não um evento, o que torna a justificação progressiva, não completa. E que nossa posição perante Deus é, então, baseada na experiência subjetiva, não assegurada por uma declaração objetiva. Portanto, a justificação poderia ser experimentada e, depois, perdida. Também, que a certeza da salvação nesta vida se torna praticamente impossível, pois a certeza não pode ser garantida. No fim das contas, entender-se-ia que a base para a justificação é a virtude continuada do próprio pecador, não a justiça perfeita de Cristo e sua obra expiatória.

SOMENTE PELA FÉ

Essas questões foram debatidas vigorosamente na Reforma, e as fronteiras foram estabelecidas claramente. Até hoje, a teologia reformada defende a doutrina bíblica da justificação apenas pela fé contra a visão romana da justificação por obras/mérito.

A justificação no ensino da Reforma

Os defensores do não senhorio sugerem muitas vezes que a salvação por senhorio tem mais em comum com o catolicismo romano do que com o ensino reformado. Um defensor da visão radical do não senhorio alertou repetidas vezes que a salvação por senhorio não está "desbravando o caminho de volta para Wittenberg, mas de volta para Roma".[6]

Essa sugestão ignora tanto a história da igreja quanto as questões reais envolvidas no debate contemporâneo sobre o senhorio. Nenhum defensor da teologia do senhorio que eu conheço nega a doutrina da justificação pela fé. Pelo contrário, a teologia do senhorio representa uma recusa de desvincular justificação e santificação, e, nesse ponto, estamos em harmonia com todos os reformadores significativos.

O ensinamento da Reforma era claro nessa questão. Calvino, por exemplo, escreveu:

Cristo [...] jamais justifica alguém sem também santificá-lo. Essas bênçãos estão unidas por um laço perpétuo e inseparável. Aqueles que ele ilumina por meio de sua sabedoria, também redime; aquele que ele redime, também justifica; aquele que ele justifica, também santifica. Mas já que a pergunta se refere apenas à justificação e à santificação, limitemo-nos a elas. Apesar de fazermos uma distinção entre elas, ambas estão inseparavelmente compreendidas em Cristo. Queres obter justificação em Cristo? Antes precisas possuir Cristo; todavia, não podes possuí-lo sem tornar-se participante de sua santificação, pois Cristo não pode ser dividido. Já que o Senhor não nos concede o deleite dessas bênçãos sem também conceder a si mesmo, ele concede ambas de uma só vez, mas jamais uma sem a outra. Assim, revela-se como é verdade que somos justificados não sem, mas não por meio de obras, já que, na participação de Cristo, pela qual somos justificados, está contida a mesma medida de santificação e de justificação.[7]

Em outro ponto, ao discutir Tiago 2:21-22 ("Não foi Abraão, nosso antepassado, justificado por obras, quando ofereceu seu filho Isaque sobre o altar? Você pode ver que tanto a fé como as obras estavam atuando juntas, e a fé foi aperfeiçoada pelas obras"), Calvino acrescentou:

> Parece-nos que ele está falando da manifestação, e não da imputação de justiça, como se ele tivesse dito: aqueles que são justificados pela fé verdadeira demonstram sua justificação por meio da obediência e de boas obras, não por meio de uma mera aparência imaginária de fé. Em suma, ele não está discutindo o modo da justificação, mas exigindo que a justificação dos cristãos seja operativa. E assim como Paulo defende que os homens são justificados sem o apoio de obras, Tiago também não permite que alguém que foi justificado seja destituído de boas obras. A devida atenção ao escopo vai dirimir todas as dúvidas; pois o maior erro dos nossos adversários é que eles acreditam que Tiago esteja definindo o modo da justificação, quando, na verdade, seu único objetivo é destruir a segurança depravada daqueles que vaidosamente alegavam fé como desculpa para seu desdenho pelas boas obras. Sendo assim, deixemos que distorçam as palavras de Tiago como quiserem, pois eles jamais extrairão mais delas do que estas duas proposições: que em um fantasma vazio de fé não justifica; e que o cristão, insatisfeito com tal imaginação, manifesta sua justificação por meio de boas obras.[8]

Martinho Lutero defendeu a justificação pela fé com a mesma intensidade passional de qualquer outro reformador. Ele acreditava que a santificação era opcional? De forma nenhuma. Quando alguns dos associados a Lutero começaram a ensinar o *antinomianismo* (a ideia de que a conduta não está relacionada à fé ou que os cristãos não estão sujeitos a qualquer lei moral), ele se opôs a eles. Lutero chamou seu ensino "o erro mais grosseiro", cometido para "pisotear-me e lançar o evangelho em confusão". Segundo Lutero, esse ensinamento "arranca o fundo do barril" da obra salvadora de Deus.[9]

Alguém informou Lutero que um desses homens, Jacob Schenck, "havia pregado a licenciosidade carnal e ensinado: 'Façam o que lhes agrada. Creiam apenas e serão salvos'".[10]

Lutero respondeu: "Isso é uma disjunção ímpia. É como dizer: 'Querido amigo, creia em Deus e mais tarde, depois que você nascer de novo, depois que for um novo homem etc., faça o que quiser'. Os tolos não sabem o que é fé. Eles supõem que é apenas uma ideia sem vida. [...] É impossível nascer de novo de Deus e, mesmo assim, pecar continuamente, pois essas duas coisas contradizem uma à outra."[11]

Poderíamos dar muitos outros exemplos, mas mencionarei apenas mais um. A Fórmula de Concórdia, a declaração de fé luterana definitiva, escrita em 1576, tratou extensivamente da relação entre justificação e obediência do cristão. Esse documento revela que as questões no centro da controvérsia contemporânea do senhorio ocupavam também as mentes dos reformadores. A Fórmula de Concórdia, como qualquer outro credo protestante significativo, recusou-se a separar a justificação da santificação, mas ressaltou a distinção entre as duas.

Segundo esse credo, "a renovação do homem [...] é corretamente distinguida da justificação pela fé". A Fórmula declarou explicitamente que "contrição antecedente [arrependimento] e nova obediência subsequente não pertencem ao artigo da justificação perante Deus".[12]

Mas acrescentou imediatamente: "No entanto, não devemos imaginar que qualquer fé justificadora possa existir e permanecer com um propósito maligno. [...] Mas quando esse homem é justificado pela fé, então essa fé verdadeira e viva produz obras por amor [Gálatas 5:6], e *boas obras sempre seguem à fé justificadora e são certamente encontradas com ela*."[13]

A Fórmula de Concórdia repudiava o ensinamento segundo o qual *justificar* significa "tornar-se justo em cada ato perante Deus", mas condenou também a noção de que "a fé é uma confiança tal na obediência de Cristo que esta pode habitar e estar até mesmo naquele homem que está despido de arrependimento verdadeiro e no qual ela não é acompanhada por caridade [amor], mas que, contrário à sua consciência, permanece em pecados".[14]

O famoso epigrama da Reforma é: "Somente a fé justifica, mas não a fé que permanece sozinha." F. W. Robertson acrescenta: "O relâmpago sozinho corta os ares, mas não o relâmpago sem trovão."[15] Todos os grandes reformadores concordavam acerca dessas questões. Apenas os antinomianos ensinavam que a fé verdadeira pode não produzir boas obras.

A justificação no debate do senhorio

A doutrina contemporânea do não senhorio nada mais é do que um antinomianismo dos nossos dias. Mesmo que a maioria dos defensores do não senhorio proteste contra o uso desse termo,[16] ele é uma caracterização justa de sua doutrina.

Zane Hodges comete um equívoco quando chama o antinomianismo a "palavra de maldição preferida da teologia reformada".[17] Ele escreve:

> Poderíamos definir "antinomianismo" como o faz o *American Heritage Dictionary* (2ª edição College, 1985) como "defender que apenas a fé é necessária para a salvação". Se é isso que o termo significa, eu não teria nenhum problema com ele. Infelizmente, visto que "antinomianismo" sugere a muitas mentes um desrespeito por questões morais, preciso refutar esse rótulo. Peço que minhas contrapartes reformadas larguem esse termo por causa de suas associações e conotações pejorativas e, muitas vezes, injustas. Mas não vou me penitenciar esperando que isso aconteça.[18]

É importante entender o termo *antinomianismo* em seu sentido teológico. Não uso a palavra com intenção pejorativa, então, afirmar que uma pessoa é antinomiana não significa dizer necessariamente que ela despreza a santidade ou que aprova a iniquidade. A maioria dos antinomianos defende vigorosamente que os cristãos vivam de maneira digna de seu chamado, mas, ao mesmo tempo, minimizam a relação entre obediência e fé. Os antinomianos costumam acreditar que cristãos *deveriam* se submeter ao senhorio de Cristo; apenas não acreditam que a submissão seja uma exigência obrigatória no chamado do evangelho para a fé.

Os antinomianos não desprezam necessariamente a lei de Deus, apenas acreditam que ela seja irrelevante para a fé salvadora. Eles sugerem que a obediência aos princípios justos da lei pode não se tornar um padrão na vida do cristão (cf. Romanos 8:4; 10:4). Em suma, o antinomianismo é a crença que permite justificação sem santificação.

O antinomianismo torna a obediência opcional. Enquanto a maioria dos antinomianos *recomenda* fortemente que os cristãos obedeçam (e até mesmo os instiga a obedecer), não acredita que a obediência seja uma consequência necessária da fé verdadeira. Zane Hodges, por exemplo, inclui um capítulo sobre obediência intitulado "A escolha é sua" (*AF*, p. 117-126). O principal teólogo do movimento do não senhorio escreveu: "A pessoa não salva só tem um curso de ação — servir ao pecado e a si mesma ou deixar Deus de fora de sua vida —, ao passo que o cristão tem uma opção. Ele pode servir a Deus, e enquanto estiver num corpo humano, pode também decidir deixar Deus de fora e viver de acordo com sua velha natureza."[19] Claramente, a teologia do não senhorio *vê* a obediência como opcional, e é isso que a torna antinomiana.

Esse tipo de antinomianismo tende a ver a justificação pela fé como o todo da obra salvadora de Deus. Os antinomianos minimizam a santificação ou até mesmo tornam-na não obrigatória, e as discussões antinomianas sobre a salvação costumam omitir qualquer contemplação da santidade prática. Elas ressaltam a justificação pela fé e a liberdade cristã de forma tão extrema que se tornam desequilibradas, temerosas de falar sobre justiça pessoal, obediência, a lei de Deus ou qualquer coisa que ultrapasse os aspectos puramente forenses da salvação.

Não há como negar que a teologia do não senhorio é antinomianismo clássico. E como é importante compreender a visão do não senhorio no contexto do ensinamento da Reforma, não podemos evitar o termo *antinomianismo*, mesmo que os defensores do ensino do não senhorio o considerem ofensivo. Sua visão está, afinal de contas, solidamente firmada na tradição do antinomianismo histórico.[20]

Outro ponto precisa ser mencionado sobre a tendência do não senhorio de minimizar a santificação. A maioria dos defensores do não senhorio reconhece a necessidade de *alguma* medida de santificação. Dr. Ryrie admite que "cada cristão produzirá fruto espiritual em algum lugar, em algum momento, de alguma forma. Caso contrário, a pessoa não é cristã, pois todo indivíduo renascido será frutífero. Não ser frutífero significa ser infiel, sem fé e, portanto, sem salvação" (*SGS*, p. 45).

Até mesmo Zane Hodges tem afirmado recentemente que "alguma medida ou algum grau de santificação *realmente* resultará da justificação [e] que a santificação final *é* um resultado inevitável da justificação".[21]

Mas essas ressalvas precisam ser compreendidas em seu contexto. Ryrie, por exemplo, não hesita em acrescentar que os "frutos" de alguns cristãos podem ser tão pobres e tão efêmeros ao ponto de serem invisíveis para as pessoas em sua volta (*SGS*, p. 45). Em outro ponto, Ryrie parece sugerir que a santificação *prática* não é garantida. Ele cita Romanos 8:29-30 ("Pois aqueles que de antemão conheceu, também os predestinou para serem conformes à imagem de seu Filho, a fim de que ele seja o primogênito entre muitos irmãos. E aos que predestinou, também chamou; aos que chamou, também justificou; aos que justificou, também glorificou"). "E quanto à santificação?" pergunta Ryrie.

> Em nenhum lugar ela aparece na lista de Paulo em Romanos 8:29-30, apenas predestinação, chamado, justificação e glorificação. Seria possível que ele não quis fundamentar nossa maior garantia da glorificação em nossa santificação pessoal? Certamente ela não se apoia nisso, pois os muitos filhos que serão glorificados terão exibido graus divergentes de santidade pessoal durante suas vidas. No entanto, todos eles, desde o mais carnal até o mais maduro, serão glorificados (*SGS*, p. 150).

Ryrie esboça três aspectos da santificação — *a santificação posicional*, "uma posição atual que não depende do estado de crescimento e maturidade"; *a santificação progressiva* ou santidade prática; e a *santificação definitiva*, a perfeita santidade que será realizada no céu (*SGS*, p. 151). É evidente que Ryrie considera o primeiro e o terceiro aspectos da santificação como garantidos, mas é evidente também que ele acredita que a santificação *prática* pode ser recusada ou ignorada, pois abre espaço para "cristãos" que caem em profunda carnalidade e descrença permanente (*SGS*, p. 141).

Hodges defende uma visão semelhante. Sua tendência de depreciar o aspecto prático da santificação é ainda mais nítida do que em Ryrie.

SOMENTE PELA FÉ

O livro mais extenso de Hodges sobre o debate do senhorio, *Absolutely Free!*, omite qualquer discussão sobre a santificação como doutrina.[22] O que Hodges deixa claro do início ao fim de seu livro é que nenhuma medida de santidade prática é garantida na vida de um filho de Deus.

Mesmo que a doutrina do não senhorio possa confessar da boca para fora a necessidade da santificação, parece certo que a maioria dos defensores do não senhorio não acredita que a santificação *prática* acompanhe a justificação. Essa é, na verdade, a posição que os defensores do não senhorio pretendem propagar, uma vez que desmembraram a doutrina bíblica separando a justificação da santificação.[23] O que lhes resta é um antinomianismo defeituoso que não pode garantir qualquer medida de santidade na experiência cristã. Isso mostra que eles não entenderam nada da doutrina bíblica da justificação pela fé, que é intimamente associada à santificação.

A justificação no Novo Testamento

A justificação é o coração e a alma da soteriologia do Novo Testamento. Ao perceber isso, um amigo me perguntou por que meu livro *O evangelho segundo Jesus* praticamente ignorava o tema da justificação. A razão é que o próprio Jesus fez pouca menção explícita à justificação pela fé. A doutrina foi exposta pela primeira vez em sua plenitude pelo apóstolo Paulo — em sua epístola aos Romanos, em que esse é um tema importante.

A primeira metade de Romanos se divide naturalmente em três partes. Paulo começa mostrando que todos os homens e mulheres pecaram contra a perfeita justiça de Deus. Esse tema ocorre em todos os capítulos iniciais de seu livro: "Não há nenhum justo, nem um sequer" (3:10). Começando por 3:21 e continuando até o final do capítulo 5, ele explica em detalhe a doutrina da justificação pela fé. "Tendo sido, pois, justificados pela fé, temos paz com Deus, por nosso Senhor Jesus Cristo" (5:1). Nos capítulos 6 a 8, ele expõe a doutrina da santificação. "A fim de que as justas exigências da lei fossem plenamente satisfeitas em nós, que não vivemos segundo a carne, mas segundo o Espírito" (8:4).

Assim, Paulo fala sobre o pecado, a fé salvadora e a santificação. Ou, como disse um amigo meu, Romanos 1:1—3.20 fala sobre a *justiça de*

Deus desafiada pelo mundo pecaminoso. Romanos 3:21—5:21 mostra a *justiça de Deus oferecida* aos pecadores que creem. Os capítulos 6 a 8 se concentram na *justiça de Deus aplicada* às vidas dos santos.

A justificação pela fé é o meio pelo qual a justiça de Deus é *oferecida* para o bem dos pecadores que creem. Eu queria ter o espaço necessário neste livro para expor em detalhe esses capítulos cruciais (Romanos 3—5), que representam a essência da verdade bíblica sobre a justificação. Mas isso exigiria vários capítulos, por isso, concentraremo-nos em uma única passagem: a ilustração principal da justificação pela fé — Abraão —, que encontramos em Romanos 4.

Aqui, Paulo escreve:

> Portanto, que diremos do nosso antepassado Abraão? Se de fato Abraão foi justificado pelas obras, ele tem do que se gloriar, mas não diante de Deus. Que diz a Escritura? "Abraão creu em Deus, e isso lhe foi creditado como justiça." Ora, o salário do homem que trabalha não é considerado como favor, mas como dívida. Todavia, àquele que não trabalha, mas confia em Deus que justifica o ímpio, sua fé lhe é creditada como justiça.
>
> ROMANOS 4:1-5

Várias verdades cruciais resultam deste texto

A salvação verdadeira não pode ser conquistada por meio de obras

Existem, afinal de contas, apenas dois tipos de religião no mundo. Cada religião falsa já imaginada pelo homem ou por Satanás é uma *religião de mérito humano*. A religião pagã, o humanismo, o animismo e até mesmo o falso cristianismo se inserem nessa categoria. Eles se concentram naquilo que as pessoas precisam *fazer* para obter justiça ou agradar à deidade.

Apenas o cristianismo bíblico é a *religião da conquista divina*. Outras religiões dizem: "Faça isso." O cristianismo diz: "Está feito" (cf. João 19:30). As outras religiões exigem que a pessoa devota produza algum tipo de mérito para expiar o pecado, apaziguar a deidade ou alcançar o

SOMENTE PELA FÉ

objetivo da aceitabilidade de alguma outra forma. As Escrituras dizem que o mérito de Cristo é dado em nome do pecador que crê.

Nos dias de Paulo, os fariseus haviam transformado o judaísmo em uma religião de conquistas humanas. A vida do próprio Paulo antes de sua salvação havia sido um longo e fútil esforço de agradar a Deus por meio do mérito pessoal. Ele havia sido criado na tradição dos fariseus, "um fariseu, filho de fariseus" (Atos 23:6), "verdadeiro hebreu; quanto à lei, fariseu; quanto ao zelo, perseguidor da igreja; quanto à justiça que há na lei, irrepreensível" (Filipenses 3:5-6). Paulo compreendia a cultura religiosa de seus dias melhor do que qualquer outro. Ele sabia que os fariseus veneravam Abraão como pai de sua religião (João 8:39), por isso o escolheu para demonstrar que a justificação perante Deus ocorre pela fé naquilo que Deus realizara.

Ao apresentar Abraão como exemplo último de justificação pela fé, Paulo estava estabelecendo a doutrina cristã contra séculos de tradição rabínica. Ao apelar às Escrituras do Antigo Testamento, Paulo estava mostrando que o judaísmo havia se afastado de suas verdades mais básicas afirmadas por todos os judeus desde o próprio Abraão. Ele estava querendo ancorar a igreja para que não fosse levada pela correnteza de Israel.

A fé de Abraão era o fundamento da nação judaica e a base para a aliança de Deus com seu povo eleito. Era impensável que a tradição farisaica fosse contrária a Abraão, mas, como Paulo estava prestes a provar, Abraão não praticava a religião de mérito dos fariseus.

Gloriar-se está fora de questão

Se as pessoas pudessem obter a justificação por meio de obras, elas realmente teriam algo de que se gabar. A doutrina da justificação é, portanto, uma verdade que humilha. Não merecemos a salvação. Não podemos ser bons o bastante para agradarmos a Deus. Não há espaço no plano redentor de Deus para o orgulho humano. Nem mesmo Abraão, o pai da fé, teve razões para se gloriar: "Se de fato Abraão foi justificado pelas obras, ele tem do que se gloriar, mas não diante de Deus. Que diz a Escritura? 'Abraão creu em Deus, e isso lhe foi creditado como justiça'" (Romanos 4:2-3). Paulo estava citando Gênesis 15:6: "Abrão creu no Senhor, e isso lhe foi creditado como justiça." Esse versículo do Antigo

Testamento é a declaração mais clara em todas as Escrituras sobre a justificação. A palavra *creditado* mostra a natureza forense da justificação. Em Romanos 4, *creditado* é traduzido da palavra grega *logizomai*, um termo usado para propósitos administrativos e legais. Fala de algo depositado numa conta.

Esse ato de creditar era uma transação unilateral. Deus depositou a justiça na conta espiritual de Abraão, e este *nada* fez para merecê-la. Nem mesmo a sua fé era meritória. Jamais a Bíblia diz que a fé é o fundamento da justificação, mas apenas o canal por meio da qual a graça justificadora é recebida. Abraão creu em Deus, e assim Deus imputou a justiça à sua conta.

Novamente, a natureza forense da justificação é claramente evidente: "Ora, o salário do homem que trabalha não é considerado como favor, mas como dívida. Todavia, àquele que não trabalha, mas confia em Deus que justifica o ímpio, sua fé lhe é creditada como justiça" (vs. 4-5). Aqueles que tentam ganhar a justificação *fazendo* algo descobrirão que sua conta está em débito. Aqueles que recebem o dom de Deus pela graça por meio da fé têm uma quantia infinitamente suficiente creditada em sua conta.

Fé, então, significa o fim de qualquer tentativa de conquistar o favor de Deus por meio do mérito pessoal. Deus salva apenas aqueles que não confiam em si mesmos — aqueles que confiam "naquele que justifica os injustos". Portanto, se uma pessoa não confessar que ela é ímpia, não pode ser salva, pois ainda confia em sua própria bondade. É isso que Jesus quis dizer quando afirmou: "Eu não vim chamar justos, mas pecadores ao arrependimento" (Lucas 5:32). Aqueles que são justos aos próprios olhos não compartilham da obra redentora da graça de Deus. Consequentemente, aqueles que são salvos nada têm do que se gabar.

A justificação traz a bênção do perdão

Nos versículos 6-8, Paulo cita Davi para confirmar sua ideia de justificação pela imputação: "Davi diz a mesma coisa, quando fala da felicidade do homem a quem Deus credita justiça independente de obras: 'Como são felizes aqueles que têm suas transgressões perdoadas, cujos pecados são apagados. Como é feliz aquele a quem o Senhor não atribui culpa'." Paulo está citando Salmos 32:1-2, e a bênção de Davi se refere à salvação.

SOMENTE PELA FÉ

Observe que Davi fala de uma operação positiva e negativa: a justificação é atribuída ao que crê; o pecado não é levado em conta. A justificação tem elementos positivos e negativos: a atribuição de justiça ao indivíduo e o perdão dos pecados. Esse perdão não seria possível se nosso pecado não tivesse sido pago pelo sacrifício do sangue do próprio Cristo. Sua morte pagou o preço de modo que "PAGO" pudesse ser escrito na conta espiritual do cristão (cf. Colossenses 2:14).

Assim como nosso pecado foi imputado a Cristo (1Pedro 2:24), sua justiça é imputada ao cristão, e nenhum outro pagamento é exigido.

Abraão não foi justificado pela circuncisão

Paulo antecipou a pergunta que os judeus levantariam a essa altura do argumento: *se Abraão foi justificado apenas pela sua fé, por que Deus exigiu a circuncisão de Abraão e de todos os seus descendentes?*

A maioria dos judeus à época da produção dos escritos do Novo Testamento tinha certeza absoluta de que a circuncisão era o distintivo único que os separava como povo eleito de Deus e que esse era o meio pelo qual se tornavam aceitáveis a Deus. Na verdade, a circuncisão era considerada uma marca tão expressiva do favor de Deus que muitos rabinos ensinavam que nenhum judeu poderia ser lançado no inferno se Deus não revertesse sua circuncisão.

Gênesis 17:10-14 registra as instruções de Deus segundo as quais a circuncisão serviria como sinal de sua aliança com Abraão e seus descendentes. Na base dessa passagem, os rabinos ensinavam que a circuncisão em si era o meio para acertar as contas com Deus, mas, como Paulo ressalta cuidadosamente, Abraão não foi justificado pela circuncisão. Quando Deus ordenou que ele fosse circuncidado, Abraão *já havia sido* declarado justo:

> Destina-se esta felicidade apenas aos circuncisos ou também aos incircuncisos? Já dissemos que, no caso de Abraão, a fé lhe foi creditada como justiça. Sob quais circunstâncias? Antes ou depois de ter sido circuncidado? Não foi depois, mas antes! Assim ele recebeu a circuncisão como sinal, como selo da justiça que ele tinha pela fé, quando ainda não fora circuncidado. Portanto, ele é o pai de todos os que creem, sem terem sido circuncidados, a fim de que a justiça fosse

107

O EVANGELHO SEGUNDO OS APÓSTOLOS

creditada também a eles; e é igualmente o pai dos circuncisos que não somente são circuncisos, mas também andam nos passos da fé que teve nosso pai Abraão antes de passar pela circuncisão.

ROMANOS 4:9-12

A cronologia de Gênesis prova que Abraão foi declarado justo muito antes de observar a ordem de Deus de ser circuncidado. Quando Abraão foi circuncidado, ele já tinha 99 anos e Ismael, 13 anos (Gênesis 17:24-25). Mas quando Abraão foi justificado (15:6), Ismael ainda não havia sido concebido (16:2-4). Quando Ismael nasceu, Abraão tinha 86 anos (16:16). Assim, Abraão foi justificado pelo menos *quatorze* anos antes de sua circuncisão. Quando foi declarado justo, ele era igual a qualquer gentio não circuncidado.

Circuncisão e outros rituais externos — inclusive o batismo, a penitência, ordens sagradas, casamento, celibato, extrema-unção, jejum, oração ou qualquer outro — não são meios de justificação. Abraão estava na aliança de Deus e sob sua graça muito antes de ser circuncidado, enquanto Ismael, apesar de circuncidado, nunca esteve na aliança. A circuncisão, um sinal da necessidade de purificação espiritual do homem, era apenas um sinal do relacionamento pactual entre Deus e seu povo.

Paulo já havia afirmado em Romanos 2:28-29: "Não é judeu quem o é apenas exteriormente, nem é circuncisão a que é meramente exterior e física. Não! Judeu é quem o é interiormente, e circuncisão é a operada no coração, pelo Espírito, e não pela lei escrita. Para estes, o louvor não provém dos homens, mas, de Deus." Apenas a justificação pela fé transforma alguém em filho de Abraão (4:12).

Abraão não foi justificado pela lei
"Não foi mediante a lei que Abraão e a sua descendência receberam a promessa de que ele seria o herdeiro do mundo, mas mediante a justiça que vem da fé. Pois se os que vivem pela lei são herdeiros, a fé não tem valor, e a promessa é inútil; porque a lei produz a ira. E onde não há lei, não há transgressão" (4:13-15).

Novamente, a cronologia das Escrituras prova que Paulo estava certo sem deixar qualquer dúvida. Obviamente, a lei foi revelada a Moisés mais de meio milênio *após* Abraão. Evidentemente, Abraão não se tornou justo por meio da lei.

A justificação nunca aconteceu por meio de ritos *ou* da lei. A lei de Deus "é santa, e o mandamento é santo, justo e bom" (Romanos 7:12; cf. Gálatas 3:21). Mas a lei jamais foi um meio da salvação. "Já os que se apoiam na prática da lei", isto é, aqueles que procuram se justificar na base de observação da lei, "estão debaixo de maldição, pois está escrito: 'Maldito todo aquele que não persiste em praticar todas as coisas escritas no livro da Lei'" (Gálatas 3:10). A lei exige perfeição, mas a única maneira de obter a justiça perfeita é por meio da imputação — isto é, sendo justificado pela fé.

O propósito da lei era revelar os perfeitos padrões da justiça de Deus. Ao mesmo tempo, estabelece um padrão que, para os pecadores, é impossível de se alcançar. Isso deveria demonstrar-nos que necessitamos de um Salvador e levar-nos para Deus em fé. Assim, a lei é "nosso tutor até Cristo, para que fôssemos justificados pela fé" (Gálatas 3:24).

Deus jamais reconheceu qualquer justiça senão a justiça pela fé. A lei não pode salvar porque ela opera a ira, e quanto mais alguém busca a justificação por meio da lei, mais essa pessoa demonstra sua pecaminosidade e mais julgamento e ira são debitados na conta dessa pessoa (cf. Romanos 4:4).

Então, o texto alcança o clímax.

Abraão foi justificado pela graça de Deus

> Portanto, a promessa vem pela fé, para que seja de acordo com a graça e seja assim garantida a toda a descendência de Abraão; não apenas aos que estão sob o regime da lei, mas também aos que têm a fé que Abraão teve. Ele é o pai de todos nós. Como está escrito: "Eu o constituí pai de muitas nações." Ele é nosso pai aos olhos de Deus, em quem creu, o Deus que dá vida aos mortos e chama à existência coisas que não existem, como se existissem (4:16-17).

A essência de toda essa passagem é afirmada no versículo 16: "*a promessa vem pela fé, para que seja de acordo com a graça.*" A dinâmica da justificação é a graça de Deus. A fé de Abraão não era, em si mesma, justiça. A fé é apenas *atribuída* à justiça. A justificação é inteiramente a obra da graça de Deus.

Mais uma vez, podemos notar aqui a natureza puramente forense da justificação: Deus "chama à existência coisas que não existem." A versão *King James* diz que ele "chama as coisas que não existem como se existissem". Isso é uma declaração fascinante sobre Deus.

Se você e eu declarássemos "coisas que não existem como se existissem", estaríamos mentindo. Deus pode fazê-lo porque ele é Deus e seus decretos têm o peso pleno da soberania divina. Deus falou, e os mundos foram criados. "Pela fé entendemos que o universo foi formado pela palavra de Deus, de modo que o que se vê não foi feito do que é visível" (Hebreus 11:3). Ele disse coisas que não existiam e, veja, elas passaram a existir. Ele pode chamar pessoas, lugares e eventos à existência meramente por meio de seus decretos divinos soberanos, e pode declarar justos os pecadores que creem, apesar de não serem justos. Isso é justificação.

Mas a justificação jamais ocorre isoladamente no plano de Deus. Sempre vem acompanhada da santificação. Deus não declara os pecadores legalmente justos sem torná-los justos na prática. A justificação não é apenas uma ficção jurídica. Quando Deus declara alguém justo, ele, inevitavelmente, o fará acontecer. "Aos que justificou, também glorificou" (Romanos 8:30). Quando a justificação ocorre, inicia-se o processo da santificação. A graça sempre engloba as duas.

Como veremos no capítulo 7, Paulo claramente ensinou as duas verdades. Ele não encerrou com uma discussão sobre a justificação, esquecendo-se da questão da santificação. A salvação que ele descreveu em sua epístola à igreja de Roma não era uma questão de aspecto único, meramente forense, porém, o elemento forense — a justificação — era, sem dúvida, o fundamento em que Paulo baseou toda a experiência cristã.

CAPÍTULO 7

Livres do pecado, escravos da justiça

Você não pode receber Cristo apenas como sua justificação e, mais tarde, decidir se o aceita ou recusa como sua santificação. Ele é um e indiviso, e se você o receber completamente, ele se torna imediatamente sua "sabedoria e justiça e santificação e redenção". Você não pode recebê-lo apenas como seu Salvador e, mais tarde, decidir se o aceita ou recusa como seu Senhor; pois o Salvador é o Senhor que, por meio de sua morte, nos [comprou] e, por isso, nos possui. Em nenhum lugar do Novo Testamento a santificação é ensinada ou oferecida como experiência adicional disponível ao cristão. É antes representada como algo que já está dentro do cristão, algo que ele precisa realizar cada vez mais e no qual ele precisa crescer continuamente.

D. MARTYN LLOYD-JONES[1]

CERTA VEZ, UM DE MEUS amigos queridos foi ministrar em uma igreja onde encontrou um leigo aposentado que via a si mesmo como professor bíblico. O camarada aproveitava cada oportunidade para ensinar e testificar publicamente, e sua mensagem era sempre a mesma. Ele falava sobre como a "verdade posicional" havia lhe dado um novo entusiasmo para a fé cristã.

A "verdade posicional" da qual falava incluía a perfeita justiça de Cristo que é imputada aos cristãos na justificação. O homem gostava de ressaltar também que todos os cristãos estão assentados com Cristo em lugares celestiais (Efésios 2:6) e escondidos com Cristo em Deus (Colossenses 3:3). Ele fazia questão de lembrar seus irmãos de que todos nós estamos diante de Deus como "geração eleita, sacerdócio real, nação santa, povo exclusivo de Deus" (1Pedro 2:9). Essas realidades "posicio-

O EVANGELHO SEGUNDO OS APÓSTOLOS

nais" *são* verdadeiras para todos os cristãos autênticos, independentemente de seu nível de maturidade espiritual. Nossa posição inabalável em Cristo é uma das verdades mais preciosas da doutrina cristã.

Mas esse homem em particular, obcecado pela "verdade posicional", levava uma vida lastimável. Era um alcoólatra viciado em cigarros, além de mal-humorado e arrogante. Não era amoroso com sua esposa e havia criado divisão e conflito em várias igrejas ao longo dos anos — resumindo, era totalmente indisciplinado em quase todos os sentidos. Certa vez, meu amigo visitou o lar desse homem, e sinais de sua vida ímpia se espalhavam por toda a casa.

Para esse homem, "verdade posicional" significava, evidentemente, uma verdade que, na prática, não funcionava. Ele havia concluído equivocadamente que, já que nossa *posição* em Cristo não muda com nossa *prática*, os cristãos não precisavam se preocupar com seus pecados. Evidentemente, acreditava que podia ter certeza das promessas da vida cristã mesmo sem frutos práticos evidentes em sua jornada. Em suma, ele amava a ideia da justificação, mas parecia não se importar muito com a santificação. Meu amigo corretamente o encorajou a examinar se ele realmente estava em Cristo (2Coríntios 13:5).

Em nenhuma passagem das Escrituras, encontramos a justiça posicional contraposta à conduta justa, como se as duas realidades fossem desconexas. Na verdade, o ensino do apóstolo Paulo era diametralmente oposto à noção de que a "verdade posicional" significa que temos a liberdade de pecar. Após dois capítulos e meio de ensinamentos sobre questões "posicionais", Paulo escreveu: "Que diremos então? Continuaremos pecando para que a graça aumente? De maneira nenhuma!" (Romanos 6:1-2). Diferentemente do homem que concluiu que não há problema com o pecado, já que a nossa prática não altera nossa posição, Paulo ensinou que a nossa posição *afeta*, sim, a nossa prática: "Nós, os que morremos para o pecado, como podemos continuar vivendo nele?" (v. 2).

O que é a teologia do não senhorio senão o ensino de que aqueles que morreram para o pecado podem, de fato, viver nele? Nesse sentido, essa teologia se apoia no mesmo fundamento da doutrina do zelote da "verdade posicional" que acabei de descrever, pois separa a justificação da santificação.

Espiritualidade como segunda bênção?

A teologia do não senhorio exige uma abordagem dupla à experiência cristã. Por causa da pressuposição de que a fé nada tem a ver com renúncia, o ensino do não senhorio sobre obediência e maturidade espiritual precisa começar com uma experiência pós-conversão de consagração pessoal a Deus. Isso é bem parecido com a teologia da "vida mais profunda", que, por sua vez, é um reflexo da ideia wesleyana de uma "segunda bênção" ou de uma segunda obra da graça.

Charles Ryrie é franco com relação à maneira que a teologia do não senhorio aborda a espiritualidade:

> Antes que se possa obter qualquer progresso duradouro no caminho da vida espiritual, o cristão precisa ser uma pessoa dedicada. Apesar de isso não ser uma condição para a salvação, é o fundamento básico para a santificação. Como já ressaltamos, *a dedicação é uma entrega completa num momento de crise do eu por todos os anos de sua vida.* Esse tipo de dedicação pode ser provocado por algum problema ou alguma decisão que precisa ser encarada, mas diz respeito à pessoa, ao Filho de Deus, não a uma atividade, ambição ou plano para o futuro. Uma pessoa dedicada terá planos e ambições dedicadas; mas planos dedicados não exigem ou garantem necessariamente uma dedicação do planejador:
>
> *Dedicação é uma ruptura com o controle próprio sobre sua vida e uma entrega desse controle ao Senhor. Isso não resolve todos os problemas imediata e automaticamente, mas fornece a base para solução, crescimento e progresso na vida cristã.*[2]

O Dr. Ryrie inclui um gráfico que ilustra como ele vê o progresso típico na vida cristã. Trata-se de uma linha que sobe e desce para mostrar os altos e baixos da vida cristã, sempre em tendência ascendente. O elemento significativo nesse diagrama é que a linha é horizontal — indicando ausência de crescimento — entre o ponto da conversão e a "crise" da dedicação. A santificação prática tem início apenas *após* a dedicação.

Aparentemente, segundo a teologia do não senhorio, a conversão não "fornece a base para [...] crescimento e progresso na vida cristã" ou "o fundamento para a santificação". É preciso uma experiência de segundo nível antes que a santificação prática possa começar. Assim, a teologia do não senhorio divide os cristãos em dois grupos — os que têm e os que não têm. A terminologia é um pouco diferente, mas essa teologia nada mais é do que a santificação da segunda bênção em nova embalagem, uma vez que remete os cristãos a uma busca fútil de uma experiência que forneça o que eles já possuem — se forem verdadeiramente cristãos.

Há mais de um século, J. C. Ryle analisou corretamente a falácia principal de cada abordagem dupla à espiritualidade:

> Não consigo ver na Bíblia saltos repentinos e instantâneos da conversão para a consagração. Na verdade, não acredito que possuímos qualquer garantia para dizer que um homem possa ser convertido sem ser consagrado a Deus! Sem dúvida, pode tornar-se mais consagrado, e mais o será à medida que sua graça for aumentando; mas se ele não foi consagrado a Deus no momento em que se converteu e nasceu de novo, não sei o que significa conversão. [...]
>
> Às vezes, ao ler a forte linguagem usada por muitos no que diz respeito à "consagração", tenho pensado que aqueles que a usavam devem antes ter tido uma visão especialmente baixa ou inadequada da "conversão", se é que sabiam qualquer coisa sobre ela. Em suma, quase suspeito de que, quando eles foram "consagrados", foram, na verdade, convertidos pela primeira vez!
>
> [...] Ensinemos, então, que há mais santidade a ser alcançada e mais céu a ser desfrutado na Terra do que a maioria dos cristãos experimenta agora. Mas recuso-me a dizer a qualquer homem convertido que ele precisa de uma segunda conversão.[3]

Todo ensinamento do não senhorio se apoia numa teoria de duas fases na vida cristã: a primeira, a conversão, é receber Cristo como Salvador e a segunda, a consagração, é submeter-se a ele como Senhor. Entre as duas fases há normalmente um período durante o qual o "cristão carnal" vive como pagão antes de tomar a "decisão" de se tornar "discípulo".[4] Precisamos apenas ouvir os testemunhos para ver o quanto esse ensino tem impregnado o evangelicalismo norte-americano: "Recebi Cristo como meu Salvador aos sete anos e o fiz meu Senhor apenas quando já tinha passado dos trinta."

Tenho certeza de que esse tipo de testemunhos reflete uma interpretação equivocada que as pessoas fazem das próprias experiências. Existem muitos graus de santificação e, consequentemente, também muitos níveis de dedicação a Cristo. Todavia, ninguém que tenha confiado verdadeiramente em Cristo para a salvação é fundamentalmente *des*comprometido com o senhorio de Cristo, e ninguém que viva perpetuamente em rebelião consciente e proposital contra ele pode verdadeiramente alegar confiança nele.

Como já observei, Deus não justifica ninguém que ele também não santifique. Nenhuma segunda obra da graça é necessária para aqueles que nasceram de novo. O apóstolo Pedro não poderia tê-lo dito de forma mais clara: "Seu divino poder nos deu tudo de que necessitamos para a vida e para a piedade, por meio do pleno conhecimento daquele que nos chamou para a sua própria glória e virtude" (2Pedro 1:3; grifo meu). A santificação não é uma experiência de segundo nível que temos em algum momento após a conversão. Paulo se dirigiu aos coríntios como *"santificados em Cristo Jesus e chamados para serem santos, juntamente com todos os que, em toda parte, invocam o nome de nosso Senhor Jesus Cristo,* Senhor deles e nosso" (1Coríntios 1:2; grifo meu). Ele os lembrou: "É, porém, por iniciativa dele [de Deus] que vocês estão em Cristo Jesus, o qual se tornou sabedoria de Deus para nós, isto é, justiça, santidade e redenção" (v. 30). Ele disse aos tessalonicenses: "[...] desde o princípio Deus os escolheu para serem salvos mediante a obra santificadora do Espírito e a fé na verdade" (2Tessalonicenses 2:13).

Se os aspectos *posicionais* da verdade de Deus são aplicáveis a uma vida, sua obra santificadora *prática* também operará naquela mesma vida.

O que é santificação?

Santificação é a operação contínua do Espírito Santo em cristãos, tornando-nos santos de acordo com nosso caráter, nossos afetos e nossa conduta à imagem de Cristo. A justificação é um *evento* único, mas a santificação é um *processo* contínuo. A justificação nos liberta da *culpa*

O EVANGELHO SEGUNDO OS APÓSTOLOS

do pecado; já a santificação nos liberta da *poluição* do pecado. Como estamos vendo, uma é tanto parte necessária da obra salvadora de Deus quanto a outra.

Observe essa distinção crucial: na justificação, abrimos mão do *princípio* do pecado e do autodomínio, ao passo que, na santificação, abrimos mão da *prática* de pecados específicos à medida que amadurecemos em Cristo. Submissão total ao senhorio de Cristo não significa que tomamos todas as decisões da vida como pré-requisito para a conversão (cf. *SGS*, p. 49). Ela não exige que abandonemos todos os nossos pecados antes de sermos justificados. Não é "a dedicação dos anos da nossa vida na terra" (*SGS*, p. 118; cf. p. 106-107, 120, 123). Significa que, quando confiamos em Cristo para a salvação, resolvemos a questão de quem está no controle. Na salvação, submetemo-nos a Cristo em princípio, mas, como cristãos, submetemo-nos na prática sempre continuamente — essa realização prática de seu senhorio é o processo da santificação.

Existe, porém, um aspecto imediato da santificação que é simultâneo à justificação: "Assim foram alguns de vocês. Mas vocês foram lavados, foram santificados, foram justificados no nome do Senhor Jesus Cristo e no Espírito de nosso Deus" (1Coríntios 6:11). Esse aspecto "uma vez por todas" da santificação é, sem dúvida, aquilo que o apóstolo tinha em vista quando se dirigiu aos coríntios como "*santificados*" (1:2). Esse aspecto inicial e imediato é, às vezes, chamado "santificação posicional" (*SGS*, p. 151).

Mas, diferentemente da justificação, a santificação não é uma declaração jurídica única, mas sim uma separação experiencial do pecado que começa com a salvação e continua em medidas crescentes de santidade prática na nossa vida e na nossa conduta. A santificação pode ser observada em medidas maiores ou menores em cada cristão, mas ela não é opcional, tampouco pode ser separada dos outros aspectos da nossa salvação.

Talvez o autor de Hebreus tenha formulado a necessidade da santificação prática da forma mais sucinta: "Esforcem-se para viver em paz com todos e para serem santos; sem santidade ninguém verá o Senhor" (Hebreus 12:14). O contexto mostra que o versículo está falando da conduta santa, da justiça prática, não apenas de uma santidade posicional ou forense (vs. 11, 12, 13, 15, 16).

Trabalhar ou não trabalhar?

Em Romanos 4:5 ("Todavia, àquele que não trabalha, mas confia em Deus, que justifica o ímpio, sua fé lhe é creditada como justiça"), Paulo quis dizer que a justiça de Deus é creditada a pessoas que creem, não a pessoas que tentam conquistar o favor divino por meio de rituais religiosos ou obras de justiça própria. Ele *não* estava sugerindo, como o fazem muitos hoje em dia, que o cristão que foi declarado justo possa deixar de produzir boas obras. De modo nenhum esse versículo ergue uma barreira — ou até mesmo sugere uma separação — entre justificação e santificação.

Na verdade, seguindo a progressão do argumento de Paulo em Romanos 3-8, descobrimos que ele está tratando exatamente dessa questão. Como observamos no capítulo 6, Romanos 3 e 4 descrevem o aspecto legal da justificação, o cálculo de Deus segundo o qual o pecador cristão é declarado plenamente justo. Romanos 5 explica como culpa ou justiça podem ser imputadas a uma pessoa por causa da obediência ou desobediência de outro.

Em Romanos 6, o apóstolo volta sua atenção para os aspectos práticos da justiça de Deus — a santificação — e ensina que a justiça de Deus, concedida pela fé a cada cristão, tem implicações jurídicas e práticas. Não existem dois *tipos* de justificação — apenas dois *aspectos* da justiça divina. A justiça é um pacote só; Deus não declararia alguém justo se não o tivesse tornado justo. Tendo iniciado o processo, ele o continuará até a glorificação última (Romanos 8:29-30; cf. Filipenses 1:6).

O dr. B. B. Warfield reconheceu isso como essência de Romanos 6:

> O sexto capítulo inteiro de Romanos [...] foi escrito com o único objetivo de afirmar e demonstrar que a justificação e a santificação são indissoluvelmente vinculadas uma à outra; que não podemos ter uma sem a outra; que, para usar sua própria linguagem figurada, morrer com Cristo e viver com Cristo são elementos integrais em uma única salvação indissolúvel. Separar à força essas duas coisas e transformá-las em dons separáveis da graça evidencia uma confusão na concepção da salvação de Cristo que é nada menos do que fatídica. Ela nos leva a exclamar: Foi Cristo dividido? E ela nos incentiva a apontar

novamente para a verdade primária de que nós não obtemos os benefícios de Cristo sem, mas apenas em sua pessoa e com ela; e de que, quando nós o temos, temos tudo.[5]

A santificação é uma parte tão essencial da salvação que o termo costuma ser usado como sinônimo de salvação nas Escrituras (cf. Atos 20:32; 26:18; 1Coríntios 1:2, 30; 6:11; 2Tessalonicenses 2:13; Hebreus 2:11; 10:14; 1Pedro 1:2).

Um estudo mais minucioso de Romanos 6

Ao encerrar sua discussão sobre a justificação, Paulo exaltou a graça de Deus. "A Lei foi introduzida para que a transgressão fosse ressaltada. Mas onde aumentou o pecado, transbordou a graça, a fim de que, assim como o pecado reinou na morte, também a graça reine pela justiça para conceder vida eterna, mediante Jesus Cristo, nosso Senhor" (Romanos 5:20-21). Se a presença intensificada do pecado significa que a graça transborda ainda mais, surge uma pergunta óbvia: "Continuaremos pecando para que a graça aumente?" (6:1). Afinal de contas, se justificação significa que somos instantaneamente declarados perfeitamente justos, que diferença faz se pecamos ou não? Se nosso pecado apenas acentua a graça de Deus, por que não pecar mais ainda?

Paulo esperava que esse tipo de perguntas surgisse, e ele as responde a fundo mencionando vários pontos-chave sobre como a santificação opera.

A santificação está inseparavelmente vinculada à justificação
Paulo ataca a noção de que a justificação seja a suma da obra de Deus na salvação.

Que diremos então? Continuaremos pecando para que a graça aumente? De maneira nenhuma! Nós, os que morremos para o pecado, como podemos continuar vivendo nele? Ou vocês não sabem que todos nós, que fomos batizados em Cristo Jesus, fomos batizados em sua morte? Portanto, fomos sepultados com ele na morte por meio do batismo, a

LIVRES DO PECADO, ESCRAVOS DA JUSTIÇA

fim de que, assim como Cristo foi ressuscitado dos mortos mediante a glória do Pai, também nós vivamos uma vida nova (Romanos 6:1-4).

Evidentemente, Paulo já havia se deparado com uma oposição considerável à doutrina da justificação pela fé. Certamente, seu público judeu teria sido incapaz de imaginar que poderia agradar a Deus por outros meios senão a observância estrita da lei rabínica. Em seu sistema, legalismo significava santidade (cf. Atos 15:1-29). Para os judeus legalistas, a justificação pela fé soava como antinomianismo, portanto, ensinar que a salvação é a obra de Deus, não a nossa, era uma ofensa contra seus egos orgulhosos. A noção de que a graça de Deus transborda onde o pecado floresce atinge o núcleo de seu sistema (cf. Lucas 18:11-12). Eles não entendiam a graça, por isso podiam imaginar uma única alternativa ao legalismo: antinomianismo. Argumentavam que, se a salvação se deve exclusivamente à graça, então por que não pecar mais ainda? Afinal de contas, a iniquidade apenas permite que Deus demonstre sua graça em medida ainda maior.

Essa, diga-se de passagem, era exatamente a teologia de Rasputin, o conselheiro religioso da família imperial da Rússia um século atrás. Ele ensinava que o pecado do homem glorifica a Deus, portanto, quanto maior o pecado do homem, mais Deus é glorificado ao conceder graça. Por isso, ele encorajava as pessoas a pecar sem escrúpulos, pois, segundo Rasputin, aqueles que reprimiam seu pecado, reprimiam a habilidade de Deus de demonstrar sua glória. Vale ressaltar que seu ensino contribuiu para a queda da Rússia.

Na metade do século XVII, uma seita inglesa conhecida como os Ranters (faladores), pregavam uma doutrina semelhante. Eles encorajavam a imortalidade e a indulgência, e também acreditavam que Deus era glorificado quando demonstrava sua graça. O puritano Richard Baxter confrontou esse ensinamento.

O próprio Paulo já havia enfrentado ideias semelhantes. Em Romanos 3:5-6 ele citou o argumento daqueles que alegavam que Deus estava sendo injusto ao punir o pecado, já que nossa injustiça demonstra sua justiça. Depois, ele condenou aqueles que haviam acusado os apóstolos de estarem ensinando o antinomianismo pragmático ("Façamos o mal, para que nos venha o bem" [Romanos 3:8]).

Vemos que o antinomianismo tem sido uma ameaça desde os primórdios da igreja. Judas escreveu: "Pois certos homens, cuja condenação já estava sentenciada há muito tempo, infiltraram-se dissimuladamente no meio de vocês. Estes são ímpios, e transformam a graça de nosso Deus em libertinagem e negam Jesus Cristo, nosso único Soberano e Senhor" (Judas 4). Judas estava descrevendo os primeiros antinomianos.

Em Romanos 6, Paulo diz que a justificação pela fé não abre espaço para o antinomianismo, e ele confronta os antinomianos sem ceder um milímetro aos legalistas. Ele não estava disposto a abandonar a graça de Deus para acomodar o legalismo nem a abandonar a justiça de Deus para acomodar a libertinagem. Segundo Paulo, a santidade verdadeira é tanto o dom de Deus quanto o é o novo nascimento e a vida espiritual que ele traz. A vida sem santidade não tem direito à justificação.

"Continuaremos pecando para que a graça aumente?" A palavra grega traduzida como "continuar" se refere a uma persistência habitual. Paulo não estava perguntando se os cristãos poderiam cair em pecado; ele estava rejeitando o pecado intencional, voluntário e constante como rotina da vida.

Em termos teológicos, a pergunta que resume tudo é esta: A justificação realmente pode existir sem a santificação? A resposta de Paulo é um "não" enfático.

Estar vivo em Cristo significa estar morto para o pecado

"De maneira alguma!" (6:2) é uma tradução apropriada. Mas a versão *King James* capta o ímpeto da exclamação de Paulo: "Que Deus me poupe!" A mera ideia de que o pecado na vida do cristão pudesse glorificar a Deus repugnava Paulo. "Nós, os que morremos para o pecado, como podemos continuar vivendo nele?"

Os cristãos morreram para o pecado. Portanto, é inconcebível para Paulo que nós poderíamos continuar a viver no pecado do qual fomos libertados pela morte. Apenas uma mente corrupta recorrendo a uma lógica pervertida seria capaz de argumentar que permanecer no pecado aumenta a graça de Deus. É evidente que a morte encerra a vida; é igualmente óbvio que a morte para o pecado precisa pôr um fim a uma vida de transgressões ininterruptas.

"Morto para o pecado" (em grego, *apothnēskō*) fala de um fato histórico que se refere à nossa morte na morte de Cristo. Visto que estamos "em Cristo" (6:11; 8:1), e visto também que ele morreu em nosso lugar (5:6-8), somos considerados mortos com ele. Portanto, estamos mortos para a penalidade e o domínio do pecado. A morte é permanente, e morte e vida são incompatíveis, portanto, a pessoa que morreu para o pecado não pode continuar a viver em iniquidade. Certamente, podemos cometer pecados, mas já não vivemos mais na dimensão do pecado e sob o domínio dele (cf. 8:2-4), pois o pecado é contrário à nossa nova disposição. Segundo João, "Todo aquele que é nascido de Deus não pratica o pecado, porque a semente de Deus permanece nele; ele não pode estar no pecado, porque é nascido de Deus" (1João 3:9). Não é que não *devemos* continuar a viver em constante pecado, nós não *podemos*.

Morrer para o pecado envolve uma ruptura súbita, irreversível e completa com o poder do pecado. Esse cisma com o pecado é o aspecto imediato, "uma vez por todas", da santificação que mencionamos anteriormente. É o pretérito da santificação, do qual procede toda santidade prática.

A expressão "nós, os que morremos para o pecado" não descreve uma turma avançada de cristãos. Paulo está falando de todos os cristãos. O que ele está dizendo é que uma vida justificada precisa ser uma vida santificada. A santidade prática é tanto a obra de Deus como qualquer outro elemento da redenção. Quando nascemos de novo, Deus não só nos declara justos, como também começa a cultivar a justiça em nossa vida. Assim, a salvação não é apenas uma declaração forense, e sim um milagre de conversão, de transformação. Não existe algo como uma pessoa verdadeiramente convertida para Cristo que é justificada, mas que não está sendo santificada. Não existe lacuna entre justificação e santificação. O Dr. Donald Grey Barnhouse escreveu:

> Apesar de justificação não ser santificação, ela deve produzir santificação. Santidade deve ser o critério da vida cristã. Cristo veio para salvar seu povo de seus pecados (Mateus 1:21); não para salvá-los no meio de seus pecados para que, então, se deitassem novamente neles. Mesmo que os homens procurem perverter o evangelho, o cristão não deve se deixar atrair para nenhum lado senão aquele que exige santidade e que leva à santidade. [...]

Justificação e santificação são tão inseparáveis quanto o torso e a cabeça, ou seja, você não pode ter um sem o outro. Deus não dá "justificação gratuita" sem dar também a novidade da vida. Mesmo que a justificação, em sua ação, nada tenha a ver com santificação, isso não significa que a santificação não seja necessária. "Sem santidade ninguém verá o Senhor" (Hebreus 12:14). A santidade começa onde termina a justificação, e se a santidade não começar, temos o direito de suspeitar de que a justificação também jamais começou.[6]

Se a pessoa pecaminosa e não regenerada não tem como não manifestar seu caráter verdadeiro, o mesmo vale para a pessoa regenerada. Portanto, é impossível estar vivo em Cristo e continuar vivo para o pecado.

Nossa união com Cristo garante uma vida transformada
Estar morto para o pecado é um resultado da união do cristão com Cristo.

"Ou vocês não sabem que todos nós, que fomos batizados em Cristo Jesus, fomos batizados em sua morte? Portanto, fomos sepultados com ele na morte por meio do batismo, a fim de que, assim como Cristo foi ressuscitado dos mortos mediante a glória do Pai, também nós vivamos uma vida nova. Se dessa forma fomos *unidos a ele* na semelhança da sua morte, certamente o seremos também na semelhança da sua ressurreição" (vs. 3-5; grifo meu).

Em outra passagem, Paulo diz que nos tornamos novas criaturas "em Cristo" (2Coríntios 5:17). O que ele quer dizer é que nossa união com Cristo é a base da nossa santificação e significa tanto o fim do velho e o início do novo.

"Em Cristo" é uma das expressões favoritas de Paulo (cf. Romanos 8:1; 12:5; 16:7; 1Coríntios 1:2; Colossenses 1:28). Visto que estamos "em Cristo Jesus", ele se tornou "[...] sabedoria de Deus para nós, isto é, justiça, santidade e redenção" (1Coríntios 1:30). Nossa vida está escondida com Cristo em Deus (Colossenses 3:3). Somos sepultados com ele na morte por meio do batismo (Romanos 6:4; Colossenses 2:12). Somos um corpo com

LIVRES DO PECADO, ESCRAVOS DA JUSTIÇA

ele (Romanos 12:5). Cristo é nossa vida (Colossenses 3:4), Cristo está em nós, a esperança da glória (Colossenses 1:27). Esses versículos descrevem a identificação absoluta com Cristo, que é a característica essencial dos eleitos. Somos inseparavelmente vinculados em uma esfera espiritual de vida nova.

Foi por causa dessa verdade incomensurável que Paulo repreendeu tão fortemente a imoralidade sexual de alguns na igreja de Corinto: "Vocês não sabem que os seus corpos são membros de Cristo? Tomarei eu os membros de Cristo e os unirei a uma prostituta? De maneira nenhuma!" (1Coríntios 6:15).

Estar "em Cristo" significa não só acreditar em algumas verdades *sobre* ele, mas estar unido *a* ele de modo inseparável como fonte da nossa vida eterna, como "autor e *consumador* da nossa fé" (Hebreus 12:2; grifo meu). Estar "nele" significa estar no processo de santificação.

Estamos unidos com Cristo especificamente em sua morte e ressurreição (Romanos 6:3-10). Essa verdade é maravilhosa demais para que a possamos compreender plenamente, mas a ideia principal que Paulo quer comunicar é que nós morremos com Cristo para que possamos ter vida por meio dele e viver como ele. A ênfase de Paulo não está na *imoralidade* de continuar a viver como o fazíamos antes de sermos salvos, mas na *impossibilidade* disso. O propósito da nossa união na morte e ressurreição com Cristo é que "também nós vivamos uma vida nova" (v. 4). Como poderíamos continuar na esfera do pecado?

Assim, a consequência certa da nossa união na morte de Cristo para o pecado e em sua ressurreição para a vida é que participaremos de sua jornada santa. "Se dessa forma fomos unidos a ele na semelhança da sua morte, certamente o seremos também na semelhança da sua ressurreição." Quando nosso eu velho morreu, nasceu uma nova criação (cf. 2Coríntios 5:17). O bispo Handley Moule escreveu: "Não devemos pensar que o pecador possa aceitar a justificação — e continuar a viver para si mesmo. É uma contradição moral do tipo mais profundo, que não pode ser cogitada sem evidenciar um erro inicial em todo o credo espiritual do homem."[7]

Em Cristo, não somos mais as mesmas pessoas que éramos antes da salvação, "Pois sabemos que o nosso velho homem foi crucificado com ele, para que o corpo do pecado seja destruído" (Romanos 6:6). Em outra passagem, Paulo escreveu: "Fui crucificado com Cristo. Assim, já não sou eu quem vive, mas Cristo vive em mim. A vida que agora vivo no corpo, vivo-a pela fé no Filho de Deus, que me amou e se entregou por mim" (Gálatas 2:20). Nossa nova vida como cristãos não é um adendo à antiga vida, mas uma nova vida concedida divinamente que possui a mesma natureza da vida de Cristo. Era disso que o nosso Senhor falou quando prometeu vida abundante (João 10:10).

Paulo também não é um cristão dualista, esquizofrênico. O velho homem — a pessoa não regenerada que estava "em Adão" (cf. 1 Coríntios 15:22; Romanos 5:14-15) — está morto. Devemos "despir-nos" daquele velho homem crucificado, morto e corrupto (Efésios 4:22) e "revestir--nos do novo homem, criado para ser semelhante a Deus em justiça e em santidade provenientes da verdade" (v. 24). Vale para cada cristão autêntico que nosso velho homem está morto. "Os que pertencem a Cristo Jesus crucificaram a carne, com as suas paixões e os seus desejos" (Gálatas 5:24). Se o velho eu *não* estiver morto, não houve conversão. Paulo lembrou aos colossenses que eles "[...] *já* se despiram do velho homem com suas práticas e se revestiram do novo, o qual está sendo renovado em conhecimento, à imagem do seu Criador" (Colossenses 3:9-10).

Como veremos no capítulo 8, os cristãos pecam por causa dos vestígios da carne pecaminosa, não porque ainda possuem a mesma velha natureza pecaminosa ativa. Certamente pecamos, mas, quando pecamos, isso é contrário à nossa natureza, não porque possuímos duas naturezas — uma pecaminosa e outra santa. "Nosso velho homem foi crucificado com ele, para que o corpo do pecado seja destruído" (Romanos 6:6).

Isso não significa que nossas tendências pecaminosas foram aniquiladas. A palavra grega traduzida como "destruído" significa, literalmente, "tornar inoperante, invalidar". O pecado perdeu seu controle dominador sobre nós, mas obviamente lutamos com tendências pecaminosas. A morte para o eu pecaminoso não significa morte para a carne e suas inclinações corrompidas. Todavia, por causa dos prazeres do pecado e da fraqueza da nossa carne remanescente, muitas vezes cedemos ao pecado.

A tirania e a penalidade do pecado foram anuladas, mas o potencial do pecado de se expressar ainda não foi removido completamente. Nossas fraquezas e nossos instintos humanos nos tornam capazes a sucumbir à tentação (como veremos no capítulo 8, quando estudaremos

Romanos 7:14-25). Somos, em suma, novas criaturas — santas e remidas, mas revestidas ainda com as roupas fúnebres da carne não remida. Somos iguais a Lázaro, que saiu do túmulo ainda envolto da cabeça aos pés em suas roupas fúnebres. Jesus instruiu os espectadores: "Tirem as faixas dele e deixem-no ir" (João 11:44).

Assim, os apóstolos advertem os cristãos "para que o corpo do pecado seja destruído" (Romanos 6:6). A tradução transmite um significado um tanto ambíguo. Estaria Paulo sugerindo que é possível optar por não destruir o corpo do pecado? Estaria ele sugerindo que temos uma escolha — que os cristãos podem não ter o corpo do pecado destruído? Os versículos 17-18 respondem a essa pergunta sem ambiguidade: "Mas, graças a Deus, porque, embora vocês tenham sido escravos do pecado, *passaram a obedecer* de coração à forma de ensino que lhes foi transmitida. Vocês *foram libertados* do pecado e *tornaram-se escravos da justiça*" (grifos meus). Cada verbo nesses dois versículos destaca a verdade de que nossa escravidão do pecado já foi abolida por Cristo e é, portanto, coisa do passado. O versículo 22 confirma isso: "Mas agora que vocês foram libertados do pecado e se tornaram escravos de Deus, o fruto que colhem leva à santidade, e o seu fim é a vida eterna."

Assim, no versículo 6, a expressão "para que o corpo do pecado seja destruído" significa claramente que os cristãos não podem mais ser escravos do pecado. Nenhum cristão genuíno vive na escravidão do pecado, pois aqueles que morrerem em Cristo estão livres dessa escravidão (v. 7). Paulo chega até a usar a analogia do casamento (Romanos 7:1-4) para dizer que o primeiro marido morreu, de modo que não temos mais obrigações com ele, mas que fomos libertados e unidos a um novo marido, Cristo, "a fim de que venhamos a dar fruto para Deus" (v. 4).

Pedro ensinou exatamente a mesma coisa: "Portanto, uma vez que Cristo sofreu corporalmente, armem-se também do mesmo pensamento, pois aquele que sofreu em seu corpo rompeu com o pecado, para que, no tempo que lhe resta, não viva mais para satisfazer os maus desejos humanos, mas sim para fazer a vontade de Deus" (1Pedro 4:1-2).

A fé é o recurso por meio do qual conquistamos o pecado
A série de verbos em Romanos 6 — "saber" (vs. 3, 6, 9), "considerar" (v. 11) e "oferecer" (v. 13) — fala da fé. Na verdade, apresenta paralelos

perfeitos dos três elementos essenciais da fé que apresentamos no capítulo 3: saber (*notitia*), considerar (*assensus*) e oferecer (*fiducia*). Paulo está desafiando os romanos para que eles apliquem sua fé com mais diligência, que retirem suas velhas roupas fúnebres e vivam a nova vida da plenitude da justiça e glória de Cristo.

> Da mesma forma, considerem-se mortos para o pecado, mas vivos para Deus em Cristo Jesus. Portanto, não permitam que o pecado continue dominando os seus corpos mortais, fazendo que vocês obedeçam aos seus desejos. Não ofereçam os membros do corpo de vocês ao pecado, como instrumentos de injustiça; antes ofereçam-se a Deus como quem voltou da morte para a vida; e ofereçam os membros do corpo de vocês a ele, como instrumentos de justiça. Pois o pecado não os dominará, porque vocês não estão debaixo da Lei, mas debaixo da graça (6:11-14).

Isso resume a vida da fé. Nossa morte espiritual para o pecado e a ressurreição para uma nova vida com Cristo compõem o fundamento da nossa santificação. Precisamos saber e crer que não somos mais o que costumávamos ser e, também, que não somos pecadores remodelados, mas santos renascidos; além disso, precisamos também compreender a verdade de que não estamos mais sob a tirania do pecado. A aurora da fé é o *conhecimento* dessas realidades espirituais. "Meu povo foi destruído por falta de conhecimento. Uma vez que vocês rejeitaram o conhecimento, eu também os rejeito [...]" (Oseias 4:6).

Considerar leva a reação do cristão um passo além: "[...] considerem-se mortos para o pecado, mas vivos para Deus em Cristo Jesus" (Romanos 6:11). Nesse versículo, "considerar" provém do mesmo termo grego *logizomai* que já estudamos em Romanos 4:3 ("Abraão creu em Deus, e isso lhe foi *creditado* como justiça"). Trata-se de um termo administrativo que significa "calcular" ou "avaliar". Nesse contexto, leva a fé do cristão para além do simples conhecimento, pois "considerar" significa aqui ter uma confiança irrestrita, afirmar a verdade de coração, não só de conhecimento intelectual.

Oferecer vai ainda mais longe e envolve a vontade do cristão. Paulo escreve:

Portanto, não permitam que o pecado continue dominando os seus corpos mortais, fazendo que vocês obedeçam aos seus desejos. Não ofereçam os membros do corpo de vocês ao pecado, como instrumentos de injustiça; antes ofereçam-se a Deus como quem voltou da morte para a vida; e *ofereçam* os membros do corpo de vocês a ele, como instrumentos de justiça (Romanos 6:12-13).

O pecado ainda é uma força poderosa, mas já não domina o cristão. O pecado é como um monarca deposto, mas furioso, determinada a reassumir o trono em nossa vida. Ele ainda ocupa algum território, mas não a capital. Paulo diz que não devemos nos oferecer ao pecado, mas a Deus, e isso é um ato de confiança: "[...] e esta é a vitória que vence o mundo: a nossa fé" (1João 5:4). Portanto, até mesmo a nossa satisfação ocorre por meio da fé.

A graça garante a vitória sobre o pecado
Já que a salvação é para sempre, nossas almas imortais estão eternamente fora do alcance do pecado, mas este *pode* atacar o cristão em seu corpo mortal. Até mesmo os nossos corpos serão algum dia glorificados e estarão eternamente fora do alcance do pecado, mas, enquanto perdurar esta vida, estamos sujeitos à corrupção e à morte. "Pois é necessário que aquilo que é corruptível se revista de incorruptibilidade, e aquilo que é mortal se revista de imortalidade" (1Coríntios 15:53). Até então, nossos corpos mortais ainda estão sujeitos ao pecado, e é por isso que "gememos interiormente, esperando ansiosamente nossa adoção como filhos, a redenção do nosso corpo" (Romanos 8:23).

Por isso, Paulo diz: "Não ofereçam os membros do corpo de vocês ao pecado, como instrumentos de injustiça; antes ofereçam-se a Deus como quem voltou da morte para a vida; e ofereçam os membros do corpo de vocês a ele, como instrumentos de justiça" (Romanos 6:13). Isso remete a Romanos 12:1: "Portanto, irmãos, rogo-lhes pelas misericórdias de Deus que se *ofereçam* em sacrifício vivo, santo e agradável a Deus; este é o culto racional de vocês" (grifo meu) e: "Mas esmurro o meu *corpo* e faço dele meu escravo, para que, depois de ter pregado aos outros, eu mesmo não venha a ser reprovado" (1Coríntios 9:27; grifo meu).

Muitos intérpretes tropeçaram nos tempos verbais em Romanos 6:12-13: "[...] não permitam que o pecado continue dominando" e "não ofereçam os membros do corpo" são verbos imperativos ativos no presente e contrastam com um imperativo aoristo: "antes ofereçam-se." À primeira vista, parece que o apóstolo estaria dizendo: *"Deixem* de permitir que o pecado domine e *parem* de oferecer seus membros ao pecado, antes ofereçam-se a Deus", dando a entender que essas pessoas eram cristãos que nunca haviam se entregado ao senhorio de Cristo.

Mas o contexto é claro. Paulo os lembra também de que "passaram a obedecer de coração" (v. 17); "tornaram-se escravos da justiça" (v. 18); e "foram libertados do pecado". Não se trata de pessoas que jamais se entregaram. Aqui, e em Romanos 12:1-2, Paulo simplesmente os encoraja a continuarem entregando na prática o que eles já haviam entregado a princípio. Estava exigindo uma entrega decisiva e deliberada em suas vidas neste momento.

O resultado está em dúvida? De maneira nenhuma. No versículo 14, Paulo oferece estas palavras consoladoras: "Pois o pecado não os dominará, porque vocês não estão debaixo da Lei, mas debaixo da graça". O cristão não está mais sob o poder condenador da lei de Deus, mas agora está sob o poder redentor da sua graça, e é no poder dessa graça, pela fé, que o Senhor agora quer que viva.

A liberdade do pecado nos torna escravos da justiça. Paulo retoma a questão do antinomianismo:

> E então? Vamos pecar porque não estamos debaixo da Lei, mas debaixo da graça? De maneira nenhuma! Não sabem que, quando vocês se oferecem a alguém para lhe obedecer como escravos, tornam-se escravos daquele a quem obedecem: escravos do pecado que leva à morte, ou da obediência que leva à justiça? Mas, graças a Deus, porque, embora vocês tenham sido escravos do pecado, passaram a obedecer de coração à forma de ensino que lhes foi transmitida. Vocês foram libertados do pecado e tornaram-se escravos da justiça.
>
> ROMANOS 6:15-18

Liberdade da lei significa liberdade da escravidão do pecado e da penalidade da lei — não significa, porém, liberdade da restrição moral.

LIVRES DO PECADO, ESCRAVOS DA JUSTIÇA

Graça não significa que agora temos a permissão de fazer o que quisermos, mas sim que temos o poder de fazer o que agrada a Deus. A mera sugestão de que a graça de Deus nos dá a permissão de pecar é contraditória em si, pois o propósito da graça é libertar-nos do pecado. Como podemos ser recipientes da graça e continuar no pecado?

"De maneira nenhuma!" é a mesma resposta poderosa e inequívoca que Paulo deu no versículo 2. Essa verdade não precisa ser demonstrada, pois é autoevidente: "Não sabem?" dá a entender que *todos* deveriam compreender algo tão fundamental. O que poderia ser mais óbvio? Quando vocês se apresentam a alguém como escravos da obediência, são escravos daquele a quem vocês obedecem! Existem apenas duas escolhas: se nossa vida é caracterizada pelo pecado, somos escravos do pecado; todavia, se somos caracterizados pela obediência, somos escravos da justiça (vs. 16-18). Em todo caso, nunca somos nossos próprios mestres.

É igualmente verdade que "ninguém pode servir a dois senhores; pois odiará um e amará o outro, ou se dedicará a um e desprezará o outro. Vocês não podem servir a Deus e ao Dinheiro" (Mateus 6:24). Você não pode servir a Deus e ao pecado. Aqueles que acreditam ser cristãos, mas são escravos do pecado, são tristemente iludidos. Não podemos ter duas naturezas contraditórias ao mesmo tempo, não podemos viver em duas esferas espirituais opostas simultaneamente, e também não podemos servir a dois senhores. Ou somos escravos do pecado por nascimento natural ou escravos da justiça pela regeneração. Não podemos estar no Espírito e na carne ao mesmo tempo (cf. Romanos 8:5-9).

Paulo não está ensinando aos romanos que eles *deveriam* ser escravos da justiça, mas sim os lembrando de que *são* escravos da justiça. Ele disse a mesma coisa aos colossenses: "Antes vocês estavam separados de Deus e, na mente de vocês, eram inimigos por causa do mau procedimento de vocês. Mas agora ele os reconciliou pelo corpo físico de Cristo, mediante a morte, para apresentá-los diante dele santos, inculpáveis e livres de qualquer acusação" (Colossenses 1:21-22). Para o cristão, a vida em injustiça e hostilidade com relação a Deus é coisa do *passado*. Nenhum cristão verdadeiro continuará indefinidamente em desobediência, pois o pecado se opõe diametralmente à nossa natureza nova e santa; em outras palavras, cristãos verdadeiros não suportam perpetuamente a vida pecaminosa.

Assim, Paulo lembra os romanos de que eles não são mais escravos do pecado: "Graças a Deus, porque, embora vocês tenham sido escravos do pecado, passaram a obedecer de coração à forma de ensino que lhes foi transmitida" (v. 17). Paulo não está falando sobre uma demonstração legalista ou mecânica de justiça: "tornaram-se obedientes de coração." A graça transforma o íntimo do indivíduo, portanto, podemos dizer que alguém cujo coração não foi transformado não foi salvo, pois o distintivo da graça é um coração obediente.

Mais uma vez precisamos ser claros: a obediência não produz ou sustenta a salvação, mas ela é a característica inevitável daqueles que foram salvos. O desejo de conhecer e obedecer à verdade de Deus é uma das marcas mais certas da salvação genuína. Jesus deixou evidente que aqueles que são cristãos verdadeiros obedecem à sua palavra (cf. João 8:31; 14:21, 23, 24; 15:10).

Escravos do pecado — incrédulos — estão livres de justiça (Romanos 6:20). Cristãos, por outro lado, estão livres do pecado e são escravos de Deus por meio da fé em Jesus Cristo (v. 22). O benefício inevitável é a santificação, e o resultado final é a vida eterna (v. 22). Essa promessa resume toda a mensagem de Romanos 6: Deus não nos liberta apenas da penalidade do pecado (pela justificação), mas também da tirania do pecado (pela santificação).

Mesmo assim, apesar de não estarmos mais sujeitos ao domínio do pecado, todos nós lutamos desesperadamente contra ele em nossa vida. Como isso pode ser, e o que podemos fazer com relação a isso? Esse será o tema do capítulo 8.

CAPÍTULO 8

A luta mortal com o pecado

A forma que a santificação assume é o conflito com o pecado que reside em nós e constantemente nos assalta. O conflito, que é vitalício, envolve a resistência aos assaltos do pecado e o contra-ataque da mortificação, por meio da qual buscamos extrair a vida desse inimigo impertinente.

J. I. PACKER[1]

UM AMIGO QUE DURANTE MUITO tempo defendeu a doutrina do não senhorio escreveu-me para objetar ao meu ensinamento do evangelho. Eu o convidei para um almoço, imaginando que uma conversa pessoal nos ajudaria a compreender melhor um ao outro, pois ele era pastor em uma grande igreja, e eu acreditava que teríamos muito em comum, mesmo discordando nesse nível básico.

Nós nos encontramos, e eu senti que o diálogo havia sido benéfico. Apesar de nenhum de nós mudar sua visão com relação ao evangelho, conseguimos esclarecer equívocos de ambos os lados.

Vários meses após o nosso almoço, fiquei triste ao ler a notícia de que essa igreja havia pedido sua demissão porque ele se tornara culpado de imoralidade sexual. Ele estivera vivendo uma vida dupla durante mais de dez anos, e agora seu pecado e sua infidelidade haviam sido expostos.

Sua tolerância a pecado havia sido o resultado exclusivo de sua teologia? Talvez não. Certamente existem outros pastores que não defendem a visão do não senhorio, mas que se desqualificaram moralmente. Por outro lado, existem muitos que defendem a visão do não senhorio e conseguem evitar a queda em pecados sórdidos.

Mas, invertamos a pergunta: sua teologia era uma acomodação à sua vida pecaminosa? Isso certamente é possível. O que sabemos é

131

O EVANGELHO SEGUNDO OS APÓSTOLOS

isto: a teologia do não senhorio tem um efeito tranquilizante sobre um cristão professo que tenta racionalizar uma imoralidade de longa duração. Em vez de submeter sua consciência e sua conduta ao autoexame mais intenso, ele talvez encontrasse conforto na ideia de que, afinal de contas, muitos cristãos são permanentemente "carnais". Certamente a convicção de que o arrependimento é opcional encorajaria alguém que pretende reclamar Cristo para si, mas ao mesmo tempo justificar uma vida de pecado impenitente. Por certo uma pregação que constantemente proclama "graça", mas nunca fala da lei ajudaria uma pessoa assim a encontrar consolo enquanto peca. A doutrina do não senhorio é perfeita para qualquer um que queira justificar uma religião de coração frio.

Minha intenção não é insinuar que todos os defensores da visão do não senhorio estejam levando uma vida imoral, pois é óbvio que esse não é o caso, tampouco estou afirmando que essas pessoas *defendem* uma vida injusta, até porque não conheço um único professor do não senhorio que sancionaria abertamente uma conduta pecaminosa. Na verdade, o que ocorre é justamente o oposto: os pregadores do não senhorio fazem apelos fervorosos em prol da santidade. Um dos objetivos principais da pregação do não senhorio é convencer os "cristãos carnais" a se tornarem "cristãos espirituais", o que significa que apelos em prol da obediência e da submissão são bastante comuns nessas pregações, exceto nas mensagens evangelísticas. Felizmente, a maioria dos professores do não senhorio vive uma teologia melhor do que aquela na qual afirmam crer.

Mas acredito que muitas pessoas que permitem em sua vida um pecado do qual não se arrependem e que não confessam também adotam uma doutrina do não senhorio, porque ela lhes permite ter o consolo da "certeza" em meio à rebelião pecaminosa. E creio também que a teologia do não senhorio tende a minar a santidade, mesmo não sendo essa a intenção dos professores dessa teologia. Ela o faz oferecendo a salvação do inferno, mas não a salvação do pecado, removendo as ramificações morais da fé e do arrependimento, e também tornando opcional a obediência a Deus e prometendo certeza da salvação até mesmo a pessoas que vivem em carnalidade permanente.

A LUTA MORTAL COM O PECADO

O mito do cristão carnal

Quase toda a teologia do não senhorio se apoia fortemente na noção de que existem três classes de seres humanos: pessoas não salvas, cristãos espirituais e cristãos carnais. Essa era uma das colunas do edifício erguido por Lewis Sperry Chafer, o qual popularizou a ideia do cristão carnal em seu livro *He That Is Spiritual*, de 1918.[2] C. I. Scofield, o amigo de Chafer, incluiu um esquema semelhante em uma das anotações em sua *The Scofield Reference Bible*.

Mais recentemente, a ideia do cristão carnal se disseminou por meio de uma série de tratados e livrinhos publicados pela *Campus Crusade for Christ*, cuja literatura inclui um gráfico com três círculos que representam as três classes da humanidade, sendo o centro de cada círculo ocupado por um trono. O não cristão tem seu ego no trono com Cristo fora do círculo; já o cristão carnal "convidou" Cristo para dentro do círculo, mas continua com seu ego no trono; por fim, o cristão espiritual coloca Cristo no trono, com o ego aos pés do trono. O tratado incentiva os cristãos carnais a se tornarem espirituais. Milhões desses panfletos foram distribuídos no mundo inteiro ao longo dos últimos trinta anos, e são, sem dúvida, as publicações mais lidas da literatura do não senhorio, tendo ajudado a influenciar multidões a aceitarem a dicotomia do cristão carnal e espiritual como doutrina bíblica.

Mas toda essa ideia se apoia numa interpretação equivocada de 1Coríntios 2:14—3:3:

> Quem não tem o Espírito não aceita as coisas que vêm do Espírito de Deus, pois lhe são loucura; e não é capaz de entendê-las, porque elas são discernidas espiritualmente. Mas quem é espiritual discerne todas as coisas, e ele mesmo por ninguém é discernido; pois "quem conheceu a mente do Senhor para que possa instruí-lo?" Nós, porém, temos a mente de Cristo.
>
> Irmãos, não lhes pude falar como à espirituais, mas como a carnais, como a crianças em Cristo. Dei-lhes leite, e não alimento sólido, pois vocês não estavam em condições de recebê-lo. De fato, vocês ainda não estão em condições, porque ainda são carnais. Porque, visto

que há inveja e divisão entre vocês, não estão sendo carnais e agindo como mundanos?

Nessa passagem, o apóstolo Paulo estava repreendendo os coríntios por sua conduta nada semelhante a Cristo. A igreja estava se dividindo em duas facções, e alguns diziam: "Eu sou de Paulo" e outros, "Eu sou de Apolo" (1Coríntios 3:4). Paulo lhes disse que sua conduta divisora era indigna de cristãos: "ainda são carnais [em grego, *sarkikos*, 'pertencente à carne, carnal']. Porque, visto que há inveja e divisão entre vocês, não estão sendo carnais e agindo como mundanos?"

É evidente que Paulo estava acusando os coríntios de agirem como não cristãos, mas as facções não eram o único problema em Corinto. Os cristãos daquela igreja estavam tolerando um relacionamento incestuoso que uma pessoa, "dizendo-se irmão" (5:11), estava tendo com a esposa de seu pai, e alguns bebiam e causavam confusão nos cultos comunais (11:17-22). Cristãos estavam acusando uns aos outros perante os tribunais (6:1-8). Estavam abusando do dom de línguas (14:23), e mulheres estavam se comportando inadequadamente nos cultos de adoração comunais (14:33).

Mas em 1Coríntios 2:14—3:3, Paulo certamente *não* estava definindo duas classes de cristãos ou três classes de humanos. Ele diferenciou claramente "o homem natural" de "quem é espiritual" (2:14-15) — a pessoa não salva do cristão —, mas jamais, em nenhuma de suas epístolas, o apóstolo fala de duas classes de cristãos.

Em Romanos 8, o contraste de Paulo era entre "a mentalidade da carne" e "a mentalidade do Espírito" (v.6) (cristãos); entre aqueles que são "dominados pela carne" (v. 8 — os não cristãos) e aqueles "que estão sob o domínio do Espírito" (v. 9 — os cristãos). O que ele quer dizer é inconfundível, pois o diz explicitamente no versículo 9: "Entretanto, vocês não estão sob o domínio da carne, mas do Espírito, se de fato o Espírito de Deus habita em vocês. E, se alguém não tem o Espírito de Cristo, não pertence a Cristo."

Assim, segundo Paulo, *todos* os cristãos são espirituais. Como veremos, ele reconheceu também que, às vezes, todos os cristãos se comportam de maneira carnal, e é por isso que estava repreendendo os coríntios.

Esses cristãos coríntios eram obviamente imaturos, por isso Paulo os chamou "crianças em Cristo" (3:1). Mas, diferentemente de muitos assim chamados cristãos carnais de hoje em dia, eles não eram indiferentes a coisas espirituais. Na verdade, sua lealdade a líderes específicos e seu abuso dos dons refletiam um zelo equivocado. É evidente que esses cristãos tinham desejos espirituais, por maior que tenha sido a imperfeição com que tentavam realizá-los.

Observe também que Paulo não incentivou os coríntios a buscarem alguma experiência de segundo nível. Ele não os aconselhou a "fazer de Cristo seu Senhor" ou a entregar-se uma vez por todas. Pelo contrário, ele lhes disse: "Não lhes falta nenhum dom espiritual, enquanto vocês esperam que o nosso Senhor Jesus Cristo seja revelado. Ele os manterá firmes até o fim, de modo que vocês serão irrepreensíveis no dia de nosso Senhor Jesus Cristo" (1:7-8).

Mesmo assim, Paulo não estava disposto a tolerar aqueles que intencionalmente agiam de modo carnal. Quando ele soube do pecado do homem incestuoso, por exemplo, instruiu os coríntios a entregarem "esse homem a Satanás, para que o corpo seja destruído, e seu espírito seja salvo no dia do Senhor" (5:5). Observe como o apóstolo falou sobre os membros imorais, gananciosos, idólatras, injuriadores, bêbados ou enganadores da igreja. Ele não os chamou *cristãos carnais*, mas aqueles "*que se dizem irmãos*" (5:11), e instruiu os coríntios a nem mesmo se sentarem à mesa com esse tipo de pessoa. Evidentemente, ele sabia que esses pecados — pecados persistentes, intencionais e inveterados de estilo de vida — colocavam em cheque a profissão de fé e corrigiu a postura leniente da igreja com relação ao homem pecador e a outros de sua espécie. Evidentemente, os coríntios costumavam acolher esse tipo de pessoa, talvez como cristãos de segunda classe — da mesma maneira que os evangélicos aceitam hoje em dia. Paulo, porém, ordenou que a igreja os disciplinasse (5:9-13), ação esta que permitiria reconhecer se eram pessoas naturais e não remidas que se associavam aos cristãos ou a pessoas espirituais com conduta carnal.

Até onde os cristãos podem ir no pecado?

Recentemente, li um livro sobre cristãos e o pecado que começava com um relato incomum. O autor do livro conhecia um pastor que havia sido preso por assaltar 14 bancos para financiar seus namoricos com prostitutas! Ele tinha certeza absoluta de que o libertino assaltante de bancos era um cristão verdadeiro, e assim escreveu um livro para descobrir como isso era possível.

Você pode me chamar de antiquado, mas creio que seja justo levantar a pergunta se alguém que assalta bancos com regularidade para pagar a conta de sexo ilícito é realmente salvo! O pecado do homem era secretamente seu estilo de vida, e temos todas as razões para acreditar que ele estaria cometendo esses crimes ainda hoje se não tivesse sido preso. Podemos supor que essa pessoa que "se diz irmão" é um cristão autêntico só porque havia sido pastor evangélico?

É claro que não podemos julgar o coração do homem, mas *devemos* julgar sua conduta (1Coríntios 5:12). "Vocês não sabem que os perversos não herdarão o Reino de Deus? Não se deixem enganar: nem imorais, nem idólatras, nem adúlteros, nem homossexuais passivos ou ativos, nem ladrões, nem avarentos, nem alcoólatras, nem caluniadores, nem trapaceiros herdarão o Reino de Deus" (1Coríntios 6:9-10). Nesses versículos, Paulo descreve os pecados de conduta crônica, pecados estes que determinam todo o caráter de uma pessoa. Uma preferência por esse tipo de pecados reflete um coração não regenerado. Paulo lembrou os coríntios: "Assim *foram* alguns de vocês. Mas *vocês foram lavados, foram santificados, foram justificados* no nome do Senhor Jesus Cristo e no Espírito de nosso Deus" (v. 11, grifo meu).

Mas, espere! As Escrituras não incluem exemplos de cristãos que cometeram pecados grosseiros? Davi não cometeu assassinato e adultério e manteve seu pecado em segredo por pelo menos um ano? Ló não era caracterizado pelo compromisso mundano em meio ao pecado abominável? Sim, esses exemplos demonstram que fiéis autênticos são capazes de cometer os piores pecados que podemos imaginar. Mas Davi e Ló não servem como exemplos de fiéis "carnais", daqueles cujo estilo de vida e cujos apetites não se distinguem das pessoas não regeneradas.

Davi, por exemplo, arrependeu-se profundamente do seu pecado quando Natã o confrontou e aceitou a disciplina do Senhor (2Samuel 12:1-23). O Salmo 51 é uma expressão do profundo arrependimento de Davi no final desse episódio sórdido de sua vida. A questão, afinal de contas, é se isso foi apenas um episódio na vida de Davi, uma vez que ele certamente não apresentava uma predisposição para esse tipo de pecado. Na verdade, 1Reis 15:5 diz: "Pois Davi fizera o que o Senhor aprova e não deixara de obedecer a nenhum dos mandamentos do Senhor durante todos os dias da sua vida, *exceto no caso de Urias, o hitita*" (grifo meu).

O caso de Ló é diferente. O relato do Antigo Testamento não nos diz muito sobre ele, mas aquilo que *foi* documentado sobre ele é decepcionante. Ele era um exemplo patético de compromisso e desobediência. Na véspera da destruição de Sodoma, quando deveria ter fugido da cidade, "ele hesitou" (Gênesis 19:16). Os mensageiros angelicais tiveram que tomá-lo pela mão e tirá-lo da cidade. No final de sua vida, suas duas filhas o embriagaram e cometeram incesto com ele (Gênesis 19:30-38). Ló certamente apresentava uma propensão ao pecado do compromisso e do mundanismo.

No entanto, o autor inspirado do Novo Testamento nos diz que "Ló, homem justo, [...] se afligia com o procedimento libertino dos que não tinham princípios morais (pois, vivendo entre eles, todos os dias aquele justo se atormentava em sua alma justa por causa das maldades que via e ouvia)" (2Pedro 2:7-8). Ele odiava o pecado e desejava a justiça, e tinha respeito pelos anjos sagrados — evidência de seu temor de Deus (Gênesis 19:1-14). Ele obedeceu a Deus quando não olhou para trás quando o julgamento de Deus recaiu sobre Sodoma (cf. v. 26).

Ló certamente não era "carnal" no sentido de não ter desejos espirituais. Apesar de viver num local ímpio, ele não era ímpio. Sua alma estava "aflita", angustiada, entristecida e torturada por uma dor severa diante do mal que via em sua volta. Evidentemente, sua consciência não ficou comprometida; ele "se atormentava em sua alma justa todos os dias" com os atos maus daqueles ao seu redor. Apesar de viver em Sodoma, ele nunca se tornou sodomita. Aqueles que o usam como ilustração de uma pessoa salva, mas profundamente carnal, não entendem o que diz 2Pedro 2:8.

O EVANGELHO SEGUNDO OS APÓSTOLOS

Qual é a lição da vida de Ló para Pedro? O versículo 9 a resume: "Vemos, portanto, que o Senhor sabe livrar os piedosos da provação e manter em castigo os ímpios para o dia do juízo."

No caso de Ló, um dos meios que o Senhor usou para resgatá-lo da tentação foi o castigo severo: ele perdeu seu lar; sua esposa foi morta pelo juízo divino; e suas próprias filhas o lançaram em desgraça e humilhação. Ele pagou um preço terrível por seu pecado, "atormentando-se todos os dias". Se Ló serve para provar qualquer coisa, o que ele demonstra é que uma pessoa que crê verdadeiramente não pode pecar e permanecer impune.

Deus sempre castiga e disciplina seus filhos que pecam. Se eles *não* experimentarem o castigo, não são verdadeiramente seus filhos, mas bastardos espirituais. Hebreus 12:7-8 afirma isso explicitamente: "[...] Ora, qual o filho que não é disciplinado por seu pai? Se vocês não são disciplinados, e a disciplina é para todos os filhos, então vocês não são filhos legítimos, mas sim ilegítimos." O propósito específico pelo qual ele nos disciplina é "[...] para o nosso bem, para que participemos de sua santidade" (Hebreus 12:10).

Tudo isso vai contra a noção de que milhões de cristãos vivem num estado de carnalidade ininterrupta. Se esses indivíduos são realmente filhos de Deus, por que eles não vivem sob sua disciplina constante?

Maior dos pecadores

Talvez o exemplo clássico de um cristão pecador seja o apóstolo Paulo.

Paulo? Sim. Quanto mais amadurecia em Cristo, mais o apóstolo se conscientizava de sua própria pecaminosidade. Quando escreveu sua primeira epístola aos coríntios, ele se referiu a si mesmo como "o menor dos apóstolos e nem sequer mereço ser chamado apóstolo, porque persegui a igreja de Deus" (1Coríntios 15:9). Alguns anos depois, ao escrever aos efésios, ele se chamou "menor dos menores de todos os santos" (Efésios 3:8). Já se aproximando do final de sua vida, quando escreveu a Timóteo, Paulo se descreveu como "pior [dos pecadores]" (1Timóteo 1:15).

Isso não era uma estratégia espertinha de Paulo. Ele era extremamente sensível ao pecado em sua vida e dolorosamente sincero sobre

A LUTA MORTAL COM O PECADO

sua própria luta com o pecado. Seu pecado o entristecia, e ele lutava contra isso constantemente. No entanto, foi um dos maiores santos que já viveu.

Como pode ser assim? Não seria mais lógico que uma pessoa do calibre de Paulo fosse um exemplo da vitória sobre o pecado? Ele era. Mas mesmo assim ele se denominou "homem miserável" e "pior dos pecadores"? Sim. As duas coisas podem ser verdadeiras ao mesmo tempo? Absolutamente. Na verdade, quanto mais santos nos tornamos, mais sensíveis nos tornamos ao pecado.

Martinho Lutero observou o paradoxo do pecado na vida de cada cristão e cunhou uma expressão latina: *simul justus et peccator* ("justo e pecador ao mesmo tempo"). Cada cristão verdadeiro luta com esse dilema. Nossa justificação é completa e perfeita; portanto, nossa posição perante Deus é sem mácula. Mas a nossa santificação não será perfeita até sermos glorificados, e essa é a recompensa de nosso sublime chamado em Cristo (Filipenses 3:14). Paulo escreveu: "Não que eu já tenha obtido tudo isso ou tenha sido aperfeiçoado, mas prossigo para alcançá-lo, pois para isso também fui alcançado por Cristo Jesus" (v. 12). Aqui na Terra, nossa prática jamais corresponderá à nossa posição, por maior que seja a sinceridade com que busquemos a santificação.

Mas nós a buscaremos se realmente tivermos nascido de novo, pois o próprio Deus garante a nossa perseverança na justiça: "Que o próprio Deus da paz os santifique inteiramente. Que todo o espírito, a alma e o corpo de vocês sejam preservados irrepreensíveis na vinda de nosso Senhor Jesus Cristo" (1Tessalonicenses 5:23). Ele "é poderoso para impedi-los de cair e para apresentá-los diante da sua glória sem mácula e com grande alegria" (Judas 24).

A passagem clássica sobre a luta pessoal de Paulo contra o pecado é Romanos 7:14-25:

> Sabemos que a Lei é espiritual; eu, contudo, não o sou, pois fui vendido como escravo ao pecado. Não entendo o que faço. Pois não faço o que desejo, mas o que odeio. E, se faço o que não desejo, admito que a Lei é boa. Neste caso, não sou mais eu quem o faz, mas o pecado que habita em mim. Sei que nada de bom habita em mim, isto é, em minha carne. Porque tenho o desejo de fazer o que é bom, mas não

consigo realizá-lo. Pois o que faço não é o bem que desejo, mas o mal que não quero fazer, esse eu continuo fazendo. Ora, se faço o que não quero, já não sou eu quem o faz, mas o pecado que habita em mim.

Assim, encontro esta lei que atua em mim: Quando quero fazer o bem, o mal está junto a mim. No íntimo do meu ser tenho prazer na Lei de Deus; mas vejo outra lei atuando nos membros do meu corpo, guerreando contra a lei da minha mente, tornando-me prisioneiro da lei do pecado que atua em meus membros. Miserável homem que eu sou! Quem me libertará do corpo sujeito a esta morte? Graças a Deus por Jesus Cristo, nosso Senhor! De modo que, com a mente, eu próprio sou escravo da Lei de Deus; mas, com a carne, da lei do pecado.

Miserável homem que eu sou!

Muitos comentaristas têm se perguntado como essa passagem pode seguir logicamente as grandes declarações em Romanos 6, segundo as quais os cristãos estão mortos para o pecado (Romanos 6:2), foram crucificados com Cristo para que o nosso corpo de pecado pudesse ser descartado (v. 6), libertados do pecado (v. 7), estando não mais sob a lei, mas sob a graça (v. 14) e sendo escravos da justiça (v. 18).

Alguns sugeriram que, em Romanos 7, Paulo estava descrevendo sua vida *anterior a Cristo*. Sugerem que o versículo 14 é a chave: "Sou carnal, vendido ao pecado."

Outros acreditam que Paulo estava descrevendo sua vida como *cristão carnal*, antes de se entregar ao senhorio de Cristo. Eles ressaltam que Paulo diz: "No íntimo do meu ser tenho prazer na Lei de Deus; mas vejo outra lei atuando nos membros do meu corpo." Eles acreditam que o uso frequente que Paulo faz do pronome pessoal aqui revela que esse é o conflito interno de uma pessoa egoísta e arrogante, de alguém que está tentando tornar-se justo no poder de sua própria carne. Muitos professores da "vida mais profunda" citam essa passagem para incentivar os cristãos a "saírem de Romanos 7 e entrarem em Romanos 8" em sua experiência com Deus.

Mas um estudo do texto revela que isso não é nem a experiência de um não cristão nem a expressão de um cristão "carnal".[3] Era a experiência de Paulo na época em que ele o escreveu. Apesar de ter sido um dos maiores santos espirituais que já viveram, ele lutava com o pecado pessoal como todos nós. Apesar de ter sido usado poderosamente por Deus, ele lutava contra o pecado e a tentação. "Assim, aquele que julga estar firme, cuide-se para que não caia! Não sobreveio a vocês tentação que não fosse comum aos homens" (1Coríntios 10:12-13).

Como saber se Paulo era salvo quando experimentou o que está descrito nessa passagem? A mudança do tempo verbal entre os versículos 13 e 14 dá a primeira dica. Em Romanos 7:7-13, Paulo reconta sua vida antes de sua conversão e lembra a convicção que sentiu quando se deparou com a lei de Deus. Os verbos nesses versículos estão todos no pretérito. Nos versículos 14-25, porém, os verbos estão no presente. Esses versículos descrevem a batalha com o pecado na experiência atual de Paulo.

Além do mais, Paulo escreve: "No íntimo do meu ser tenho prazer na Lei de Deus" (Romanos 7:22). No versículo 25, ele acrescenta: "[...] Com a mente, eu próprio sou escravo da Lei de Deus." Nenhum não cristão afirmaria isso. "A mentalidade da carne é inimiga de Deus porque não se submete à Lei de Deus, nem pode fazê-lo" (Romanos 8:7).

Paulo descreve também seu desejo de obedecer a Deus, tantas vezes frustrado:

> Não entendo o que faço. Pois não faço o que desejo, mas o que odeio. [...] Sei que nada de bom habita em mim, isto é, em minha carne. Porque tenho o desejo de fazer o que é bom, mas não consigo realizá-lo. Pois o que faço não é o bem que desejo. [...] Assim, encontro esta lei que atua em mim: Quando quero fazer o bem, o mal está junto a mim" (7:15, 18-19, 21).

Mas lá atrás, em Romanos 3, Paulo disse que a pessoa não salva não tem o desejo de fazer a vontade de Deus: "não há ninguém que entenda, ninguém que busque a Deus. [...] não há ninguém que faça o bem, não há nem um sequer. [...] Aos seus olhos é inútil temer a Deus" (vs. 11-12, 18). A pessoa descrita em Romanos 7:14-15 só pode ser uma pessoa remida.

Não se trata de um cristão carnal ou de uma pessoa com um pequeno nível de santificação. O uso repetido do pronome pessoal por Paulo nesse contexto destaca que essa era sua experiência pessoal. Os tempos verbais demonstram que ele não acreditava ter passado dessa fase, e o conflito que ele descreve aqui é algo que ele conhecia muito bem — até mesmo como cristão maduro. A obra santificadora de Deus em seu coração é claramente visível, pois ele diz que odeia o pecado (v. 15) e que ama a justiça (vs. 19, 21); ele se deleita na lei de Deus de coração (v. 22) e agradece a ele pela libertação de que ele usufrui em Cristo (v. 25). Todas essas reações são de um cristão maduro, nesse caso, de um apóstolo experiente, e não de alguém que se revira nas convulsões de um estado desesperado de carnalidade estabelecida. Na verdade, é a descrição de um homem santo cujo pecado ocasional é percebido como algo constante quando comparado com seus desejos santos.

Romanos 7:14-25 descreve, portanto, o lado humano do processo de santificação, e não devemos contrapor essa passagem a Romanos 8, como fazem alguns, imaginando que esses capítulos descrevem duas fases distintas do crescimento cristão. Eles simplesmente apresentam duas perspectivas diferentes da santificação. Romanos 7 apresenta a perspectiva humana, ao passo que Romanos 8, a perspectiva divina. Romanos 7 é o testemunho do próprio Paulo sobre como é viver como cristão controlado pelo Espírito e fundamentado espiritualmente. Ele amava a santa lei de Deus de todo seu coração, mas estava tomado de carne humana e incapaz de cumpri-la tanto quanto desejava seu coração. Existem cristãos tão espirituais capazes de testificar um viver acima desse nível? Ou tão carnais ao ponto de viverem abaixo do nível de Romanos 8?

Todos os cristãos verdadeiros deveriam estar vivendo exatamente nesse nível, lutando com a tensão que Paulo descreve entre uma fome de justiça cada vez maior de um lado e uma sensibilidade crescente ao pecado de outro. A medida de pecado pode variar dependendo do nível de maturidade espiritual, mas o pecado no cristão autêntico deveria sempre despertar nele o conflito que Paulo descreve nesses versículos.

Apesar de alguns *terem* tentado alegar uma vida acima de Romanos 7, eles revelam apenas a própria insensibilidade aos efeitos penetrantes do pecado na carne. Se eles se comparassem honestamente com o padrão de justiça de Deus, perceberiam o quão distantes eles estão desse padrão, tendo em vista que, quanto mais nos aproximamos de Deus, mais reconhecemos nosso próprio pecado. Apenas pessoas imaturas, carnais e

A LUTA MORTAL COM O PECADO

legalistas podem viver sob a ilusão de que elas conseguem satisfazer os padrões de Deus. O nível de conhecimento espiritual, quebrantamento, contrição e humildade que caracteriza a pessoa retratada em Romanos 7 é o distintivo de um cristão espiritual e maduro, que, perante Deus, não confia em sua própria bondade e em suas conquistas.

Romanos 7 não é, portanto, o grito de um cristão carnal que não se importa com a justiça, mas a lamentação de um cristão santo que, mesmo no auge da maturidade espiritual, se vê incapaz de satisfazer o padrão sagrado. É também a experiência de cada cristão autêntico em cada nível do desenvolvimento espiritual.

Eu sou carnal, mas a Lei é boa
Observe bem a lamentação de Paulo:

> Sabemos que a Lei é espiritual; eu, contudo, não o sou, pois fui vendido como escravo ao pecado. Não entendo o que faço. Pois não faço o que desejo, mas o que odeio. E, se faço o que não desejo, admito que a Lei é boa. Neste caso, não sou mais eu quem o faz, mas o pecado que habita em mim (Romanos 7:14-17).

A justificação pela fé sem as obras da lei de forma nenhuma significa que a lei é má. A lei é espiritual, provém do Espírito de Deus e é um reflexo de sua natureza "santa, justa e boa" (v. 12).

Mas existe uma barreira que impede cada cristão de sempre obedecer à lei de Deus: nossa natureza carnal. Observe que Paulo diz: "Eu sou *de* carne"; ele não diz que está "*na* carne". Aqui, *carne* (*sarx*, em grego) não é uma referência ao corpo físico ou até mesmo a uma "parte" de nós como o corpo, mas ao princípio da fraqueza humana — especialmente ao nosso egoísmo pecaminoso — que permanece conosco após a salvação até a nossa glorificação final. "Quem é dominado pela carne não pode agradar a Deus" (8:8). "Carne" descreve uma condição não regenerada (7:5). Cristãos não estão "na carne".

No entanto, a carne ainda está em nós. Somos feitos "de carne", isto é, somos humanos, e este é o problema: "Sei que nada de bom habita em mim, isto é, em minha carne [...]. De modo que, com a mente, eu próprio sou escravo da Lei de Deus; mas, com a carne, da lei do pecado"

143

O EVANGELHO SEGUNDO OS APÓSTOLOS

(7:18, 25). *Carne,* nesse contexto, se refere à nossa condição caída. Ela mancha todos os aspectos da pessoa em sua totalidade — inclusive nossa mente, nossas emoções e nosso corpo. A natureza caída residual — a carne — é aquilo que repetidamente nos arrasta para o pecado, apesar de odiarmos e desdenharmos o pecado.

É isso que Paulo quis dizer no versículo 14, quando escreveu: "Sabemos que a Lei é espiritual; eu, contudo, não o sou, pois fui vendido como escravo ao pecado." Essa expressão "vendido como escravo ao pecado" representa, à primeira vista, um problema, como o faz uma expressão semelhante no versículo 23: "prisioneiro da lei do pecado que atua em meus membros." Estaria Paulo contrariando aquilo que dissera em Romanos 6:14: "Pois o pecado não os dominará, porque vocês não estão debaixo da Lei, mas debaixo da graça"? Não, "vendido como escravo ao pecado" não significa que Paulo ativamente se dedicou ao pecado. Estava apenas reconhecendo que sua carne continuava arrastando-o para os pecados que ele odiava.

Esse é o estado de todo cristão verdadeiro. Já não nos relacionamos mais com nosso pai antigo, o diabo (João 8:44); já não amamos mais o mundo (1João 2:15); e já não somos mais escravos do pecado — mas nossa carne ainda está sujeita à enganação do pecado e ainda se sente atraída por muitos de seus encantos. No entanto, como cristãos, não podemos estar contentes com nosso pecado, pois ele é contrário àquilo que somos em Cristo e sabemos que ele entristece nosso Senhor.

O pecado entristece o Espírito Santo (Efésios 4:30), desonra a Deus (1Coríntios 6:19-20), impede que nossas orações sejam respondidas (1Pedro 3:12), faz com que coisas boas de Deus sejam retidas (Jeremias 5:25), priva-nos da alegria da nossa salvação (Salmos 51:12), inibe o crescimento espiritual (1Coríntios 3:1), traz castigo do Senhor (Hebreus 12:5-7), impede-nos de sermos vasos de honra úteis ao Senhor (2Timóteo 2:21), polui a comunhão cristã (1Coríntios 10:21) e pode até mesmo pôr em risco nossa vida e saúde física (1Coríntios 11:29-30). Não surpreende, portanto, que os cristãos odeiem o pecado.

Uma pessoa incrédula, ao ouvir a verdade da justificação pela fé, comentou: "Se eu pensasse que a salvação é gratuita e ocorre somente pela fé, acreditaria e então me esbanjaria no pecado." A pessoa que estava lhe dando testemunho respondeu sabiamente: "Em sua opinião, quanto pecado seria necessário para satisfazer um cristão verdadeiro?" Uma pessoa que não perdeu nada de seu apetite pelo pecado — e não adquiriu em seu lugar um desejo pelas coisas de Deus — não se converteu verdadeiramente. "Quais são seus gostos, suas escolhas, suas preferências e suas inclinações?" Essa é a grande pergunta-teste.[4]

Aqui, Paulo confirma que os apetites e desejos do homem interior do cristão verdadeiro são dominados pela lei de Deus: "No íntimo do meu ser tenho prazer na Lei de Deus; mas vejo outra lei atuando nos membros do meu corpo, guerreando contra a lei da minha mente, tornando-me prisioneiro da lei do pecado que atua em meus membros" (7:22-23).

O desejo existe em mim, mas a prática do bem, não

Cada cristão verdadeiro pode repetir a lamentação de Paulo. Concordamos que a lei de Deus é boa e desejamos obedecê-la, no entanto, não conseguimos nos livrar do pecado, pois nossa própria fragilidade humana nos amarra. O pecado está em cada um de nossos membros. Pessoas que se julgam justas enganam a si mesmas quando pensam que elas são morais e boas, mas Romanos 7 mostra que um cristão verdadeiro guiado pelo Espírito não se entrega a esse pensamento. O cristão mais espiritual está mais ciente do pecado que nele habita. O pecado em nossos membros não pode vencer sempre — e, no fim, não conseguirá nos derrotar —, mas ele sempre frustra nossas tentativas de obedecermos perfeitamente a Deus.

Paulo diz: "Sei que nada de bom habita em mim, isto é, em minha carne." (v. 18). Existe uma grande diferença entre o pecado sobrevivente e o pecado dominante: O pecado já não reina mais em nós (6:18-19), mas ele sobrevive em nós (7:20). Gálatas 5:17 diz: "Pois a carne deseja o que é contrário ao Espírito; e o Espírito, o que é contrário à carne. Eles estão em conflito um com o outro, de modo que vocês não fazem o que desejam." Romanos 7 simplesmente descreve essa batalha em seus detalhes abomináveis. Mas Gálatas 5:16 nos diz como podemos vencer: "Vivam pelo Espírito, e de modo nenhum satisfarão os desejos da carne." O Espírito Santo nos dá a vitória.

Mas essa vitória parece vir com um abatimento frustrante. Nos versículos 18-19, Paulo escreve: "Porque tenho o desejo de fazer o que é bom, mas não consigo realizá-lo. Pois o que faço não é o bem que desejo, mas o mal que não quero fazer, esse eu continuo fazendo." Ele não está dizendo que não é capaz de fazer *qualquer* coisa corretamente, mas que seu *desejo* de obedecer é sempre maior do que sua própria *capacidade* de obedecer. Este é o padrão do crescimento espiritual: à medida que aumentam o nosso ódio contra o pecado e a nossa capacidade de vencer o pecado, intensifica-se também a nossa frustração com os resquícios do pecado na carne. Em outras palavras, nossa sensibilidade ao pecado que habita em nós é inversamente proporcional à nossa experiência de vitória, ou seja, quanto mais derrotamos o pecado em nossa vida, mais nos conscientizamos de sua presença.

O ponto crucial é este: Paulo não estava dizendo que ele tinha uma tendência ao pecado. A verdade é justamente o contrário. Ele tendia para a justiça. Ele simplesmente se frustrava com a força de sua carne pecaminosa.

Repito: Esse não é o testemunho de uma pessoa que vive num estado despreocupadamente "carnal". Em seu coração, Paulo desejava a justiça, desejava obedecer a Deus, amava a lei de Deus e queria fazer o bem. Essa é a direção de todo cristão verdadeiro, independentemente do estágio em que estiver no processo de santificação.

Tenho prazer na Lei

> Assim, encontro esta lei que atua em mim: Quando quero fazer o bem, o mal está junto a mim. No íntimo do meu ser tenho prazer na Lei de Deus; mas vejo outra lei atuando nos membros do meu corpo, guerreando contra a lei da minha mente, tornando-me prisioneiro da lei do pecado que atua em meus membros (Romanos 7:21-23).

Não era a consciência de Paulo que o preocupava. Ele não estava lamentando nenhum pecado não perdoado ou descrevendo alguma recusa obstinada de seguir o Senhor. O que o importunava era seu homem interior, recriado à semelhança de Cristo e habitado pelo seu Espírito. Esse homem interior, tendo visto algo da verdadeira santidade, bondade e glória da lei de Deus, entristecia-se com a menor infração ou com sua incapacidade de satisfazer seu padrão. Em contraste gritante com sua autossatisfação pré-conversão (cf. Fp 3:6), Paulo havia entendido agora o quão pouco ele conseguia corresponder à lei perfeita de Deus, mesmo como apóstolo de Jesus Cristo e cristão no qual habitava o Espírito.

Esse espírito humilde e contrito é uma marca de cada discípulo verdadeiro de Cristo que exclama: "Senhor, não posso ser tudo que queres que eu seja. Sou incapaz de cumprir sua lei perfeita, santa e gloriosa." Em grande frustração e remorso, precisamos confessar juntamente com Paulo: "Nem sempre faço o que eu gostaria de fazer."

Paulo se deleitava na lei de Deus — a expressão "no íntimo do meu ser" poderia ser traduzida como "no fundo do meu coração". Ele nutria um grande amor pela lei de Deus, e esse amor emanava das profundezas de seu coração. Seu íntimo, a parte que é "renovada dia após dia" (2Co 4:16) e "fortalecida com poder por meio do Espírito" (Ef 3:16), harmonizava com a lei de Deus. A fonte de seus problemas era o princípio da fragilidade e do estado caído inerente à natureza humana.

O autor de Salmos 119 experimentou o mesmo conflito de Paulo. Seu poema reflete seu desejo profundo pelas coisas de Deus. A seguir, apresentamos algumas expressões que manifestam o desejo do salmista pela lei de Deus:

- Versículos 81-83: "Estou quase desfalecido, aguardando a tua salvação, mas na tua palavra coloquei a minha esperança. Os meus olhos fraquejam de tanto esperar pela tua promessa, e pergunto: Quando me consolarás? Embora eu seja como uma vasilha inútil, não me esqueço dos teus decretos."
- Versículo 92: "Se a tua lei não fosse o meu prazer, o sofrimento já me teria destruído."
- Versículo 97: "Como eu amo a tua lei! Medito nela o dia inteiro."
- Versículo 113: "Odeio os que são inconstantes, mas amo a tua lei."
- Versículo 131: "Abro a boca e suspiro, ansiando por teus mandamentos."
- Versículo 143: "Tribulação e angústia me atingiram, mas os teus mandamentos são o meu prazer."
- Versículo 163: "Odeio e detesto a falsidade, mas amo a tua lei."
- Versículo 165: "Os que amam a tua lei desfrutam paz, e nada há que os faça tropeçar."
- Versículo 174: "Anseio pela tua salvação, SENHOR, e a tua lei é o meu prazer."

O grau de espiritualidade expressado pelo salmista é intimidativo. É evidente que ele estava cativado pelas coisas de Deus, e é por isso que o último versículo do Salmo 119 é tão surpreendente: "Andei vagando como ovelha perdida; vem em busca do teu servo, pois não me esqueci dos teus mandamentos" (v. 176). Poderíamos imaginar que uma pessoa com um amor tão intenso pela lei de Deus não experimentaria o fracasso de se desviar espiritualmente, mas esse é o conflito da experiência de todo cristão.

Por que pecamos? Deus não trabalhou perfeitamente quando nos salvou? Ele nos deu uma nova natureza que ainda não está completa? Ainda não estamos preparados para o céu e ainda precisamos merecer a nossa entrada?

Nenhuma dessas razões. Mas porque o pecado ainda está presente na nossa carne.

Por um lado..., mas de outro...
"Miserável homem que eu sou! Quem me libertará do corpo sujeito a esta morte? Graças a Deus por Jesus Cristo, nosso Senhor! De modo que, com a mente, eu próprio sou escravo da Lei de Deus; mas, com a carne, da lei do pecado" (Romanos 7:24-25).

Paulo solta um último grito de angústia e frustração. Novamente, ecoa o salmista:

Das profundezas clamo a ti, Senhor; ouve, Senhor, a minha voz! Estejam atentos os teus ouvidos às minhas súplicas! Se tu, Soberano Senhor, registrasses os pecados, quem escaparia? Mas contigo está o perdão para que sejas temido. Espero no Senhor com todo o meu ser, e na sua palavra ponho a minha esperança (Salmos 130:1-5).

Certamente Paulo se encontrava em um estado de espírito semelhante quando perguntou: "Quem me libertará do corpo sujeito a esta morte?" Mas ele responde à sua própria pergunta: "Graças a Deus por Jesus Cristo, nosso Senhor!" (v. 25). Paulo tinha certeza do triunfo final sobre o pecado em sua própria carne: "Considero que os nossos sofrimentos atuais não podem ser comparados com a glória que em nós será revelada. A natureza criada aguarda, com grande expectativa, que

A LUTA MORTAL COM O PECADO

os filhos de Deus sejam revelados". (Rm 8:18-19). A fase final da nossa salvação está garantida: "Aos que justificou, também glorificou" (8:30). "Pois é necessário que aquilo que é corruptível se revista de incorruptibilidade, e aquilo que é mortal se revista de imortalidade [...] Mas graças a Deus, que nos dá a vitória por meio de nosso Senhor Jesus Cristo" (1Coríntios 15:53, 57). "Pois, enquanto estamos nesta casa, gememos e nos angustiamos, porque não queremos ser despidos, mas revestidos da nossa habitação celestial, para que aquilo que é mortal seja absorvido pela vida" (2Coríntios 5:4). "Esperamos ansiosamente o Salvador, o Senhor Jesus Cristo. Pelo poder que o capacita a colocar todas as coisas debaixo do seu domínio, ele transformará os nossos corpos humilhados, tornando-os semelhantes ao seu corpo glorioso" (Filipenses 3:20-21). A nossa esperança é uma esperança triunfante!

Por ora, porém, a batalha continua. A libertação plena espera a glorificação. A vitória no aqui e no agora é possível apenas aos poucos enquanto mortificamos os atos do corpo por meio do poder do Espírito Santo: "Assim, façam morrer tudo o que pertence à natureza terrena de vocês: imoralidade sexual, impureza, paixão, desejos maus e a ganância, que é idolatria" (Colossenses 3:5). "Pois se vocês viverem de acordo com a carne, morrerão; mas, se pelo Espírito fizerem morrer os atos do corpo, viverão" (Romanos 8:13).

Estamos fadados a nos frustrarmos por causa da nossa incapacidade de experimentar a santidade na medida em que a desejamos. Essa é a experiência inevitável de cada santo verdadeiro de Deus. Por causa da nossa carne, jamais conseguiremos alcançar nesta vida o nível de santidade que almejamos. "E não só isso, mas nós mesmos, que temos os primeiros frutos do Espírito, gememos interiormente, esperando ansiosamente nossa adoção como filhos, a redenção do nosso corpo" (Romanos 8:23). Mas essa esperança inflama ainda mais a nossa ambição à santidade.

Amados, agora somos filhos de Deus, e ainda não se manifestou o que havemos de ser, mas sabemos que, quando ele se manifestar, seremos semelhantes a ele, pois o veremos como ele é. Todo aquele que nele tem esta esperança purifica-se a si mesmo, assim como ele é puro (1João 3:2-3).

CAPÍTULO 9

A fé que *não* funciona

Santificação [...] é o resultado invariável daquela união vital com Cristo que a fé verdadeira dá ao cristão. "Se alguém permanecer em mim e eu nele, esse dará muito fruto" (João 15:5). O ramo que não produz fruto não é um ramo vivo da videira. A união com Cristo que não produz um efeito no coração e na vida é uma união meramente formal, que não tem valor perante Deus. A fé que não tem uma influência santificadora sobre o caráter não é melhor do que a fé de demônios. É uma "fé morta, pois está sozinha". Não é dom de Deus. Não é a fé dos eleitos de Deus. Em suma, onde não houver uma vida de santificação, não há fé real em Cristo. A fé verdadeira opera por meio do amor. Ela constrange o homem a viver para o Senhor a partir de um senso profundo de gratidão pela redenção. Ela o convence de que ele jamais pode fazer demais por aquele que morreu por ele. Muito lhe foi perdoado, por isso, muito ele ama. Aquele que foi purificado pelo sangue vive na luz. Ele, que tem uma esperança real e viva em Cristo, purifica-se mesmo quando é puro (Tiago 2:17-20; Tito 1:1; Gálatas 5:6; 1João 1:7; 3:3).

J. C. RYLE[1]

UM TRATADO ESCRITO POR UM dos defensores mais extremos da salvação pelo não senhorio procura explicar a redenção: "Nem mesmo em seu melhor momento você consegue conquistar ou merecer um relacionamento com Deus. Apenas o objeto da sua fé, Jesus Cristo, tem o mérito." Concordo com isso. É o ensinamento claro das Escrituras (Tito 3:5-7).

Mas o mesmo tratado afirma também: "Seus pecados pessoais não importam a Deus." Quando o autor tenta explicar *fé* em termos práticos, ele diz isto: "Você responde a Deus, o Pai, simplesmente formulando as palavras em sua mente: 'Eu creio em Cristo'."[2]

Tudo isso se reduz a uma noção de fé que é pouco mais do que uma manobra intelectual. A "fé" que o tratado descreve é pouco mais do que um consentimento passageiro. É um *consentimento intelectual.*

Como já observei no capítulo 3, muitos apologistas do não senhorio não gostam de ser acusados de retratarem a fé como mero consentimento mental. Dr. Ryrie, por exemplo, diz que isso é um argumento espantalho.

> Convencer-se de algo ou depositar sua confiança no evangelho dificilmente pode ser definido como aceitação casual de algo. Quando uma pessoa dá crédito aos fatos históricos de que Cristo morreu e ressuscitou dentre os mortos e ao fato doutrinal de que isso aconteceu por causa dos seus pecados, ela está confiando seu destino eterno à confiabilidade dessas verdades. [...] Não se deixe enganar, as pessoas do não senhorio *não* dizem o que esse espantalho coloca em suas bocas (*SGS*, p. 30).

Mas muitos defensores do não senhorio *dizem* exatamente o que Ryrie nega. Zane Hodges, por exemplo, reconhece praticamente que o "consentimento intelectual" descreve adequadamente sua ideia de fé. Ele não se sente à vontade com a "conotação prejudicial" dessa expressão, mas obstinadamente defende sua essência e ressalta que *consentimento* significa simplesmente "concordância significativa". Hodges sugere que a conotação negativa é causada por modificadores *mental* ou *intelectual.* Apesar de não significarem "nada além de 'pertencente ao intelecto'", afirma ele, eles são muitas vezes interpretados como "desapego e desinteresse pessoal" (*AF*, p. 30). "Nesse contexto, deveríamos descartar palavras como mental ou intelectual." Hodges acrescenta: "A Bíblia não conhece nenhuma oposição entre uma fé intelectual e qualquer outro tipo de fé (como uma fé emocional ou volitiva); o que ela reconhece é a distinção óbvia entre fé e incredulidade!" (*AF*, p. 30).

Como Hodges descreve fé? "Em linguagem bíblica, a fé verdadeira é receber o testemunho de Deus. É a *convicção interior* de que aquilo que Deus nos diz no evangelho é verdadeiro. Isso — e apenas isso — é fé salvadora" (*AF*, p. 31; grifo no original).[3]

Isso é uma descrição adequada do significado de fé? A fé é totalmente passiva? É verdade que as pessoas sabem intuitivamente se sua fé é real? Todas as pessoas autenticamente salvas têm certeza plena disso? Uma pessoa não poderia ser levada a pensar que ela é cristã quando, na verdade, não o é? Pode uma pessoa *acreditar* que ela crê, mas não crer verdadeiramente? Não existe fé espúria?

As Escrituras respondem a essas perguntas claramente e repetidas vezes. Os apóstolos consideravam a fé falsa um perigo muito real, e muitas das epístolas, apesar de se dirigirem à igreja, contêm advertências que revelam a preocupação deles com membros da igreja dos quais suspeitavam não serem cristãos genuínos. Paulo, por exemplo, escreveu à igreja em Corinto: "Examinem-se para ver se vocês estão na fé; provem-se a si mesmos. Não percebem que Cristo Jesus está em vocês? A não ser que tenham sido reprovados!" (2Coríntios 13:5). Pedro escreveu: "Portanto, irmãos, empenhem-se ainda mais para consolidar o chamado e a eleição de vocês, pois se agirem dessa forma, jamais tropeçarão" (2Pedro 1:10).

Evidentemente, havia algumas pessoas na igreja primitiva que flertavam com a noção de que a fé poderia ser algum tipo de consentimento estático, inerte e inanimado a fatos.[4] O livro de Tiago, provavelmente a epístola mais antiga do Novo Testamento, confronta especificamente esse erro — Tiago quase parece estar escrevendo aos defensores do não senhorio no século XX. Ele afirma que pessoas *podem* ser levadas a pensar que creem quando, na verdade, elas não creem, e diz também que o único fator que diferencia a fé falsa da fé real é a conduta justa, que inevitavelmente é produzida pela fé autêntica.

Estas são as perguntas às quais o debate do não senhorio precisa responder: basta conhecer e entender, e também aceitar os fatos do evangelho — até mesmo ter a *convicção interior* de que essas verdades se aplicam a mim pessoalmente — e, mesmo assim, jamais *evitar* o pecado ou submeter-se ao Senhor Jesus? Uma pessoa com esse tipo de fé tem a garantia da vida eterna? Esse tipo de esperança constitui uma fé no sentido em que as Escrituras usam o termo?

Tiago ensina explicitamente que esse não é o caso. A fé verdadeira, diz ele, produzirá sem qualquer dúvida uma conduta justa, e o caráter verdadeiro da fé salvadora pode ser examinado à luz das obras do cristão — isso está de acordo com a soteriologia do Antigo e do Novo Testamento. Entramos na salvação pela graça por meio da fé (Efésios 2:8-9), a qual é, por natureza, voltada para a obediência (Atos 5:32; Romanos 1:5; 2:8; 16:26), portanto, obras boas são inevitáveis na vida de uma pessoa que realmente crê. Essas obras não influem de forma nenhuma sobre a salvação (Efésios 2:9; Romanos 3:20, 24; 4:5; Tito 3:5), mas mostram que a salvação realmente está presente (Efésios 2:10; 5:9; 1João 2:5).

"É evidente que existem fé e FÉ", escreveu Roy Aldrich referindo-se a Tiago 2. "Existem fé nominal e fé real. Existem fé intelectual e fé do coração. Existem fé sensual e fé espiritual. Existem fé morta e fé vital. Existe a fé tradicional, que pode não chegar a ser uma fé pessoal transformadora. Existe uma fé que pode ser elogiada como ortodoxa e mesmo assim não possuir um valor salvador maior do que a fé de demônios."[5] Tiago ataca todos os tipos de "fé" que não cumprem o padrão bíblico e caracteriza aquilo que eu e outros temos chamado "aquiescência mental" ou "consentimento intelectual" como mero ouvir, profissão vazia, ortodoxia demoníaca e fé morta.

Meros ouvintes

Tiago escreveu: "Sejam praticantes da palavra, e não apenas ouvintes, enganando-se a si mesmos" (1:22). Ele usa um substantivo (*pōietai*), "fazedores da palavra", não um imperativo direto ("faça/pratique a palavra"). Ele descreve uma conduta característica, não uma atividade ocasional, pois uma coisa é lutar, e outra, bem diferente, é ser soldado. Uma coisa é construir uma cabana; uma coisa bem diferente é ser um construtor. Tiago não está desafiando seus leitores apenas a *praticar a Palavra*, mas também está lhes dizendo que cristãos verdadeiros são *praticantes da Palavra*. Isso descreve a disposição básica daqueles que creem para a salvação.

Ouvir é importante, como Tiago ressaltou em 1:19-21. A fé ocorre por meio do ouvir (Romanos 10:17). No entanto, a fé verdadeira precisa ser mais do que um mero ouvir, pois ouvir é um meio, não um fim. O fim é a fé, que resulta em obediência.

Cristãos verdadeiros não podem ser apenas ouvintes. A palavra grega para "ouvinte" (v. 22) é *akroatēs*, um termo usado para descrever estudantes que assistiam a uma aula. Um ouvinte costuma assistir às preleções, mas pode tratar tarefas e exames como opcionais. Hoje em dia, muitas pessoas na igreja abordam a verdade espiritual com a mentalidade de um ouvinte, recebendo a Palavra de Deus apenas de forma passiva. Mas a mensagem de Tiago, evidenciada por suas ilustrações nos versículos 23-27, é que o mero ouvir da Palavra de Deus resulta numa religião sem valor (v. 26). Em outras palavras: o mero ouvir não é melhor do que a descrença ou até mesmo a rejeição; na verdade, é pior do que isso! O mero ouvinte é iluminado, mas não regenerado. Sem dúvida, Tiago está reafirmando uma verdade que ele ouviu diretamente de Jesus, o qual advertiu poderosamente contra o erro de ouvir sem fazer (Mateus 7:21-27), como o fez também o apóstolo Paulo (Romanos 2:13-25).

Tiago diz que ouvir sem obedecer é autoenganação (v. 22). O termo grego para "iludir" (*paralogizomai*) significa "argumentar contra" e refere-se a uma lógica falha. Aqueles que acreditam que basta ouvir a Palavra sem a obedecer cometem um erro de cálculo grosseiro. Enganam a si mesmos. Robert Johnstone escreveu:

> Sabendo que o estudo da verdade divina por meio da leitura da Bíblia — dando atenção às ordenações públicas da graça, entre outras coisas — é uma obrigação de suma importância, é, de fato, o caminho que leva para o portão da vida eterna, eles permitem que, por meio da aversão natural do homem à toda espiritualidade genuína, sejam convencidos pelo mau de que esta é a totalidade da obrigação cristã e, por si só, o portão para a vida, acreditando que, por meio do mero ouvir, conseguem passar por ele e que tudo está em ordem para eles. Satisfazer-nos com os meios da graça sem submeter nosso coração ao seu poder como meio, a fim de receber a graça e demonstrar sua obra em nossa vida, é uma tolice tão grande quanto o construtor que se satisfaz com o fato de possuir as ferramentas sem usá-las; é uma loucura tão grande quanto a do homem que está morrendo de fome, que deveria exultar por ter pão em suas mãos, mas não o come; mas não há tolice e loucura maiores do que essas, pois a "obra de Deus" (João 6:29) transcende em importância a obra de um artesão terreno, e "vida com Cristo em Deus" transcende a existência passageira da terra.[6]

Tiago oferece duas ilustrações que opõem os meros ouvintes aos ouvintes obedientes.

O espelho

> Aquele que ouve a palavra, mas não a põe em prática, é semelhante a um homem que olha a sua face num espelho e, depois de olhar para si mesmo, sai e logo esquece a sua aparência. Mas o homem que observa atentamente a lei perfeita, que traz a liberdade, e persevera na prática dessa lei, não esquecendo o que ouviu mas praticando-o, será feliz naquilo que fizer (1:23-25).

Aquele que "não põe em prática" é, na verdade, um "não praticante" ou alguém cuja disposição é ouvir sem praticar. Ao contrário do que dizem alguns comentaristas, "olhar [...] num espelho" não descreve um olhar rápido ou casual. O verbo (*katanoeõ*) significa "olhar com cuidado, atenção e observação". O homem estuda seu rosto com cuidado e se familiariza profundamente com seus traços. Ele ouve a Palavra, aparentemente não apenas por um instante, mas durante muito tempo, de modo que ele compreende o que ouve. Ele sabe o que Deus espera dele, portanto, qualquer falta de reação não pode ser desculpada com falta de compreensão.[7] O que Tiago quer dizer não é que o homem não se olhou o bastante no espelho, ou com a intensidade e sinceridade necessárias — mas que ele saiu da frente do espelho sem partir para a ação. "Sai e logo esquece a sua aparência" (v. 24). Essa passagem lembra os solos não produtivos em Mateus 13. O coração da pessoa que ouve a Palavra não reage corretamente; por esse motivo, aquilo que foi semeado não pode produzir fruto.

A mensagem é dupla. Em primeiro lugar, Tiago ilustra *a urgência de obedecer ativamente à Palavra*. Se você não lidar com aquilo que vê enquanto estiver olhando para o espelho, se esquecerá disso mais tarde. Na segunda-feira de manhã, você já se esqueceu do sermão do domingo; e na tarde do mesmo dia, a leitura matinal pode não passar de uma lembrança distante. Se você não reagir adequadamente enquanto Deus estiver convencendo seu coração, é provável que jamais chegará a fazê-lo, pois a imagem refletida no espelho da Palavra de Deus rapidamente se dissolverá.

Em segundo lugar, e mais nitidamente, Tiago ilustra a *profunda inutilidade de receber a Palavra passivamente*. O versículo 21 diz como devemos receber a Palavra: "Portanto, livrem-se de toda impureza moral e da maldade que prevalece, e aceitem humildemente a palavra implantada em vocês, a qual é poderosa para salvá-los." A conjunção *mas* no início do versículo 22 no texto original é equivalente a *além disso* ou *agora*, dando a entender que aquilo que segue não é um contraste, mas uma ampliação da ordem no versículo 21. Em outras palavras, Tiago está dizendo que é maravilhoso ser receptivo à Palavra — ouvir com aprovação e consentimento —, mas isso não basta, pois precisamos recebê-la como praticantes, uma vez que os não praticantes não são cristãos verdadeiros.

Tiago oferece um exemplo contrastante. Este é o praticante eficaz: "Mas o homem que observa atentamente a lei perfeita, que traz a liberdade, e persevera na prática dessa lei, não esquecendo o que ouviu mas praticando-o, será feliz naquilo que fizer" (1:25). A palavra traduzida como "observa atentamente" é *parakuptō*, a mesma palavra usada em João 20:5, 11 para descrever como João se inclinou para olhar dentro do túmulo vazio de Jesus. A palavra é usada também em 1Pedro 1:12 para descrever os anjos que desejam ver as coisas relacionadas ao evangelho. Refere-se a um olhar profundo e penetrante, como o de uma pessoa que se inclina para ver algo mais de perto. Hiebert afirma que a palavra "retrata o homem que se inclina sobre o espelho na mesa a fim de examinar mais de perto aquilo que se revela nele".[8] Isso revela um desejo de entender as razões que vai além de um interesse acadêmico.

Essa é uma descrição do cristão verdadeiro. Ao contrário do mero ouvinte, "ele se inclinou sobre o espelho e, cativado pelo que viu, continuou a olhar e a obedecer seus preceitos. Esse traço caracteriza a diferença crucial em relação ao primeiro homem".[9] Esse homem está observando "a lei perfeita, que traz a liberdade" (v. 25). Isso se refere ao evangelho em seu sentido mais pleno — a todo o conselho de Deus, à palavra implantada que salva (v. 21). Burdick escreve:

> Não é apenas a lei do Antigo Testamento, tampouco é a lei mosaica pervertida e transformada em sistema legalista para alcançar a salvação por meio de boas obras. Quando Tiago a chama "lei perfeita", o que

ele tem em mente é a soma total da verdade revelada de Deus — não apenas a porção preliminar encontrada no Antigo Testamento, mas também a revelação final feita por meio de Cristo e seus apóstolos, que, em breve, seria fixada no Novo Testamento. Assim, ela é completa, ao contrário daquilo que é preliminar e preparatório. Além do mais, é a "lei que traz a liberdade", o que, segundo Tiago, significa que ela não escraviza. Ela não é imposta por compulsão externa. Ela é livremente aceita e cumprida com devoção feliz sob a capacitação do Espírito de Deus (Gálatas 5:22-23).[10]

Tiago não está contrastando a lei com o evangelho. "A lei perfeita da liberdade" *é* a Palavra implantada (v. 21). Aqueles que interpretam a expressão "a perfeita lei da liberdade" como algo separado do evangelho não entendem o que Tiago está dizendo. Ao descrever o homem que olha para a Palavra, continua nela e é feliz, ele está retratando o efeito da conversão verdadeira.[11]

Isso significa que todos os cristãos verdadeiros são praticantes da Palavra? Sim. Eles *sempre* praticam a Palavra? Não — caso contrário, o trabalho do pastor seria relativamente simples. Cristãos falham, às vezes de forma assustadora. mas mesmo quando falham, os cristãos verdadeiros não deixam de ter a disposição e a motivação daquele que é um praticante. Então, Tiago oferece estas palavras como lembrete ao cristão verdadeiro (o que "persevera na prática dessa lei", v. 25) e como desafio aos incrédulos que se identificaram com a verdade, mas não são obedientes a ela (o "ouvinte esquecido").

A língua desenfreada

Tiago oferece outra ilustração da natureza enganosa de ouvir sem obedecer: "Se alguém se considera religioso, mas não refreia a sua língua, engana-se a si mesmo. Sua religião não tem valor algum! A religião que Deus, o nosso Pai, aceita como pura e imaculada é esta: cuidar dos órfãos e das viúvas em suas dificuldades e não se deixar corromper pelo mundo" (1:26-27).

A palavra traduzida como "religioso" no versículo 26 é *thrēskos*, uma palavra usada muitas vezes em referência à adoração pública cerimonial — é a palavra que Josefo usou, por exemplo, para descrever a adoração

O EVANGELHO SEGUNDO OS APÓSTOLOS

no templo. *Thrēskeia* ("religião", vs. 26-27) é a mesma palavra que Paulo usou em Atos 26:5 para se referir à tradição dos fariseus. Ela ressalta o aspecto externo de cerimônia, ritual, liturgia etc. Tiago está dizendo que todas essas coisas, quando dissociadas da obediência, não têm valor.

Todos nós temos dificuldades de controlar nossa língua. Foi Tiago que escreveu: "Todos tropeçamos de muitas maneiras. Se alguém não tropeça no falar, tal homem é perfeito, sendo também capaz de dominar todo o seu corpo" (3:2). Mas a língua desse homem é como um cavalo desenfreado, ou seja, ele a deixa correr solta, enganando, ao mesmo tempo, o seu coração (1:26). Ele não está lutando contra um lapso transitório no controle sobre a língua. Ele é dominado por um padrão que caracteriza sua natureza. Apesar de professar ser religioso, seu caráter não está em sintonia com essa alegação, e, sem dúvida, ele acredita ser justo, mas está enganado com relação à eficácia de sua própria religião.

A despeito da religião externa desse homem, sua língua constantemente desenfreada e descontrolada demonstra um coração iludido e ímpio, pois "as coisas que saem da boca vêm do coração, e são essas que tornam o homem impuro" (Mateus 15:18). "O homem bom tira coisas boas do bom tesouro que está em seu coração, e o homem mau tira coisas más do mal que está em seu coração, porque a sua boca fala do que está cheio o coração" (Lucas 6:45). Nosso Senhor advertiu: "Pois por suas palavras vocês serão absolvidos, e por suas palavras serão condenados" (Mateus 12:37).

Kistemaker observa a importância da expressão "engana-se a si mesmo":

Essa é a terceira vez que Tiago diz aos seus leitores que eles não devem se enganar a si mesmos (1:16, 22, 26). Como pastor, ele está plenamente ciente da religião falsa que nada mais é do que formalismo externo. Ele sabe que muitas pessoas apenas executam os movimentos de servir a Deus, mas sua fala os trai e sua religião soa oca. E, apesar de não perceberem isso, elas se enganam a si mesmas por meio de suas palavras e de seus atos — ou por meio da ausência destes. Seu coração não está em sintonia com Deus e seus próximos, e sua tentativa de esconder essa falta de amor apenas intensifica sua autoenganação. Sua religião não tem valor.[12]

Essa religião sem valor contrasta fortemente com a religião verdadeira: "A religião que Deus, o nosso Pai, aceita como pura e imaculada é esta: cuidar dos órfãos e das viúvas em suas dificuldades e não se deixar corromper pelo mundo" (v. 27). Tiago não está tentando definir religião, mas oferecer uma ilustração concreta do princípio com o qual começou: que a religião verdadeira envolve mais do que o mero ouvir e que a fé verdadeiramente salvadora inevitavelmente produzirá o fruto das boas obras.

Profissão vazia

Os primeiros 13 versículos de Tiago 2 continuam a expandir sobre sua afirmação de que os cristãos são, em sua disposição, praticantes da Palavra, não meros ouvintes. Ele confronta o problema do favoritismo, que, evidentemente, havia surgido na igreja ou nas igrejas às quais Tiago estava escrevendo. Lembrando-nos de que é esse o contexto, avançamos para Tiago 2:14. Aqui, após advertir seus leitores de que eles estavam esperando o julgamento por sua conduta ímpia e impiedosa (v. 13), Tiago vai direto ao assunto: seu aparente equívoco de que a fé é um ingrediente inerte na fórmula da salvação. Seu desafio não poderia ser mais claro:

De que adianta, meus irmãos, *alguém dizer que tem fé, se não tem obras?* *Acaso a fé pode salvá-lo?* Se um irmão ou irmã estiver necessitando de roupas e do alimento de cada dia e um de vocês lhe disser: "Vá em paz, aqueça-se e alimente-se até satisfazer-se", sem porém lhe dar nada, de que adianta isso? Assim também *a fé, por si só, se não for acompanhada de obras, está morta.* Mas alguém dirá: "Você tem fé; eu tenho obras".

Mostre-me a sua fé sem obras, e eu lhe mostrarei a minha fé pelas obras. Você crê que existe um só Deus? Muito bem! Até mesmo os demônios creem — e tremem! Insensato! Quer certificar-se de que *a fé sem obras é inútil?* Não foi Abraão, nosso antepassado, justificado por obras, quando ofereceu seu filho Isaque sobre o altar? Você pode ver que tanto a fé como as obras estavam atuando juntas, e a fé foi aperfeiçoada pelas obras. Cumpriu-se assim a Escritura que diz: "Abraão creu em Deus, e isso lhe foi creditado como justiça", e ele foi chamado amigo de Deus. Vejam que *uma pessoa é justificada por obras, e não apenas pela fé*. Caso semelhante é o de Raabe, a prostituta: não foi ela justificada pelas obras, quando acolheu os espias e os fez sair por outro caminho? Assim como o corpo sem espírito está morto, também *a fé sem obras está morta* (Tiago 2:14-26; grifos meus).

Pelo menos cinco vezes nessa passagem (vs. 14, 17, 20, 24, 26) Tiago reitera sua tese: uma fé passiva não é uma fé eficaz, mas sim um ataque frontal à profissão vazia daqueles cuja esperança descansa numa fé dormente.

Reicke escreve:

Precisamos observar que a discussão é sobre uma pessoa que apenas afirma ter fé, mas que não tem fé verdadeira, já que sua fé não se expressa em atos. O autor não questiona a fé em si, mas a concepção superficial desta que permite que a fé seja apenas uma concessão formal. Ele deseja destacar que um cristianismo de meras obras não leva à salvação.[13]

Cranfiel observa de maneira semelhante:

A chave para a compreensão da passagem é o fato (muitas vezes ignorado) de que, no versículo 14, [...] o autor não diz: "se alguém tiver fé", mas "se alguém disser que tem fé". Esse fato deveria controlar nossa interpretação de todo o parágrafo [...]. A essência dessa seção não é (como muitos supõem) que somos salvos por meio da fé e das obras, mas que nós somos salvos por meio de uma fé verdadeira, oposta à fé falsa.[14]

Tiago não pode estar ensinando que a salvação é adquirida por meio de obras, pois ele já descreveu a salvação como "boa dádiva" e "dom perfeito" concedidos quando "por sua decisão ele nos gerou pela palavra da verdade, a fim de sermos como que os primeiros frutos de tudo o que ele criou" (1:17-18). A fé é parte e parcela desse dom perfeito. É sobrenaturalmente concedida por Deus, não concebida independentemente na mente ou na vontade do cristão individual.

A FÉ QUE *NÃO* FUNCIONA

Como já observamos no capítulo 3, a fé não é um desejo melancólico, uma confiança cega, nem mesmo uma *"convicção interior"*, mas sim uma certeza sobrenatural, uma compreensão das realidades espirituais que "olho nenhum viu, ouvido nenhum ouviu, mente nenhuma imaginou o que Deus preparou para aqueles que o amam"; mas Deus a revelou a nós por meio do Espírito. O Espírito sonda todas as coisas, até mesmo as coisas mais profundas de Deus" (1Coríntios 2:9-10), e fé é um dom de Deus, não algo evocado por esforço humano, para que ninguém se glorie — nem mesmo de sua fé (cf. Efésios 2:8-9).

Na pergunta "De que adianta, meus irmãos, alguém dizer que tem fé, se não tem obras?" (v. 14), os verbos estão no presente e descrevem uma pessoa que rotineiramente alega ser cristão, mas continuamente deixa de apresentar evidências externas de fé. A pergunta: "Acaso a fé pode salvá-lo?" emprega a partícula grega negativa *me*, indicando que se espera uma resposta negativa. Poderia ser traduzida literalmente como: "Essa fé não pode salvá-lo, pode?" Tiago, como também o apóstolo João, questiona a autenticidade de uma profissão de fé que não produz nenhum fruto (cf. 1João 2:4, 6, 9). O contexto dá a entender que as "obras" das quais ele fala não são a tentativa de uma pessoa de garantir a vida eterna. São obras de compaixão (v. 15).

Nesse contexto, *fé* é claramente *fé salvadora* (v. 1). Tiago está falando da salvação eterna. Ele se referiu à "palavra implantada em vocês, a qual é poderosa para salvá-los" em 1:21. Aqui, ele tem em vista a mesma salvação. Ele não está discutindo a pergunta se a fé salva. Antes, está se opondo à noção de que a fé pode ser um exercício passivo, infértil e intelectual, e, mesmo assim, salvar. Precisamos supor que, onde não há obras, também não há fé. Nessa questão, Tiago apenas repete Jesus, que disse: "Vocês os reconhecerão por seus frutos. Pode alguém colher uvas de um espinheiro ou figos de ervas daninhas? Semelhantemente, toda árvore boa dá frutos bons, mas a árvore ruim dá frutos ruins. A árvore boa não pode dar frutos ruins, nem a árvore ruim pode dar frutos bons" (Mateus 7:16-18). Sem obras, não há fé. A fé verdadeira *inevitavelmente* produz obras da fé.

Nesse ponto, até mesmo Charles Ryrie parece ser um defensor da "salvação pelo senhorio":

Uma fé não operante, morta e espúria pode salvar uma pessoa? Tiago não está dizendo que somos salvos por obras, mas que uma fé que não produz boas obras é uma fé morta [...].

Uma fé não produtiva não pode salvar, pois não é uma fé genuína. Fé e obras são como uma passagem dupla para o céu. A passagem das obras não garante a entrada, e a passagem da fé não é válida se estiver separada das obras.[15]

Tiago acrescenta uma ilustração que compara a fé sem obras a uma compaixão falsa, a palavras sem ação: "Se um irmão ou irmã estiver necessitando de roupas e do alimento de cada dia e um de vocês lhe disser: 'Vá em paz, aqueça-se e alimente-se até satisfazer-se', sem porém lhe dar nada, de que adianta isso?" (2:15-16). A fé de um falso mestre é igualmente inútil: "Assim também a fé, por si só, se não for acompanhada de obras, está morta"(v. 17).

Tiago encerra com um desafio àqueles cuja profissão é suspeita: "Mas alguém dirá: 'Você tem fé; eu tenho obras.' Mostre-me a sua fé sem obras, e eu lhe mostrarei a minha fé pelas obras" (v. 18). Os comentaristas discordam sobre se "alguém" se refere a uma pessoa que objetou e quais partes do discurso a seguir devem ser atribuídas a esse "alguém"; e quais, a Tiago.[16] Qualquer que seja nossa leitura, a mensagem essencial de Tiago é clara: As únicas evidências possíveis da fé são as obras. Como alguém pode demonstrar sua fé sem obras? É impossível.

Barnes resume o sentido da passagem:

Tiago não estava argumentando contra a fé real e genuína, tampouco contra sua importância na justificação, mas contra a suposição de que a mera fé bastava para salvar um homem, estivesse ela acompanhada de boas obras ou não. *Ele* sustenta que, se houver uma fé genuína, ela sempre virá acompanhada de boas obras e que é apenas *essa* fé que pode justificar e salvar. Se ela não levar a nenhuma santidade prática na vida [...], ela não tem qualquer valor.[17]

Ortodoxia demoníaca

Tiago continua seu ataque contra a fé passiva com esta declaração chocante: "Você crê que existe um só Deus? Muito bem! Até mesmo os demônios creem — e tremem!" (v. 19). A doutrina ortodoxa por si só não é prova da fé salvadora. Os demônios afirmam a unidade de Deus e tremem diante das consequências disso, mas eles não são remidos. Mateus 8:29 fala de um grupo de demônios que reconheceu Jesus como Filho de Deus. Até demonstraram medo. Muitas vezes, os demônios reconhecem a existência e a autoridade de Cristo (Mateus 8:29-30; Marcos 5:7), sua deidade (Lucas 4:41) e até mesmo sua ressurreição (Atos 19:15), mas sua natureza diabólica não é transformada por aquilo que eles sabem e acreditam. Sua afirmação temerosa da doutrina ortodoxa não equivale à fé salvadora.

Tiago dá a entender que a fé demoníaca é maior do que a fé enganosa de um mestre falso, pois a fé demoníaca produz temor, enquanto aos olhos dos homens não salvos "é inútil temer a Deus" (Romanos 3:18). Se os demônios creem, tremem, mas não são salvos, o que isso diz sobre aqueles que afirmam crer, mas nem mesmo tremem? (cf. Isaías 66:2, 5).[18]

O puritano Thomas Manton resume perfeitamente a natureza sutilmente enganosa da ortodoxia estéril que constitui a fé demoníaca:

> É um consentimento nu e simples a coisas propostas na palavra de Deus, que dá mais conhecimento ao homem, mas não o torna melhor, nem mais santo, nem mais celestial. Aqueles que têm esse conhecimento podem crer nas promessas, nas doutrinas, nos preceitos e também nas histórias [...], mesmo assim, isso não é uma fé salvadora, pois aquele que a tem, tem um coração noivo de Cristo e de tal forma acredita nas promessas do evangelho referentes ao perdão dos pecados e à vida eterna que as busca como sua felicidade; e de tal forma crê nos mistérios da nossa redenção em Cristo que ele extrai toda sua esperança, paz e confiança dali; e de tal forma crê nas ameaças, seja de pragas temporais ou da perdição eterna, que, em comparação com elas, todas as coisas assustadores do mundo não são nada.[19]

Fé morta

Segue então a repreensão mais forte de Tiago até agora: "Insensato! Quer certificar-se de que a fé sem obras é inútil?" (2:20). Ele rotula o discordante de "insensato", que aqui significa "vazio, defeituoso". O homem é oco, pois falta-lhe uma fé viva; sua afirmação de que ele crê é enganosa; sua fé é uma fraude.

Hiebert escreve:

> "Quer certificar-se" (*theleis gnōnai*), "você está disposto a saber", indica uma recusa por parte do discordante de encarar a questão. Sua recusa de concordar com a verdade apresentada não se deve a uma obscuridade do tema, mas à sua relutância de reconhecer a verdade. O aoristo no infinitivo traduzido como "certificar-se" pode significar também "reconhecer" ou "admitir" e exige um ato definitivo de reconhecimento por parte do discordante. Sua recusa de fazê-lo indicaria uma perversão interna da vontade.[20]

Tanto "fé" quanto "obras" no versículo 20 apresentam artigos definidos no grego ("a fé sem as obras"). "Inútil" é *argē*, que significa "infértil, improdutivo". O sentido parece ser que ela é improdutiva para a salvação. A versão *King James* usa a palavra *morta*, e certamente é esse o sentido transmitido aqui (cf. vs. 17, 26). Uma ortodoxia morta não tem poder de salvação e pode até ser um obstáculo para a fé viva e verdadeira. Portanto, Tiago não está contrastando dois métodos de salvação (fé *versus* obras), mas sim contrastando dois tipos de fé: uma que salva e outra que não salva.

Tiago está simplesmente afirmando a verdade de 1João 3:7-10:

> Filhinhos, não deixem que ninguém os engane. Aquele que pratica a justiça é justo, assim como ele é justo. Aquele que pratica o pecado é do Diabo, porque o Diabo vem pecando desde o princípio. Para isso o Filho de Deus se manifestou: para destruir as obras do Diabo. Todo aquele que é nascido de Deus não pratica o pecado, porque a semente de Deus permanece nele; ele não pode estar no pecado, porque é nascido de Deus. Desta forma sabemos quem são os filhos de Deus e

quem são os filhos do Diabo: quem não pratica a justiça não procede de Deus, tampouco quem não ama seu irmão.

Uma conduta justa é o resultado inevitável da vida espiritual, portanto, uma fé que não produz essa conduta está morta.

Por razões de brevidade, não podemos analisar em detalhe os exemplos de fé viva da vida de Abraão e Raabe (2:21-25).[21] Quero, porém, apresentar um resumo da mensagem que Tiago pretende transmitir aqui: Abraão e Raabe, apesar de virem de polos opostos do espectro social e religioso, ambos estavam dispostos a sacrificar o que mais lhes importava por causa de sua fé, e essa submissão era prova de que sua fé era verdadeira.

O problema mais sério que encontramos nesses versículos é a pergunta referente ao sentido do versículo 24: "Vejam que uma pessoa é justificada por obras, e não apenas pela fé." Alguns acreditam que isso representa uma contradição a Paulo em Romanos 3:28: "Pois sustentamos que o homem é justificado pela fé, independente da obediência à Lei". João Calvino explicou essa dificuldade aparente:

> Parece-nos certo que [Tiago] está falando da manifestação, não da imputação de justiça, como se ele tivesse dito: Aqueles que são justificados pela fé demonstram sua justificação por meio de obediência e boas obras, não por meio de uma aparência nua e imaginária de fé. Em uma palavra: Ele não está discutindo o modo de justificação, mas exigindo que a justificação de todos os cristãos precisa ser operante. E assim como Paulo alega que os homens são justificados sem o apoio de obras, Tiago também não permite que uma pessoa seja considerada justificada se ela não apresentar boas obras. [...] Deixem-os distorcer as palavras de Tiago como quiserem, pois eles jamais extrairão delas mais do que duas proposições: que um fantasma de fé vazia não justifica e que o cristão, insatisfeito com tal imaginação, manifesta sua justificação por meio de boas obras.[22]

Tiago não está em conflito com Paulo. "Não são antagonistas que se enfrentam para cruzar espadas; estão lado a lado para enfrentar diferentes adversários do evangelho".[23] Como vimos em 1:17-18, Tiago afirmou que a salvação é um dom concedido segundo a vontade soberana de Deus, e agora ele está ressaltando a importância do fruto da fé — a conduta justa que a fé genuína sempre produz. Paulo também considerava a obra justa uma prova necessária da fé.

Aqueles que imaginam uma discrepância entre Tiago e Paulo raramente observam que foi Paulo que escreveu: "E então? Vamos pecar porque não estamos debaixo da Lei, mas debaixo da graça? De maneira nenhuma!" (Romanos 6:15); e: "Vocês foram libertados do pecado e tornaram-se escravos da justiça" (v. 18). Paulo condena o mesmo erro que Tiago expõe aqui; além disso, ele nunca defendeu um conceito de fé dormente.

Quando Paulo escreve: "ninguém será declarado justo diante dele baseando-se na obediência à Lei"(Romanos 3:20), ele

> está combatendo um legalismo judaico que insistia na necessidade de obras para a justificação; Tiago insiste na necessidade de obras na vida daqueles que foram justificados pela fé, e Paulo insiste que nenhum homem jamais conseguirá obter a justificação por meio de seus próprio esforços. [...] Tiago exige que um homem que já afirma estar num relacionamento correto com Deus por meio da fé precisa demonstrar por meio de uma vida de boas obras que ele se tornou nova criatura em Cristo, e Paulo concordava profundamente com isso. Paulo estava combatendo "obras" que excluíam e destruíam a fé salvadora; Tiago estava confrontando uma fé apática que menosprezava os resultados da fé salvadora na vida diária.[24]

Tiago e Paulo repetem a pregação de Jesus. A ênfase de Paulo está cheia do espírito de Mateus 5:3: "Bem-aventurados os pobres em espírito, pois deles é o Reino dos céus." O ensinamento de Tiago lembra Mateus 7:21: "Nem todo aquele que me diz: 'Senhor, Senhor', entrará no Reino dos céus, mas apenas aquele que faz a vontade de meu Pai que está nos céus". Paulo representa o início do Sermão do Monte; Tiago, seu final. Paulo declara que somos salvos pela fé *sem as obras da lei;* Tiago declara que somos salvos pela fé, *que se manifesta em obras.* Tanto Tiago como Paulo veem as boas obras como prova de fé — não como caminho para a salvação.

Tiago não poderia ser mais explícito. Ele está combatendo o conceito de uma "fé" passiva e falsa, que não apresenta os frutos da salvação, e também não está defendendo as obras como acréscimo ou algo separado da fé. Ele mostra por que e como a fé viva e verdadeira sempre funciona, e luta contra a ortodoxia morta e sua tendência de abusar da graça.

O erro que Tiago ataca lembra muito o ensino da teologia do não senhorio: é uma fé sem obras; justificação sem santificação; salvação sem vida nova.

Novamente, Tiago repete as palavras do próprio Mestre, que insistiu numa teologia de senhorio que envolvia obediência, não testemunho vazio. Jesus repreendeu os desobedientes que se ligavam a ela apenas nominalmente: "Por que vocês me chamam 'Senhor, Senhor' e não fazem o que eu digo?" (Lucas 6:46). Disse que lealdade verbal não dará acesso ao céu a ninguém (Mateus 7:21).

Isso está em perfeita harmonia com Tiago: "Sejam praticantes da palavra, e não apenas ouvintes, enganando-se a si mesmos" (1:22); pois "a fé, por si só, se não for acompanhada de obras, está morta" (2:17).[25]

CAPÍTULO 10

Um antegosto da glória

O cristão não pode perder os hábitos, as sementes, a raiz da graça; mas ele pode perder a certeza, que é a beleza e o aroma, a coroa e a glória da graça, 1João 3:9; 1Pedro 1:5. Esses dois amantes, a graça e a certeza, foram tão intimamente ligados por Deus para que o pecado por nossa parte e a justiça por parte de Deus não nos separassem. A união desses dois amantes, da graça e da certeza, dará à alma dois céus, um céu de alegria e paz aqui e um céu de felicidade e bênção no além; mas a separação desses dois amantes lançará a alma num inferno aqui, mesmo que escape do inferno no além. Crisóstomo sabia muito bem disso quando professou que a falta de se deleitar em Deus seria um inferno muito maior para ele do que a experiência de qualquer castigo.

THOMAS BROOKS[1]

É POSSÍVEL TER CERTEZA PLENA DA nossa salvação? O cristão pode descansar na confiança firme e fundamentada de que ele é remido e que está a caminho do céu eterno?

A resposta das Escrituras é um categórico "sim". Além de a Bíblia ensinar que o cristão pode ter essa certeza nesta vida, o apóstolo Paulo deu também a seguinte ordem: "Portanto, irmãos, empenhem-se ainda mais para consolidar o chamado e a eleição de vocês" (2Pedro 1:10). Certeza não é um privilégio, é o direito de nascença e herança sagrada de cada filho verdadeiro de Deus, por isso somos instruídos a *cultivar* a certeza, não tê-la como certa.

A certeza é um gosto do céu na terra. Fanny Crosby expressou essa verdade num hino famoso:

Certeza abençoada, Jesus é meu!
Oh, que antegosto da glória divina!

O puritano Thomas Brooks observou a mesma realidade e deu ao seu livro sobre certeza o título *Heaven on Earth* [Céu na Terra]. Possuir a certeza genuína significa experimentar um pouco do êxtase divino deste lado do céu. Quanto maior nosso senso de certeza, mais apurado nosso paladar que nos permite saborear essa glória nesta vida terrena.

Muitas vezes, os críticos alegam que a salvação por senhorio torna a certeza pessoal impossível. Isso não é verdade, mas a controvérsia do senhorio certamente tem implicações sérias para a questão da certeza. Em decorrência disso, a certeza tem emergido como um dos temas principais na discussão. Apesar de eu quase não ter tocado o tema em meu livro anterior,[2] o diálogo subsequente pareceu convergir inevitavelmente para a pergunta sobre se e como o cristão pode ter certeza de que está na fé.

Creio que esta seja uma boa direção a ser seguida pela discussão. No cristianismo contemporâneo, a certeza é ou ignorada ou reivindicada por pessoas que não têm direito a ela. Muitas pessoas acreditam que são salvas simplesmente porque alguém as convenceu disso, mas não examinam a si mesmas, não submetem sua certeza ao teste da Palavra de Deus e aprendem que dúvidas relacionadas à sua salvação só podem prejudicar sua saúde e seu crescimento espirituais. No entanto, multidões de pessoas não apresentam qualquer evidência de saúde ou crescimento espirituais.

Certeza na Reforma

Mais uma vez, a controvérsia moderna sobre o senhorio toca em um assunto que ocupava o centro da Reforma protestante. A igreja católica romana negava — e nega até hoje — que qualquer pessoa na Terra pode ter a certeza da salvação. Já que a teologia católica vê a salvação como um esforço comum entre Deus e o pecador, o resultado precisa estar em xeque até o fim. Se uma pessoa fracassa espiritualmente antes da consumação da salvação, perde a vida eterna; então, já que ninguém pode saber se terá a força para perseverar até o fim, ninguém pode ter certeza do céu.[3]

Os reformadores, por sua vez, ensinavam que os cristãos podem e devem ter certeza plena da salvação — inclusive, os primeiros reformadores chegaram até a definir a fé de modo que ela incluía a certeza. A definição de fé apresentada por Calvino é citada com frequência: "A fé é um conhecimento firme e certo da boa vontade de Deus para conosco e, fundamentada na promessa gratuita em Jesus Cristo, é revelada ao nosso entendimento e selada em nosso coração pelo Espírito Santo."[4] Calvino destacou a fé como *conhecimento*, ao contrário da ideia dos escolásticos católicos de que a fé é uma confiança ingênua oposta ao conhecimento, incluindo, assim a certeza em sua definição da fé.

Em outras palavras, Calvino ensinava que a *certeza é a essência da fé*, e isso significa que, no momento em que alguém confia em Cristo para sua salvação, essa pessoa tem *alguma* percepção de certeza. Como já observamos no capítulo 3, Hebreus 11:1 diz: "Pela fé Moisés, recém-nascido, foi escondido durante três meses por seus pais, pois estes viram que ele não era uma criança comum, e não temeram o decreto do rei". Assim, parece estar claro que, segundo as Escrituras, uma medida de certeza *é* inerente à fé.

Muitas vezes, porém, a certeza da fé é obscurecida pela dúvida. Calvino reconheceu também que a dúvida pode coexistir com a fé verdadeira. Nesse sentido, ele escreveu: "Quando dizemos que a fé precisa ser certa e segura, evidentemente não estamos falando de uma certeza que nunca é afetada pela dúvida, nem de uma segurança que nunca é assaltada pela ansiedade; ao contrário, afirmamos que os cristãos enfrentam uma luta perpétua contra sua própria desconfiança e, por isso, estão longe de pensar que suas consciências possuem uma tranquilidade plácida, isenta de perturbação [angústia]."[5]

As Escrituras estão claramente do lado de Calvino. Alguma certeza faz parte da essência da fé, mas acreditar não resulta necessariamente em certeza *plena*. "Creio, ajuda-me a vencer a minha incredulidade!" (Marcos 9:24) é uma expressão sincera do coração de cada recém-convertido. Até mesmo os apóstolos imploraram a Jesus: "Aumenta a nossa fé!" (Lucas 17:5).

Teólogos reformados posteriores, reconhecendo que muitas vezes a certeza falta aos cristãos autênticos, negaram que *qualquer* certeza é implícita à fé. Nesse ponto, discordavam de Calvino, o qual, argumentando contra Roma, queria ressaltar a possibilidade da certeza imediata. Os reformadores posteriores, lutando contra tendências antinomianas em seu movimento, queriam destacar a importância da evidência prática na vida dos cristãos.

A Confissão de Fé de Westminster, redigida em 1646, estabeleceu uma distinção entre fé e certeza. A Confissão incluiu as seguintes linhas:

[Capítulo 18] III. Esta segurança infalível *não pertence de tal modo à essência da fé, que um verdadeiro crente, antes de possuí-la, não tenha de esperar muito e lutar com muitas dificuldades*; contudo, sendo pelo Espírito habilitado a conhecer as coisas que lhe são livremente dadas por Deus, ele pode alcançá-la sem revelação extraordinária, no devido uso dos meios ordinários. É, pois, dever de cada fiel fazer toda a diligência para tornar certas a sua vocação e eleição. (Grifos meus)

Em outras palavras, a Confissão ensinava que a certeza é algo distinto da fé; sendo assim, uma pessoa pode tornar-se um cristão autêntico, mas permanecer incerto da salvação. Para os teólogos de Westminster, a certeza era possível — até mesmo altamente desejável —, mas não automática. Eles acreditavam que alguns cristãos precisam "esperar muito" e lutar com Deus antes de ele lhes conceder a certeza. A maioria dos *puritanos* (reformadores ingleses do século XVII) compartilhavam dessa visão com relação à certeza.

Assim, de um lado, Calvino tendia a estabelecer fundamentos completamente *objetivos* para a certeza, incentivando os cristãos a contemplarem as promessas das Escrituras para que adquirissem um senso de certeza pessoal. De outro, os puritanos tendiam a ressaltar os meios *subjetivos* de estabelecer a certeza, aconselhando as pessoas a examinarem as evidências de sua eleição em suas vidas e sua conduta.[6]

Na verdade, alguns puritanos levaram seu ensino sobre a certeza a extremos implausíveis. Tendiam ao misticismo nesse assunto, indicando que a certeza era algo que Deus concede de modo sobrenatural em seu tempo e em medidas especiais para santos seletos — quase como uma visão celestial que nos assalta ou uma obra adicional da graça. A maioria dos puritanos ensinava que os cristãos podiam esperar a certeza apenas muito tempo após a conversão e apenas após uma vida de muita fidelidade.[7] Para eles, a certeza dependia da capacidade do cristão de viver um nível quase inalcançável de santidade pessoal. Aprendi muito com a leitura de suas obras, mas, muitas vezes, pergunto-me quantos deles conseguiam viver de acordo com os padrões que eles mesmos estabeleceram.

Como era de se esperar, a pregação exigente dos puritanos gerou uma grande *falta* de certeza entre seus rebanhos. Os cristãos ficaram obcecados com o questionamento sobre se eles eram realmente eleitos, e muitos caíram em uma introspecção mórbida e em profundo desespero. Isso explica por que uma parte tão grande da literatura puritana foi escrita para pessoas que lutam com a questão da certeza.

Hoje, porém, a certeza raramente é tematizada. Poucos cristãos professos parecem sofrer com a falta de certeza porque, normalmente, a pregação evangelística não chama para uma vida santa. Evangelistas e conselheiros tentam afastar dúvidas referentes à salvação declarando-as sem fundamento ou ensinando os convertidos a verem toda dúvida como um ataque do inimigo. Os pregadores têm tanto medo de abalar a confiança das pessoas que parecem se esquecer de que a certeza *falsa* é um problema mais sério do que a *falta* de certeza (cf. Mateus 7:21-23).

Certamente existe um meio-termo. As Escrituras encorajam os *cristãos verdadeiros* com a promessa da certeza plena e, ao mesmo tempo, tentam destruir o senso falso de segurança daqueles que professam a fé falsamente. O senso de certeza de um cristão verdadeiro não deve acompanhar os altos e baixos das emoções; a certeza deve ser uma âncora também em meio às dificuldades da vida. Todavia, uma pessoa que professa a fé falsamente não tem direito à certeza. Não seriam essas as duas ênfases que nossa pregação deveria refletir? Podemos recuperar a compreensão bíblica referente à certeza?

Precisamos. É aqui que o debate do senhorio afeta quase todo cristão no nível mais prático. Se confundirmos a questão da certeza, teremos multidões de um lado cujas vidas espirituais são destruídas pela dúvida e, de outro, multidões que esperam ser arrebatadas para o céu, mas que ficarão devastadas quando ouvirem o Senhor dizer: "Nunca os conheci. Afastem-se de mim" (Mateus 7:23).

A certeza é objetiva ou subjetiva?

A diferença entre Calvino e os puritanos levanta uma pergunta que diz respeito à essência do debate sobre o senhorio: os cristãos devem buscar certeza agarrando-se apenas às promessas *objetivas* das Escrituras ou também por meio do autoexame *subjetivo*? Se optarmos apenas pelas promessas objetivas, aqueles que professam a fé em Cristo e, ao mesmo tempo, o negam por meio de seus atos (cf. Tito 1:16) podem reivindicar para si uma certeza à qual eles não têm direito. Mas se dissermos que a certeza só pode ser alcançada por meio de um autoexame subjetivo, a certeza plena se torna praticamente impossível e faz da certeza uma questão totalmente mística.

Aqueles que defendem uma abordagem subjetiva dirão que as Escrituras exigem claramente um autoexame. Somos instruídos a nos examinarmos continuamente — pelo menos, sempre que participarmos da Ceia do Senhor (1Coríntios 11:28). Paulo lança esse desafio também à igreja em Corinto: "Examinem-se para ver se vocês estão na fé; provem-se a si mesmos. Não percebem que Cristo Jesus está em vocês? A não ser que tenham sido reprovados" (2Coríntios 13:5). É evidente que Paulo estava lidando aqui com a questão da certeza. Os coríntios deveriam se examinar *para ver se "estão na fé"*.

Mas que tipo de autoexame Paulo estava exigindo? Qual era o "teste" pelo qual os coríntios deveriam passar? O apóstolo os estava aconselhando a olhar para dentro de si e ancorar sua certeza em sua própria bondade? Estava ele desafiando-os a se lembrarem de alguma situação de fé na qual pudessem fixar suas esperanças? Ou ele estava sugerindo que deveriam examinar suas obras e depositar sua confiança em suas conquistas espirituais?

Nenhuma dessas sugestões focaliza adequadamente a pergunta pelo tipo de autoexame. Obras conseguem garantir certeza genuína tão pouco quanto podem servir como base para a salvação eterna — afinal de contas, obras externas podem ser realizadas até mesmo por não cristãos. Por outro lado, como vimos, até mesmo os cristãos mais espirituais encontram pecado dentro de si, portanto, as obras de nenhuma pessoa satisfazem o padrão de perfeição de Deus. Nesse sentido, os professores do não senhorio estão corretos: aqueles que olham apenas para den-

O EVANGELHO SEGUNDO OS APÓSTOLOS

tro de si para fundamentar sua certeza viverão uma vida de frustração. Uma certeza consistente não pode ser encontrada em nenhuma obra. Se precisarmos firmar nossa certeza exclusivamente em algo dentro de nós ou em nossa experiência, nossa confiança permanecerá firmada num fundamento inadequado.[8] Essa abordagem à certeza é *subjetiva demais*. Mas o ensino do não senhorio oferece esta alternativa:

As promessas de Deus bastam para a certeza. Nossas obras podem ter valor confirmatório, mas elas não são essenciais à certeza. Qualquer cristão pode ter 100% de certeza de sua salvação se olhar apenas para as promessas que a Palavra de Deus dá ao cristão.

É possível ter muita certeza da salvação e, mesmo assim, estar em pecado. O pecado, apesar de ser uma coisa lamentável, não enfraquece necessariamente a certeza. Todavia, se o pecado levar a pessoa a desviar seus olhos das promessas de Deus, ele consegue enfraquecer a certeza.[9]

Então, segundo o ensinamento do não senhorio, enquanto uma pessoa se agarrar às *promessas objetivas* da Palavra de Deus, nenhum pecado pode abalar a certeza desse indivíduo. Alguém que decide "viver em pecado" pode fazê-lo com a plena certeza da fé.[10]

Mas esse extremo não pode ser apoiado prática *nem* biblicamente. Hebreus 10:22 diz explicitamente que, a fim de possuirmos a "plena convicção de fé", precisamos ter nossos "corações aspergidos para nos purificar de uma consciência culpada". 2Pedro 1:5-10 apresenta uma lista de virtudes espirituais essenciais à salvação: fé, moralidade, excelência, conhecimento, controle próprio, perseverança, santidade, bondade fraternal e amor. "Todavia, se alguém não as tem, está cego, só vê o que está perto, *esquecendo-se da purificação dos seus antigos pecados*" (v. 9; grifo meu).

Aqueles que "vivem no pecado" podem convencer-se em sua *mente* de que a salvação é certa, mas se seu coração e sua consciência não estiverem totalmente causticados, eles terão que admitir que o pecado destrói sua certeza. A abordagem do não senhorio é *objetiva demais*.

Quais são os fundamentos bíblicos para a certeza?

A Bíblia sugere que uma certeza bem fundamentada tem apoio objetivo e subjetivo.[11] O fundamento objetivo é *a obra consumada de Cristo em nosso lugar*, inclusive as promessas das Escrituras, que têm seu amém nele (2Coríntios 1:20). O fundamento subjetivo é *a obra continuada do Espírito Santo na nossa vida*, inclusive seus ministérios de convicção e santificação. Romanos 15:4 menciona ambos os aspectos da certeza: "Pois tudo o que foi escrito no passado, foi escrito para nos ensinar, de forma que, por meio da *perseverança* [subjetivo] *e do bom ânimo procedentes das Escrituras* [objetivo], mantenhamos a nossa esperança."

Os fundamentos objetivo e subjetivo da nossa certeza são aplicados pelo Espírito Santo, que "testemunha ao nosso espírito que somos filhos de Deus" (Romanos 8:16).

A base objetiva para a nossa certeza inclui a verdade da justificação por meio da fé, a promessa de que Cristo jamais nos abandonará (Hebreus 13:5), a garantia da nossa segurança em Cristo (Romanos 8:38-39) e todas as verdades objetivas da Palavra de Deus nas quais nossa fé se fundamenta. A pergunta objetiva indaga: "Você crê?" Se você *realmente* crê, pode ter certeza de sua salvação (Jo 3:16; At 16:31).

A pergunta subjetiva indaga: "Sua fé é real?" Essa é a pergunta que Paulo estava fazendo em 2Coríntios 13:5.

Aqui voltamos ao questionamento que levantamos anteriormente, mas ao qual ainda não respondemos: Que *tipo* de autoexame Paulo pedia naquele versículo? Sabemos que ele não estava sugerindo que os cristãos encontrassem certeza em si mesmos ou em suas obras. Qual, então, é o teste pelo qual precisamos passar?

Paulo havia indicado a resposta vários capítulos antes na mesma epístola. Em 2Coríntios 3:18, ele escreveu: "E todos nós, que com a face descoberta contemplamos a glória do Senhor, segundo a sua imagem estamos sendo transformados com glória cada vez maior, a qual vem do Senhor, que é o Espírito." Quando cristãos verdadeiros olham para o espelho da Palavra de Deus (cf. Tiago 1:23), eles devem ver o reflexo da glória do Senhor. É um reflexo turvo. "Agora, pois, vemos apenas um reflexo obscuro, como em espelho; mas, então, o veremos face a face. Agora conheço em parte; então, conhecerei plenamente, da mesma forma como sou plenamente conhecido" (1Coríntios 13:12). Mas é esse reflexo obscuro de *sua* glória — não algo inerente a nós — a base subjetiva da nossa certeza.

Até Calvino reconheceu um fundamento subjetivo para a certeza, mesmo não sendo esta uma das principais ênfases de seu ensino. Ao mesmo tempo em que ressaltava que todas as obras são não meritórias, Calvino disse que as boas obras dos cristãos são "dons divinos em que [cristãos] reconhecem a bondade e os sinais de chamado [de Deus], nos quais eles discernem sua eleição".[12] São a obra de *Deus* em nós, não conquistas nossas. Nesse mesmo contexto, Calvino cita uma oração de Agostinho: "Elogio não as obras de minhas mãos, pois temo que, quando as examinares, encontrarás nelas mais falhas do que méritos. Digo, peço, desejo apenas: não despreza as obras de tuas mãos. Vê em mim a tua obra, não a minha. Se vires as minhas, as condenarás; se vires as tuas, tu as coroas. Quaisquer que sejam as boas obras que tenho, elas são tuas" (Augst. In Ps. Cxxxvii).[13]

A glória de Deus — embora apenas um reflexo obscuro dessa glória — é o que veremos no espelhos se formos cristãos verdadeiros. Este é o teste que Paulo apresentou aos coríntios: Você consegue ver a glória de Cristo refletida em você — mesmo que apenas um pouquinho? "Examinem-se para ver se vocês estão na fé; provem-se a si mesmos. *Não percebem que Cristo Jesus está em vocês?* A não ser que tenham sido reprovados" (2Coríntios 13:5). A imagem de Cristo em nós fornece o fundamento subjetivo para a nossa certeza. Em outras palavras: Cristo em você é a esperança da glória (cf. Colossenses 1:27).

Para que vocês saibam

As epístolas do Novo Testamento oferecem material sobre a certeza da salvação suficiente para encher volumes de comentários. Num livro deste tipo não é possível apresentar uma visão completa da doutrina da certeza do Novo Testamento. Até mesmo a pequena epístola de 1João, escrita para lidar justamente com a questão da certeza, é tão rica em material que não podemos fazer jus a ela nestas poucas páginas. Mas quero ressaltar alguns dos pontos dessa epístola preciosa e seu ensinamento claro sobre esse tema. Não existe outra passagem nas Escrituras que enfrenta a teologia do não senhorio com mais força do que esta carta sucinta, mas poderosa.

João declara seu propósito abertamente em 1João 5:13: "Escrevi-lhes estas coisas, a vocês que creem no nome do Filho de Deus, *para que vocês saibam que têm a vida eterna*" (grifo meu). Aqui, o apóstolo revela sua intenção. Ele não está tentando levar os cristãos à *dúvida*; na verdade, João quer que eles tenham certeza plena. O que ele tem a dizer não abalará os cristãos autênticos; mas certamente deveria alarmar aqueles que nutrem um senso falso de certeza.

Observe que o apóstolo postula a fé em Cristo como fundamento de toda certeza: "Escrevi-lhe estas coisas, a vocês que creem [...]." Não há espaço para autoexame fora da fé em Cristo. Assim, tudo que João diz sobre a certeza é precedido pela fé em Cristo e pelas promessas das Escrituras.[14]

Em toda essa epístola, o apóstolo João mantém um equilíbrio cuidadoso entre os fundamentos objetivos e subjetivos da certeza. As evidências objetivas representam um teste *doutrinário;* já as evidências subjetivas não são um teste de obras, mas sim um teste *moral.* João altera entre os dois tipos de testes, e aqui estão as provas de que, segundo ele, se evidenciarão em todo cristão autêntico:

Cristãos verdadeiros andam na luz

"Se afirmarmos que temos comunhão com ele, mas andamos nas trevas, mentimos e não praticamos a verdade. Se, porém, andarmos na luz, como ele está na luz, temos comunhão uns com os outros, e o sangue de Jesus, seu Filho, nos purifica de todo pecado" (1João 1:6-7). Em toda a Bíblia, a luz é usada como metáfora para a verdade — tanto intelectual quanto moral.

Salmos 119:105 diz: "A tua palavra é lâmpada que ilumina os meus passos e luz que clareia o meu caminho". O versículo 130 acrescenta: "A explicação das tuas palavras ilumina e dá discernimento aos inexperientes." Provérbios 6:23 diz: "Pois o mandamento é lâmpada, a instrução é luz." Todos esses versículos falam da verdade como algo que pode ser *conhecido* e *obedecido*. Ela é de natureza moral e doutrinal. A luz de toda verdade é encarnada em Cristo, que disse: "Eu sou a luz do mundo.

Quem me segue, nunca andará em trevas, mas terá a luz da vida" (João 8:12).

Andar na escuridão é a antítese de seguir a Cristo. Todas as pessoas não salvas andam na escuridão; mas os cristãos foram libertos para a luz: "Porque outrora vocês eram trevas, mas agora são luz no Senhor. Vivam como filhos da luz" (Efésios 5:8). "Mas vocês, irmãos, não estão nas trevas" (1Tessalonicenses 5:4). "Andar na luz" significa viver na esfera da verdade. Assim, todos os cristãos verdadeiros andam na luz — mesmo quando pecam. Quando pecamos, "o sangue de Jesus [...] nos purifica" (1João 1:7). O tempo verbal aqui indica que o sangue de Cristo nos purifica *continuamente*, isto é, quando pecamos, já estamos sendo purificados, de modo que as trevas jamais obscurecem a luz em que vivemos (cf. 1Pedro 2:9).

"Andar na luz" descreve uma realidade posicional e uma realidade prática. Confiar em Jesus Cristo significa andar na luz, e andar na luz significa seguir a luz e viver em conformidade. Assim, nesse primeiro teste, o apóstolo nos aponta para fundamentos tanto *objetivos* como *subjetivos*. Para determinar se andamos na luz, precisamos responder à pergunta objetiva "Eu creio?" e à pergunta subjetiva "A minha fé é real?"

Cristãos verdadeiros confessam seus pecados

> Se afirmarmos que estamos sem pecado, enganamos a nós mesmos, e a verdade não está em nós. Se confessarmos os nossos pecados, ele é fiel e justo para perdoar os nossos pecados e nos purificar de toda injustiça. Se afirmarmos que não temos cometido pecado, fazemos de Deus um mentiroso, e a sua palavra não está em nós. Meus filhinhos, escrevo-lhes estas coisas para que vocês não pequem. Se, porém, alguém pecar, temos um intercessor junto ao Pai, Jesus Cristo, o Justo (1João 1:8—2:1).

A palavra para "confessar" (*homologeō*, em grego) significa "dizer a mesma coisa". "Confessar nossos pecados" significa concordar com Deus no que diz respeito a eles. Essa é uma característica de todos os cristãos verdadeiros: eles concordam com Deus no que diz respeito aos seus pecados. Isso significa que eles odeiam seus pecados; eles não os amam.

Reconhecem que são pecaminosos, mas sabem que foram perdoados e que têm um Intercessor junto ao Pai (2:1).

Aqui, o apóstolo parece estar sugerindo um teste *objetivo* para a certeza: "Você crê?" Mais especificamente: "Você concorda com aquilo que Deus tem dito sobre seu pecado?"

A verdadeira certeza da salvação sempre vem acompanhada de uma consciência de nossa própria pecaminosidade. Na verdade, quanto mais certos estamos da nossa salvação, mais profunda se torna nossa consciência do nosso pecado. John Owen escreveu: "Um homem, então, pode ter um senso profundo de seu pecado em todos os seus dias, andar nessa consciência continuamente, desdenhar a si mesmo por sua ingratidão, descrença e rebelião contra Deus sem que sua certeza seja abalada."[15] Essa ideia pode parecer paradoxal, mas é exatamente isso que impede que o cristão caia em total desespero. *Sabemos* que somos pecadores e concordamos com Deus com relação a isso. Não nos surpreendemos quando descobrimos pecado em nossa vida, mesmo assim, nós o odiamos. Sabemos que fomos perdoados e purificados e que Cristo é nosso Intercessor. Longe de usar esse conhecimento para justificar nosso pecado, porém, vemos isso como motivação para mortificar ainda mais o pecado: "Escrevo-lhes estas coisas *para que vocês não pequem*" (2:1, grifo meu).

Cristãos verdadeiros guardam seus mandamentos

"Sabemos que o conhecemos, se obedecemos aos seus mandamentos. Aquele que diz: 'Eu o conheço', mas não obedece aos seus mandamentos, é mentiroso, e a verdade não está nele" (2:3-4). "Assim sabemos que amamos os filhos de Deus: amando a Deus e obedecendo aos seus mandamentos. Porque nisto consiste o amor a Deus: em obedecer aos seus mandamentos. E os seus mandamentos não são pesados" (5:2-3).

Aqui, o apóstolo foca no fundamento *subjetivo* da certeza e está nos incitando a fazer a seguinte pergunta: "Minha fé é real?" Podemos ter certeza de que viemos a conhecê-lo da seguinte forma: obedecemos aos seus mandamentos. É um teste de obediência. A palavra grega traduzida como "obedecer" em 2:3-4 transmite a ideia de uma obediência atenta e observante. Não se trata de uma obediência que resulta apenas de pressão externa; na verdade, é a obediência voluntária de quem observa os mandamentos divinos como se fossem artefatos preciosos que precisam ser protegidos.

Em outras palavras, trata-se de uma obediência motivada pelo amor. O versículo 5 do capítulo 2 o diz claramente: "Se alguém obedece à sua palavra, nele verdadeiramente o amor de Deus está aperfeiçoado. Desta forma sabemos que estamos nele."

Aqueles que alegam conhecer Deus, mas desdenham seus mandamentos, são mentirosos (v. 4). "Eles afirmam que conhecem a Deus, mas por seus atos o negam; são detestáveis, desobedientes e desqualificados para qualquer boa obra" (Tito 1:16).

Cristãos verdadeiros amam os irmãos

Este teste e o anterior estão intimamente vinculados: "Desta forma sabemos quem são os filhos de Deus e quem são os filhos do Diabo: quem não pratica a justiça não procede de Deus, tampouco quem não ama seu irmão" (1João 3:10). "Quem afirma estar na luz mas odeia seu irmão, continua nas trevas. Quem ama seu irmão permanece na luz, e nele não há causa de tropeço. Mas quem odeia seu irmão está nas trevas e anda nas trevas; não sabe para onde vai, porque as trevas o cegaram" (2:9-11). "Sabemos que já passamos da morte para a vida porque amamos nossos irmãos. Quem não ama permanece na morte. Quem odeia seu irmão é assassino, e vocês sabem que nenhum assassino tem a vida eterna em si mesmo" (3:14-15). "Assim sabemos que amamos os filhos de Deus: amando a Deus e obedecendo aos seus mandamentos" (5:2).

A razão pela qual sabemos que esses dois testes estão intimamente vinculados é que o amor cumpre perfeitamente a lei. "Aquele que ama seu próximo tem cumprido a Lei" (Romanos 13:8). Amar a Deus e amar ao próximo cumpre toda a lei moral. Jesus disse: "Ame o Senhor, o seu Deus, de todo o seu coração, de toda a sua alma e de todo o seu entendimento.' Este é o primeiro e maior mandamento. E o segundo é semelhante a ele: 'Ame o seu próximo como a si mesmo.' Destes dois mandamentos dependem toda a Lei e os Profetas" (Mateus 22:37-40).

O amor pelos irmãos em Cristo é uma evidência especialmente importante da fé genuína. O ponto não é que o amor é intrínseco a nós ou algo que resulta da nossa própria bondade. "Amados, amemos uns aos outros, *pois o amor procede de Deus*. Aquele que ama é nascido de Deus e conhece a Deus" (1João 4:7, grifo meu). O amor que é evidência da fé verdadeira é o amor de *Deus*, que está sendo aperfeiçoado em nós: "Ninguém jamais viu a Deus; se amarmos uns aos outros, Deus permanece em nós, e o seu amor está aperfeiçoado em nós" (4:12). Mais uma vez, é esse reflexo obscuro da glória divina em nós que fornece o fundamento subjetivo da nossa certeza.

Cristãos verdadeiros afirmam a sã doutrina
Aqui, retornamos para o fundamento objetivo:

> Mas vocês têm uma unção que procede do Santo, e todos vocês têm conhecimento. Não lhes escrevo porque não conhecem a verdade, mas porque vocês a conhecem e porque nenhuma mentira procede da verdade. Quem é o mentiroso, senão aquele que nega que Jesus é o Cristo? Este é o anticristo: aquele que nega o Pai e o Filho. Todo o que nega o Filho também não tem o Pai; quem confessa publicamente o Filho tem também o Pai" (2:20-23).
>
> Vocês podem reconhecer o Espírito de Deus deste modo: todo espírito que confessa que Jesus Cristo veio em carne procede de Deus [...]. Nós viemos de Deus, e todo aquele que conhece a Deus nos ouve; mas quem não vem de Deus não nos ouve. Dessa forma reconhecemos o Espírito da verdade e o espírito do erro" (4:2, 6).

João estava escrevendo sua Primeira Epístola em oposição a uma forma primitiva da heresia gnóstica, que negava que Jesus Cristo era plenamente Deus e plenamente humano. Ele estava dizendo que ninguém que é verdadeiramente salvo pode cair no erro ou na heresia séria de negar a Cristo. Por quê? Porque "vocês têm uma unção que procede do Santo, [e] a unção que receberam dele permanece em vocês, e não precisam que alguém os ensine; mas, como a unção dele recebida, que é verdadeira e não falsa, os ensina acerca de todas as coisas, permaneçam nele como ele os ensinou" (2:20, 27). Repito: É a obra divina em nós, não nossa própria capacidade ou conquista que fornece uma base sã para a nossa certeza.

E quanto àqueles que abandonam completamente a sã doutrina? João responde de forma explícita a essa pergunta: "Eles saíram do nosso meio, mas na realidade não eram dos nossos, pois, se fossem dos nossos, teriam permanecido conosco; o fato de terem saído mostra que nenhum deles era dos nossos" (2:19). Nesse ponto, o ensinamento do não senhorio contradiz grosseiramente às Escrituras (cf. *SGS*, p. 141; *AF*, p. 111). Aqueles que se desviam e negam Cristo provam apenas que sua fé jamais foi genuína. Examinaremos essa ideia mais de perto no capítulo 11.

Cristãos verdadeiros buscam a santidade

"Se vocês sabem que ele é justo, saibam também que todo aquele que pratica a justiça é nascido dele" (1João 2:29). "Todo aquele que nele tem esta esperança purifica-se a si mesmo, assim como ele é puro. Todo aquele que pratica o pecado transgride a Lei; de fato, o pecado é a transgressão da Lei" (1João 3:3-4).

> Todo aquele que nele permanece não está no pecado. Todo aquele que está no pecado não o viu nem o conheceu. Filhinhos, não deixem que ninguém os engane. Aquele que pratica a justiça é justo, assim como ele é justo. Aquele que pratica o pecado é do Diabo, porque o Diabo vem pecando desde o princípio. Para isso o Filho de Deus se manifestou: para destruir as obras do Diabo. Todo aquele que é nascido de Deus não pratica o pecado, porque a semente de Deus permanece nele; ele não pode estar no pecado, porque é nascido de Deus (1João 3:6-9).

Esses versículos já deixaram muitas pessoas perplexas. A chave para sua compreensão é a definição do pecado em 3:4: "Pecado é a transgressão da Lei." A palavra grega para "transgressão da Lei" é *anomia*, que significa literalmente "sem lei" e descreve aqueles que levam vidas imorais, ímpias e injustas na forma de uma prática contínua. Eles odeiam a justiça de Deus e vivem perpetuamente como se fossem soberanos à lei de Deus. Isso não pode ocorrer com um cristão verdadeiro.

É evidente que o teste da salvação que o apóstolo propõe aqui *não* é a perfeição sem pecado. Afinal de contas, ele iniciou sua epístola dizendo: "Se afirmarmos que estamos sem pecado, enganamos a nós mesmos, e a verdade não está em nós" (1:8).

Tampouco está debatendo a frequência, duração ou magnitude dos nossos pecados. Como observamos no capítulo 8, todos os cristãos pecam. O que João está dizendo aqui tem a ver com nossa postura com relação ao pecado e à justiça, com a reação do nosso coração quando pecamos e com a direção geral da nossa caminhada.

O teste é o seguinte: qual é o objeto do nosso afeto — pecado ou justiça? Se seu amor principal é o pecado, então você é "do Diabo" (3:8, 10). Se você ama e pratica a justiça, nasceu de Deus (2:29). Qual é a direção do seu afeto? Como escreveu John Owen de modo bem apropriado: "Seu estado não deve ser medido pela oposição do pecado a você, mas pela sua oposição ao pecado."[16]

Aqueles que se agarram à *promessa* da vida eterna, mas nada fazem pela santidade de Cristo, não podem ter certeza de nada. Essas pessoas não creem verdadeiramente. Ou a "fé" que professam em Cristo é uma fraude, ou elas estão simplesmente enganadas. Se elas realmente tiverem sua esperança firmada em Cristo, se purificarão, assim como ele é puro (3:3).

Cristãos verdadeiros têm o Espírito Santo

Este é o teste maior que inclui todos os outros: o Espírito Santo mora em você?[17] Em 1João, lemos: "Sabemos que permanecemos nele, e ele em nós, porque ele nos deu do seu Espírito" (4:13). "Quem crê no Filho de Deus tem em si mesmo esse testemunho. Quem não crê em Deus o faz mentiroso, porque não crê no testemunho que Deus dá acerca de seu Filho. E este é o testemunho: Deus nos deu a vida eterna, e essa vida está em seu Filho" (5:10-11).

Encontramos nesses versículos um eco da teologia paulina. Paulo escreveu: "O próprio Espírito testemunha ao nosso espírito que somos filhos de Deus" (Romanos 8:16). As Escrituras dizem: "Qualquer acusação precisa ser confirmada pelo depoimento de duas ou três testemunhas" (Deuteronômio 19:15; cf. Mateus 18:16; 2Coríntios 13:1). Romanos 8:16 afirma que o Espírito Santo acrescenta seu testemunho ao testemunho do nosso espírito, confirmando assim a nossa certeza.

Isso dispersa totalmente a noção de que o autoexame equivale ao ato de depositar nossa fé em nossas próprias obras. A evidência que buscamos por meio do autoexame nada mais é do que o fruto do Espírito

(Gálatas 5:22-23), a prova de que ele mora em nós. É com base nesse testemunho que nossa certeza é confirmada.

O perigo da certeza falsa

Antes de passarmos para outro capítulo, precisamos lidar rapidamente com a questão da falsa certeza. Em toda a epístola de 1João, o apóstolo ataca a falsa profissão daqueles que não têm direito à certeza: "Aquele que diz: 'Eu o conheço', mas não obedece aos seus mandamentos, é mentiroso, e a verdade não está nele" (2:4). "Mas quem odeia seu irmão está nas trevas e anda nas trevas; não sabe para onde vai, porque as trevas o cegaram" (2:11). "Todo o que nega o Filho também não tem o Pai" (2:23). "Aquele que pratica o pecado é do Diabo" (3:8). "Quem odeia seu irmão é assassino, e vocês sabem que nenhum assassino tem a vida eterna em si mesmo" (3:15). "Quem não ama não conhece a Deus" (4:8). "Se alguém afirmar: 'Eu amo a Deus', mas odiar seu irmão, é mentiroso, pois quem não ama seu irmão, a quem vê, não pode amar a Deus, a quem não vê" (4:20).

Um dos perigos do ensino do não senhorio radical é que ele ignora o perigo da falsa certeza. Como? Em primeiro lugar, essa visão considera a certeza e a fé salvadora sinônimos:

> Em termos bem simples: a mensagem [do evangelho] traz consigo a certeza da salvação [...]. Quando uma pessoa crê, tem a certeza da vida eterna. Como poderia ser diferente? [...] Duvidar da garantia da vida eterna significa duvidar da própria mensagem. Ou seja, se eu não acreditar que sou salvo, não acredito na oferta que Deus me fez. [...] Uma pessoa que *nunca teve certeza* da vida eterna *nunca acreditou* na mensagem salvadora de Deus" (*AF*, p. 50-51).

Segundo essa visão, então, uma convicção de certeza em nossa mente é a melhor evidência de salvação. "As pessoas sabem se elas acreditam ou não em algo, e essa é a questão verdadeira no que diz respeito a Deus" (*AF*, p. 31). Evidentemente, não há espaço nessa visão para a *falsa* certeza, pois todos que professam sua confiança em Cristo são incentivados a reclamar para si uma "certeza total". Todos que professam certeza são aceitos como cristãos autênticos, mesmo se seu estilo de vida se opuser a tudo que Cristo representa.

A consciência se revolta contra esse tipo de doutrina! Ela promete uma "certeza" que o coração jamais confirmará. Não oferece à alma paz real; em vez disso, transforma a certeza em propriedade totalmente intelectual. Portanto, a doutrina do não senhorio se vê obrigada a negar o fundamento subjetivo da certeza, pois o autoexame revelaria imediatamente o vazio da esperança não fundamentada de cada falso cristão. Estabelecendo apenas metade do fundamento, a doutrina do não senhorio declara que sua construção está completa. O teste objetivo é tudo que ela suporta. Se a mente estiver convencida, não há necessidade de envolver a consciência, e isso é o epítome da certeza falsa.

John Owen denominou a falsa certeza uma "apreensão nocional do perdão do pecado".[18] Owen acreditava que o efeito desse tipo de certeza é que "secretamente, ela insinua na alma encorajamentos para continuar no [pecado]". "Não existe ninguém no mundo que lide de maneira pior com Deus do que aqueles que têm uma convicção não fundamentada do perdão. [...] Ousadia carnal, formalismo e desdenho de Deus são problemas comuns dessa noção e persuasão."[19] "Onde a consciência acusa, a [falsa certeza] precisa fornecer a falta."[20] Owen não tinha medo de apontar que aqueles que transformam a graça de Deus em licenciosidade são ímpios (Judas 4). "Deixem-nos professar o que bem quiserem", escreveu Owen, "eles são homens ímpios."[21]

A teologia do não senhorio diz a pessoas obstinadamente ímpias que elas podem descansar seguras na esperança do céu. Isso não é certeza genuína. A certeza real resulta da fé que opera, a qual nos permite olhar no espelho e ver um reflexo da glória de *Deus*, que é obscuro, mas brilha cada vez mais: "E todos nós, que com a face descoberta contemplamos a glória do Senhor, segundo a sua imagem estamos sendo transformados com glória cada vez maior, a qual vem do Senhor, que é o Espírito" (2Coríntios 3:18).[22]

CAPÍTULO 11

Protegidos pelo poder de Deus

A fim de lançar luz sobre a doutrina da perseverança, precisamos saber o que ela não é. Ela não significa que todos que professam sua fé em Cristo e que são aceitos na comunhão dos santos estão seguros por toda eternidade e podem nutrir a certeza da salvação eterna. Nosso Senhor advertiu seus seguidores nos dias de seu ministério terreno, quando disse aos judeus que acreditavam nele: "Se vocês permanecerem firmes na minha palavra, verdadeiramente serão meus discípulos. E conhecerão a verdade, e a verdade os libertará" (João 8:31-32). Ele estabeleceu um critério para discernir os discípulos verdadeiros, e esse critério é a permanência na Palavra de Jesus.

JOHN MURRAY[1]

SE ALGUM PERSONAGEM DO Novo Testamento estava fadado a fracassar, esse homem era Simão Pedro. A julgar pelos registros bíblicos, nenhum dos discípulos do nosso Senhor — com a exceção de Judas, o traidor — teve mais tropeços ou foi mais miserável que ele. Pedro era o discípulo com a língua solta e parecia ter uma queda pelas piores palavras no momento mais inapropriado. Era impetuoso, inconstante, vacilante — às vezes covarde, às vezes fraco, às vezes esquentado. Em várias ocasiões, ele foi fortemente repreendido pelo Senhor, mas nunca de forma tão severa quanto em Mateus 16:23: "Para trás de mim, Satanás! Você é uma pedra de tropeço para mim, e não pensa nas coisas de Deus, mas nas dos homens." Isso aconteceu imediatamente após o clímax na experiência de Pedro com Cristo, quando Pedro confessou: "Tu és o Cristo, o Filho do Deus vivo" (Mateus 16:16).

A vida de Pedro ilustra outra verdade bíblica de grande significado: a proteção do poder de Deus. Na noite em que Jesus foi traído, ele

PROTEGIDOS PELO PODER DE DEUS

permitiu que Pedro vislumbrasse os bastidores da batalha espiritual pela alma do apóstolo: "Simão, Simão, Satanás pediu vocês para peneirá-los como trigo. Mas *eu orei por você*, para que a sua fé não desfaleça" (Lucas 22:31-32, grifo meu).

Pedro estava certo de sua disposição de permanecer ao lado de Jesus em quaisquer circunstâncias e disse ao Senhor: "Estou pronto para ir contigo para a prisão e para a morte" (v. 33).

Mas Jesus conhecia a verdade e disse a Pedro com tristeza: "Eu lhe digo, Pedro, que antes que o galo cante hoje, três vezes você negará que me conhece" (v. 34).

Pedro fracassou? Miseravelmente. Sua fé foi derrubada? Nunca. O próprio Jesus intercedeu em nome de Pedro, e suas orações não permaneceram sem resposta.

Você sabia que nosso Senhor intercede da mesma forma por todos os cristãos genuínos? João 17:11 nos transmite uma ideia de como ele ora: "Não ficarei mais no mundo, mas eles ainda estão no mundo, e eu vou para ti. Pai santo, *protege-os em teu nome*, o nome que me deste, para que sejam um, assim como somos um" (grifo meu).

Ele continua:

> Não rogo que os tires do mundo, mas *que os protejas do Maligno*. Eles não são do mundo, como eu também não sou. *Santifica-os na verdade*; a tua palavra é a verdade. Assim como me enviaste ao mundo, eu os enviei ao mundo. *Em favor deles eu me santifico, para que também eles sejam santificados pela verdade*. Minha oração não é apenas por eles. Rogo também por aqueles que crerão em mim, por meio da mensagem deles, para que todos sejam um, Pai, como tu estás em mim e eu em ti. Que eles também estejam em nós, para que o mundo creia que tu me enviaste. *Dei-lhes a glória que me deste*, para que eles sejam um, assim como nós somos um: eu neles e tu em mim. *Que eles sejam levados à plena unidade*, para que o mundo saiba que tu me enviaste, e os amaste como igualmente me amaste (João 17:15-23, grifos meus).

Observe o que nosso Senhor estava pedindo: que os cristãos fossem protegidos do poder do mal; que fossem santificados pela Palavra; que compartilhassem sua santificação e glória; e que fossem aperfeiçoados em sua união com Cristo e uns com os outros. Estava orando para que eles perseverassem na fé.

Nosso Senhor estava orando apenas pelos onze discípulos fiéis? Não. Ele explicitamente incluiu cada cristão nas gerações subsequentes: "Minha oração não é apenas por eles. Rogo também por aqueles que crerão em mim, por meio da mensagem deles" (v. 20). Isso inclui todos os cristãos verdadeiros até os nossos dias!

E tem mais: o próprio Senhor continua seu ministério de intercessão pelos cristãos até mesmo neste exato momento em que você lê isto: "Portanto, ele é capaz de salvar definitivamente aqueles que, por meio dele, aproximam-se de Deus, pois vive sempre para interceder por eles" (Hebreus 7:25). A versão *King James* traduz esse versículo da seguinte maneira: "Concluindo, Ele é poderoso para *salvar definitivamente* aqueles que, por intermédio dele achegam-se a Deus, pois vive sempre para interceder por eles."

Definitivamente salvos

Todos os cristãos verdadeiros serão definitivamente salvos. O ministério do sumo sacerdócio de Cristo garante isso. Fomos justificados, estamos sendo santificados e seremos glorificados. Nenhum cristão verdadeiro perderá qualquer fase desse processo, mesmo que, nesta vida, estejamos em pontos diferentes ao longo do caminho. Essa verdade tem sido chamada *a perseverança dos santos*.

Nenhuma doutrina tem sofrido ataques mais ferrenhos do que a teologia do não senhorio, o que já era de se esperar, pois a doutrina da perseverança é antitética a todo o sistema do não senhorio. Na verdade, aquilo que eles tem chamado pejorativamente "salvação pelo senhorio" nada mais é do que essa doutrina!

Perseverança significa que "aqueles que têm fé verdadeira não podem perder essa fé nem total nem definitivamente".[2] É um eco da promessa de Deus por meio de Jeremias: "Farei com eles uma aliança permanente: Jamais deixarei de fazer o bem a eles, *e farei com que me temam de coração, para que jamais se desviem de mim*" (32:40, grifo meu).

Isso contradiz diretamente a noção do não senhorio de que a fé pode evaporar, resultando em "cristãos" que não creem mais (cf. *SGS*, p. 141). Isso se opõe ao ensino do não senhorio que afirma que os cristãos autênticos podem se excluir do processo de crescimento espiritual (*AF*, p. 111). É diametralmente oposto ao distintivo da teologia que transforma a fé em um "momento histórico", em um "ato" singular, que garante o céu, mas não oferece qualquer garantia de que a vida terrena do "cristão" será transformada (*AF*, p. 63-64).

A Confissão de Fé de Westminster definiu fé da seguinte maneira: "Os que Deus aceitou em seu Bem-amado, os que ele chamou eficazmente e santificou pelo seu Espírito, não podem decair do estado da graça, nem total, nem finalmente; mas, com toda certeza, hão de perseverar nesse estado até o fim e serão eternamente salvos" (capítulo 17, seção 1).

A verdade não nega a possibilidade de fracassos miseráveis na experiência cristã. A Confissão afirma também:

> Eles, porém, pelas tentações de Satanás e do mundo, pela força da corrupção neles restante e pela negligência dos meios de preservação, podem cair em graves pecados e por algum tempo continuar neles; incorrem assim no desagrado de Deus, entristecem o seu Santo Espírito e de algum modo vêm a ser privados das suas graças e confortos; têm os seus corações endurecidos e as suas consciências feridas; prejudicam e escandalizam os outros e atraem sobre si juízos temporais. (Seção 3)

No capítulo 8, falamos sobre a realidade do pecado na experiência do cristão, então, deveria estar claro que a teologia do senhorio não inclui a ideia do perfeccionismo. Mesmo assim, as pessoas imersas no ensino do não senhorio muitas vezes não entendem corretamente a questão referente à perseverança.

Um cristão leigo que defendia o ensino do não senhorio me escreveu uma carta de sete páginas, formulada com muita graciosidade, na qual ele explicou por que rejeita a doutrina do senhorio. Sua queixa era que a teologia do senhorio "parece permitir apenas uma vida cristã altamente bem-sucedida".

Zane Hodges levanta uma acusação semelhante:

A convicção de que cada cristão terá uma vida basicamente bem-sucedida até o fim é uma ilusão. Ela não é apoiada pelas instruções e advertências do Novo Testamento. [...] Não surpreende que aqueles que não se apercebem desse aspecto da revelação do Novo Testamento empobreceram sua capacidade de motivar a si mesmos e outros cristãos. Tragicamente, muitas vezes eles recorrem à técnica de questionar a salvação daqueles cuja vida não parece corresponder aos padrões bíblicos. Mas esse processo mina os fundamentos da certeza do cristão e está incluído — mesmo que involuntariamente — no reduto do evangelho.[3]

Pelo que saiba, nenhum defensor da salvação pelo senhorio ensina "que cada cristão terá uma vida basicamente bem-sucedida até o fim". O professor Hodges está absolutamente correto quando afirma que o Novo Testamento não apoia essa visão.

John Murray, ao defender a doutrina da perseverança, reconheceu as dificuldades que ela representa: "Experiência, observação, história bíblica e determinadas passagens das Escrituras parecem fornecer argumentos fortes contra a doutrina [...]. Por acaso o registro bíblico e a história da igreja contêm exemplos de pessoas cuja fé naufragou?".[4]

Certamente as Escrituras estão cheias de advertências aos membros da igreja para que não caiam (cf. Hebreus 6:4-8; 1Timóteo 1:18-19; 2Timóteo 2:16-19). Zane Hodges sugere que essas advertências provam que os cristãos podem se perder: "Se alguém acreditar que um cristão verdadeiro não pode desistir ou, de fato, desiste, ele não prestou atenção à Bíblia. Ele precisa reler seu Novo Testamento, dessa vez, de olhos abertos" (*AF*, p. 83).

Mas Deus não contradiz a si mesmo. As passagens de advertência não negam as muitas promessas de que os cristãos perseverarão: "Mas quem beber da água que eu lhe der *nunca mais terá sede. Ao contrário, a água que eu lhe der se tornará nele uma fonte de água a jorrar para a vida eterna*" (João 4:14, grifo meu).[5] "[...] Eu sou o pão da vida. Aquele que vem a mim nunca terá fome; aquele que crê em mim nunca terá sede" (João 6:35). "Não lhes falta nenhum dom espiritual, enquanto vocês esperam que o nosso Senhor Jesus Cristo seja revelado. *Ele os manterá firmes até o fim, de modo que vocês serão irrepreensíveis no dia de nosso Senhor Jesus Cristo. Fiel é Deus*, o qual os chamou à comunhão com seu Filho Jesus Cristo, nosso Senhor" (1Coríntios 1:7-9, grifo meu). "Que o próprio Deus da paz os santifique inteiramente. *Que todo o espírito, a alma e o corpo de vocês sejam preservados irrepreensíveis* na vinda de nosso Senhor Jesus Cristo. Aquele que os chama é fiel, *e fará isso*" (1Tessalonicenses 5:23-24, grifos meus). "Eles saíram do nosso meio, mas na realidade não eram dos nossos, pois, *se fossem dos nossos, teriam permanecido conosco*; o fato de terem saído mostra que nenhum deles era dos nossos" (1João 2:19, grifo meu). "*Àquele que é poderoso para impedi-los de cair e para apresentá-los diante da sua glória sem mácula e com grande alegria*, ao único Deus, nosso Salvador, sejam glória, majestade, poder e autoridade, mediante Jesus Cristo, nosso Senhor, antes de todos os tempos, agora e para todo o sempre! Amém" (Judas 24-25, grifo meu).

Charles Horne observou: "É notável que, quando Judas exorta para nos mantermos no amor de Deus (v. 21), ele conclui com uma doxologia àquele que é capaz de impedir nossa queda e que nos apresentará sem mácula à presença de sua glória (v. 24). As passagens de advertência são *meios* que Deus usa na nossa vida para realizar seu propósito em graça."[6]

E, poderíamos acrescentar, as passagens de advertência, como Judas 21, revelam que os autores sacros queriam muito alertar aqueles cuja esperança de salvação estivesse fundamentada numa fé espúria. Evidentemente, esses autores apostólicos não trabalharam sob a ilusão de que cada pessoa nas igrejas às quais eles estavam escrevendo era genuinamente convertida (cf. *AF*, p. 98).

Uma vez salvo, salvo para sempre!

É crucial entendermos o que a doutrina bíblica da perseverança *não* significa. Não significa que pessoas que "aceitam Cristo" podem viver como bem quiserem sem medo do inferno. A expressão "segurança eterna" é usada muitas vezes nesse sentido, como na expressão "uma vez salvo, salvo para sempre". R. T. Kendall, defendendo esta última expressão, define seu significado da seguinte forma: "*Uma pessoa que uma vez crê verdadeiramente que Jesus ressuscitou dentre os mortos e confessa que Jesus é Senhor, irá ao céu quando morrer.* Mas não paro por aqui. *Essa pessoa irá ao céu independentemente das obras (ou falta de obras) que possam acompanhar sua fé.*[7] Kendall afirma: "Espero que ninguém veja isso como ataque à Confissão de Westminster. Não é isso."[8] Na realidade, é *exatamente* isso! Kendall está argumentando explicitamente contra a afirmação de Westminster de que a fé não pode falhar. Ele acredita que a melhor forma de caracterizar a fé é descrevê-la como vislumbre único: "Basta *ver* o Portador do Pecado uma única vez para ser salvo."[9] Isso é um assalto direto à doutrina da perseverança afirmada na Confissão de Westminster. Pior: subverte as próprias Escrituras. Infelizmente, é uma visão que veio a ser acatada amplamente pelos cristãos de hoje.

John Murray, percebendo essa tendência há quarenta anos, defendeu a expressão "Perseverança dos santos":

> Não é interesse da doutrina envolvida substituir a designação "A Segurança do Cristão", não porque esta estivesse errada em si mesma, mas porque a outra fórmula apresenta uma moldura muito mais cuidadosa e inclusiva. [...] Não é verdade que o cristão está a salvo independentemente de quanto possa cair em pecado e infidelidade. Por que isso não é verdade? Não é verdade porque estipula uma combinação impossível. É verdade que um cristão peca; ele pode cair em pecado sério e sofrer um retrocesso durante períodos extensos. Mas é verdade também que um cristão não pode se entregar ao pecado; ele não pode ser submetido ao domínio do pecado; não pode ser culpado de certos tipos de infidelidade. Também é um erro grave dizer que um cristão está completamente seguro independentemente de sua vida subsequente de pecado e falta de fé. A verdade é que a fé em Jesus Cristo é *sempre receptiva* à vida de santidade e fidelidade, portanto, não é correto pensar em um cristão independentemente de seus frutos na fé e na santidade. Dizer que um cristão está seguro independentemente da intensidade de sua inclinação para o pecado em sua vida subsequente significa abstrair a fé em Cristo de sua própria definição e alimenta o abuso que transforma a graça de Deus em lascívia. A doutrina da perseverança é a doutrina de que o cristão *persevera* [...]. Ela não afirma de maneira nenhuma que ele será sal-

vo independentemente de sua perseverança ou continuação, mas que ele certamente perseverará. Consequentemente, a segurança que ele possui é inseparável de sua perseverança. Não foi isso que Jesus disse? "Aquele que persevera até o fim será salvo."

Portanto, não nos refugiemos em nossa preguiça ou encorajemos nosso prazer na base da doutrina abusada da segurança do cristão. Antes, apreciemos a doutrina da perseverança dos santos e reconheçamos que podemos ter fé em nossa segurança se, e somente se, perseverarmos na fé e na santidade até o fim.[10]

Qualquer doutrina de segurança eterna que ignora a perseverança distorce a doutrina da salvação. Céu sem santidade ignora todo o propósito pelo qual Deus nos escolheu e remiu.

Deus nos elegeu exatamente para esse propósito. "Porque Deus nos escolheu nele antes da criação do mundo, para sermos santos e irrepreensíveis em sua presença" (Efésios 1:4). Fomos predestinados para sermos conformados à imagem de Cristo em toda sua pureza imaculada (Romanos 8:29). Essa escolha divina torna certo o fato de que estaremos com ele quando ele se manifestar (1João 3:2). Desse fato, João deduz que todos que têm essa esperança se purificam assim como Cristo é puro (1João 3:3). Seu uso da palavra "todos" torna bastante certo que aqueles que não se purificam não verão a Cristo, nem serão semelhantes a ele. Sua falta de santidade comprova que eles não eram predestinados. Assim, o apóstolo desfere um golpe fatal contra o antinomianismo.[11]

A própria santidade de Deus *exige* que perseveremos. "A graça de Deus garante nossa perseverança — mesmo assim, continua sendo *nossa* perseverança."[12] Não podemos conquistar "o prêmio do chamado celestial de Deus em Cristo Jesus" a não ser que prossigamos "para o alvo" (Filipenses 3:14). Mas quando colocamos "em ação a [nossa salvação] com temor e tremor" (Filipenses 2:12), descobrimos que é Deus quem efetua no salvo "tanto o querer quanto o realizar, de acordo com a boa vontade dele" (v. 13).

O resultado de sua fé

Talvez tenha sido Pedro o apóstolo que melhor compreendeu o poder preservador de Deus na vida de um cristão inconsistente. Deus o preservara e amadurecera por meio de cada erro e fracasso, inclusive por meio de pecado sério e comprometimento — até mesmo por meio de repetidas negações do Senhor acompanhadas de ofensas e xingamentos (Mateus 26:69-75). Mesmo assim, Pedro foi preservado na fé pelo poder de Deus, a despeito de seus fracassos. Por isso, nada mais justo do que ele ter sido o instrumento que o Espírito Santo usou para documentar esta promessa gloriosa:

> Bendito seja o Deus e Pai de nosso Senhor Jesus Cristo! Conforme a sua grande misericórdia, ele nos regenerou para uma esperança viva, por meio da ressurreição de Jesus Cristo dentre os mortos, para uma herança que jamais poderá perecer, macular-se ou perder o seu valor. Herança guardada nos céus para vocês que, mediante a fé, são protegidos pelo poder de Deus até chegar a salvação prestes a ser revelada no último tempo. Nisso vocês exultam, ainda que agora, por um pouco de tempo, devam ser entristecidos por todo tipo de provação. Assim acontece para que fique comprovado que a fé que vocês têm, muito mais valiosa do que o ouro que perece, mesmo que refinado pelo fogo, é genuína e resultará em louvor, glória e honra, quando Jesus Cristo for revelado. Mesmo não o tendo visto, vocês o amam; e apesar de não o verem agora, creem nele e exultam com alegria indizível e gloriosa, pois vocês estão alcançando o alvo da sua fé, a salvação das suas almas.
>
> 1Pedro 1:3-9

Pedro estava escrevendo aos cristãos dispersos na Ásia Menor, os quais estavam enfrentando terríveis perseguições, que haviam começado em Roma e estavam se propagando por todo o Império Romano. Quando Roma foi incendiada, Nero culpou os cristãos pelo desastre, e, de repente, os cristãos em toda parte se tornaram alvos de tremenda perseguição. Essas pessoas temiam por suas vidas, e tinham medo de fracassar se sua fé fosse posta à prova.

Pedro escreveu essa epístola para encorajar os cristãos perseguidos. Ele os lembrou de que eram estranhos neste mundo, cidadãos do céu, uma aristocracia real, filhos de Deus, residentes de um reino celestial, pedras vivas, um sacerdócio santo e propriedade pessoal de Deus. Pedro lhes disse que não deviam temer as ameaças, que não deveriam se intimidar, que não deveriam se preocupar com a inimizade do mundo e que não deveriam sentir medo no sofrimento.

Por quê? Porque os cristãos são "protegidos pelo poder de Deus". Em vez de lhes dar doses de simpatia e comiseração, Pedro apontou para eles sua segurança absoluta como cristãos. O apóstolo sabia que seus destinatários poderiam perder todas as suas posses terrenas e até mesmo suas vidas, mas ele queria que eles soubessem que sua herança celestial estava garantida e que jamais perderiam aquilo que tinham em Cristo. Eles estavam sendo protegidos pelo poder divino, portanto, sua fé perseveraria em tudo. Perseverariam em suas tribulações e, no fim, seriam considerados dignos. Seu amor por Cristo permaneceria intato e, mesmo naquele momento, em meio às suas dificuldades, Deus lhes daria a libertação espiritual de que necessitavam, segundo seu plano eterno. Esses meios de perseverança resumem como Deus sustenta cada cristão.

Nascemos de novo para uma esperança viva
"Deus [...] nos regenerou para uma esperança viva, por meio da ressurreição de Jesus Cristo dentre os mortos, para uma herança que jamais poderá perecer, macular-se ou perder o seu valor. Herança guardada nos céus para vocês" (vs. 3-4). Cada cristão nasce de novo para uma *esperança viva* — ou seja, para uma esperança eternamente viva, uma esperança que não pode morrer. Pedro parece estar estabelecendo um contraste com a esperança meramente humana, que sempre é moribunda ou morta. As esperanças e os sonhos humanos se dissolvem inevitavelmente e decepcionam. É por isso que Paulo disse aos coríntios: "Se é somente para esta vida que temos esperança em Cristo, somos, de todos os homens, os mais dignos de compaixão" (1Coríntios 15:19). Essa esperança viva em Cristo não pode morrer, e Deus garante que ela alcançará seu cumprimento total, glorioso e eterno. "Temos esta esperança como âncora da alma, firme e segura" (Hebreus 6:19).

Isso tem implicações claras para além do conceito antinomiano da segurança eterna. A questão não é apenas que os cristãos são salvos e estão seguros do inferno "independentemente do que aconteça". Significa mais do que isso: Nossa *esperança* não morre. Nossa *fé* não falhará. Essa é a essência da doutrina da perseverança.

Mas essa passagem *também* ensina a segurança eterna e nos garante "uma herança que jamais poderá perecer, macular-se ou perder o seu valor. Herança guardada nos céus" (v. 4). Diferentemente de tudo nesta vida, que pode se corromper, decair, envelhecer, corroer, enferrujar, ser roubado ou perder seu valor, nossa herança celestial está reservada para nós num lugar onde ela permanece incorruptível, imaculada e eterna. Nossa herança plena será, um dia, a culminação da nossa esperança viva. Está "reservada nos céus" — "não como uma reserva num hotel, que pode ser cancelada, mas permanente e imutável".[13]

Você percebeu que nós já recebemos parte dessa herança? Efésios 1:13-14 diz: "Quando vocês ouviram e creram na palavra da verdade, o evangelho que os salvou, vocês foram selados em Cristo com o Espírito Santo da promessa, que é a garantia da nossa herança até a redenção daqueles que pertencem a Deus, para o louvor da sua glória" (cf. 2Coríntios 1:22; 5:5). "Garantia", no versículo 14, provém da palavra grega *arrabōn*, que significa "entrada, sinal [de pagamento]". Quando uma pessoa crê pela primeira vez, o próprio Espírito Santo entra no coração daquela pessoa. Ele é o depósito de segurança para a nossa salvação eterna, é um adiantamento da herança do cristão. Ele é a garantia de que Deus completará a obra que iniciou. "Não entristeçam o Espírito Santo de Deus, com o qual *vocês foram selados para o dia da redenção*" (Efésios 4:30, grifo meu).

Somos protegidos pelo poder de Deus

"Vocês [...], mediante a fé, são protegidos pelo poder de Deus até chegar a salvação prestes a ser revelada no último tempo" (v. 5). Isso é uma declaração valiosa, que garante a consumação da salvação eterna de cada cristão. A expressão "salvação prestes a ser revelada no último tempo" fala da nossa salvação final e plena — da maldição da lei, do poder e da presença do pecado, de toda decadência, de cada mancha da iniquidade, de toda tentação, de toda tristeza, de toda dor, de toda morte, de todo castigo, de todo juízo e de toda ira. Deus já iniciou sua obra em nós e a completará (cf. Filipenses 1:6).

Ao estudarmos cuidadosamente essa oração, percebemos a seguinte expressão: "Vocês [...], mediante a fé, são protegidos pelo poder de Deus." Somos *protegidos* pelo poder de um Deus supremo, onipotente, soberano, onisciente e Todo-poderoso. O tempo verbal se refere a uma ação contínua. Neste momento, estamos *sendo protegidos*. "Pois estou convencido de que nem morte nem vida, nem anjos nem demônios, nem o presente nem o futuro, nem quaisquer poderes, nem altura nem profundidade, nem qualquer outra coisa na criação será capaz de nos separar do amor de Deus que está em Cristo Jesus, nosso Senhor" (Romanos 8:38-39). "Se Deus é por nós, quem será contra nós?" (Romanos 8:31). "Àquele que é poderoso para impedi-los de cair e para apresentá-los diante da sua glória sem mácula e com grande alegria" (Judas 24).

Além do mais, somos protegidos *pela fé*. Nossa fé contínua em Cristo é um instrumento da obra sustentadora de Deus. Ele não nos salvou nem nos protege à parte da fé. Nossa fé é dom de Deus, e por meio de seu poder protetor Ele a preserva e nutre. A manutenção da nossa fé é tanto obra sua quanto qualquer outro aspecto da salvação. Nossa fé é instigada, impulsionada, mantida e fortalecida pela graça de Deus.

Mas afirmar que a fé é um dom gracioso de Deus, que ele a mantém, não significa dizer que ela opera sem a vontade humana. É a *nossa* fé. Nós cremos. Nós permanecemos firmes, ou seja, não somos passivos nesse processo. Os meios pelos quais Deus mantém nossa fé envolve nossa participação plena. Não podemos perseverar sem fé; apenas *pela* fé.

Somos fortalecidos quando nossa fé é testada

Nisso vocês exultam, ainda que agora, por um pouco de tempo, devam ser entristecidos por todo tipo de provação. Assim acontece para que fique comprovado que a fé que vocês têm, muito mais valiosa do que o ouro que perece, mesmo que refinado pelo fogo, é genuína e resultará em louvor, glória e honra, quando Jesus Cristo for revelado (1Pedro 1:6-7).

Aqui, descobrimos os meios principais pelos quais Deus mantém nossa fé: Ele a submete a provações.

A pequena expressão "Nisso vocês exultam" pode pegar de surpresa o leitor desprevenido. Lembre-se: os destinatários dessa epístola estavam enfrentando perseguições que ameaçavam sua vida e temiam o futuro. Mesmo assim, Pedro diz: "Nisso vocês exultam". Como eles poderiam estar exultando?

Provações produzem alegria porque o teste fortalece nossa fé. Tiago disse exatamente a mesma coisa: "Meus irmãos, considerem motivo de grande alegria o fato de passarem por diversas provações, pois vocês sabem que a prova da sua fé produz perseverança" (Tiago 1:2-3). Tentações e testes (mesma palavra em grego) não enfraquecem ou destroem a verdadeira fé; pelo contrário, fortalecem-na. Pessoas que perdem sua fé numa provação demonstram apenas que sua fé nunca foi verdadeira, pois a fé verdadeira surge das provações mais forte do que nunca.

Para quem Deus testa a nossa fé? Para o seu próprio bem? Ele está querendo descobrir se nossa fé é real? Claro que não. Ele sabe. Ele nos testa para nosso próprio benefício, para que nós saibamos que nossa fé é genuína. Ele testa nossa fé para refiná-la, fortalecê-la, levá-la à maturidade. O que emerge dessa provação é "mais valioso do que o ouro" (v. 7). Diferentemente do ouro, a fé provada tem valor eterno. Mero ouro pode sobreviver ao fogo do refinador, mas não passa o teste da eternidade.

Pedro não estava oferecendo frases vazias a esses cristãos. Ele havia provado da alegria que resulta de uma provação de perseguição. Atos 5.41 diz que os apóstolos "saíram do Sinédrio, *alegres por terem sido considerados dignos de serem humilhados por causa do Nome*" (grifo meu). Posso acrescentar que eles devem ter seguido seu caminho também com uma fé mais forte? Eles haviam sofrido, mas sua fé passou no teste. A grande confiança do cristão é saber que sua fé é verdadeira. Assim, as tribulações produzem aquela fé por meio da qual Deus nos preserva.

Somos preservados por Deus para a glória final

"A fé que vocês têm [...] é genuína e resultará em louvor, glória e honra, quando Jesus Cristo for revelado" (v. 7). Temos aqui uma promessa surpreendente. O resultado final da nossa fé testada será louvor, glória e honra na volta de Cristo. A direção desse louvor é de Deus para o cristão, não vice-versa. Pedro não está falando sobre nós louvarmos, glorificarmos e honrarmos a Deus, mas da aprovação de Deus direcionada a nós.

1Pedro 2:20 diz: "[...] Mas se vocês suportam o sofrimento por terem feito o bem, isso é louvável diante de Deus." Como o mestre do servo fiel, Deus dirá: "Muito bem, servo bom e fiel! [...] Venha e participe da alegria do seu senhor!" (Mateus 25:21, 23). Romanos 2:29 diz: "Judeu é quem o é interiormente, e circuncisão é a operada no coração, pelo Espírito, e não pela Lei escrita. *Para estes o louvor não provém dos homens, mas de Deus*" (grifo meu). A fé verdadeira, testada e provada, recebe louvor de Deus.

Observe 1Pedro 1:13. Pedro escreve: "Portanto, estejam com a mente preparada, prontos para agir; estejam alertas e coloquem toda a esperança na graça que lhes será dada quando Jesus Cristo for revelado." Que graça é essa? "Louvor, glória e honra". Em 4:13, ele diz: "Mas alegrem-se à medida que participam dos sofrimentos de Cristo, para que também, quando a sua glória for revelada, vocês exultem com grande alegria." Paulo diz: "que os nossos sofrimentos atuais não podem ser comparados com a glória que em nós será revelada" (Romanos 8:18).

Alguns não entendem 1Pedro 1:7 e acham que está dizendo que nossa fé precisa esperar a segunda vinda para ser considerada genuína. "Assim acontece para que fique comprovado que a fé que vocês têm [...] é genuína [...] quando Jesus Cristo for revelado" — como se o resultado fosse incerto até aquele dia. Mas o que o versículo diz é que a nossa fé, já testada e genuinamente comprovada, está aguardando sua recompensa eterna. Não há incerteza nisso. Pelo contrário. Podemos ter certeza do resultado final, pois o próprio Deus está nos preservando pela fé até aquele dia.

Somos motivados por meio do amor pelo Salvador
"Mesmo não o tendo visto, vocês o amam; e apesar de não o verem agora, creem nele e exultam com alegria indizível e gloriosa" (v. 8). Isso é uma declaração profunda sobre o caráter da fé autêntica. Tenho certeza absoluta de que os dois fatores-chave que garantem nossa perseverança são o amor e a confiança no Salvador, e Pedro sabia disso melhor do que qualquer outro.

Após negar a Cristo, Pedro teve que enfrentar Jesus Cristo e ter seu amor questionado. Jesus perguntou três vezes: "Você me ama?", e Pedro se entristeceu profundamente (João 21:17). É claro que ele *amava* Cristo, e é por isso que ele voltou para ele e foi restaurado. A fé de Pedro foi purificada pela provação. Vejo aqui em 1Pedro uma humildade linda. Pedro elogia esses cristãos sofredores e lhes diz: "Mesmo não o tendo visto, vocês o amam; e apesar de não o verem agora, creem nele." Talvez, ele estivesse se lembrando de que, quando negou Cristo, este estava tão perto dele que seus olhares se cruzaram (Lucas 22:60-61). Certamente, a dor de seu próprio fracasso ainda estava muito presente em seu coração, mesmo após tantos anos.

Um relacionamento comum envolve amor e confiança em alguém que você conhece por meio de um contato direto, mas os cristãos amam alguém que eles não veem, ouvem ou tocam. É um amor sobrenatural dado por Deus. "Nós o amamos porque ele nos amou primeiro" (1João 4:19).

Não existe cristão que não tenha esse amor. Pedro está afirmando categoricamente que a essência de ser cristão é amar Jesus Cristo. Na verdade, pode não haver maneira melhor de descrever a expressão essencial da nova natureza do que dizer que ela é *o amor contínuo por Cristo.* A versão *King James* traduz 1Pedro 2:7 assim: "Para vocês que creem ele é precioso." Observe o que Paulo disse no último versículo de Efésios: "A graça seja com todos os que amam a nosso Senhor Jesus Cristo com amor incorruptível" (6:24). Romanos 8:28, uma das passagens mais conhecidas das Escrituras, refere-se aos cristãos como aqueles que "amam Deus". Mas Paulo faz sua declaração mais forte sobre esse assunto em 1Coríntios 16:22: "Se alguém não ama o Senhor, seja amaldiçoado."

A teologia do não senhorio ignora essa verdade vital. Consequentemente, muitas pessoas que não têm qualquer amor pelo Senhor Jesus Cristo estão recebendo a falsa esperança do céu. Cristãos verdadeiros amam Cristo, e o amor dele por nós, que produz nosso amor por ele (1João 4:19), é uma das garantias de que nós perseveraremos até o fim (Romanos 8:33-39). Jesus disse: "Se vocês me amam, obedecerão aos meus mandamentos" (João 14:15). "Quem tem os meus mandamentos e lhes obedece, esse é o que me ama" (v. 21). E inversamente: "Aquele que não me ama não obedece às minhas palavras" (v. 24).

Aqueles que são devotados a Cristo desejam promover sua glória. Desejam servi-lo com coração, e alma, e mente, e força. Eles se deleitam em sua beleza e adoram falar sobre ele, ler a respeito dele, ter comunhão com ele. Desejam conhecê-lo cada vez mais e de forma mais profunda, e seus corações os impelem a querer ser igual a ele. Como Pedro, eles podem tropeçar com frequência e fracassar de modo patético quando a carne pecaminosa assalta seu desejo santo, mas, assim como o apóstolo, todos os cristãos verdadeiros perseverarão até que o objetivo final seja alcançado.[14] "Amados, agora somos filhos de Deus, e ainda não se manifestou o que havemos de ser, mas sabemos que, quando ele se manifestar, seremos semelhantes a ele, pois o veremos como ele é" (1João 3:2).

Robert Leighton, escrevendo em 1853 num lindo comentário sobre 1Pedro, disse:

> *Creia, e você amará; creia muito, e você amará muito*; trabalhe por persuasões fortes e profundas das coisas gloriosas que são ditas sobre Cristo, e isso produzirá amor. Certamente, se os homens acreditassem em seu valor, eles o amariam; pois a criatura sensata não pode senão amar aquilo que ela mais firmemente crê ser o mais digno de afeto. Ah, essa descrença enganosa é o que torna o coração frio e morto com relação a Deus. Procure então crer na excelência de Cristo e em seu amor por nós, e nosso interesse por ele, e isso inflamará tanto nosso coração que nos sacrificaremos a ele em amor.[15]

Assim, nosso amor por Cristo é outro meio que Deus usa para garantir nossa perseverança, e esse amor e a fé que o acompanha são uma fonte de alegria inexprimível, cheia de glória (1Pedro 1:8).

Somos salvos por meio de uma fé operante

"[...] pois vocês estão alcançando o alvo da sua fé, a salvação das suas almas" (1:9). Aqui, Pedro está falando de uma libertação atual. "Alcançar" está no tempo verbal presente. A palavra poderia ser traduzida literalmente como "atualmente recebendo para si mesmos..." Essa salvação atual é "o alvo" da nossa fé — de uma fé operante. Em termos práticos, isso significa uma libertação presente do pecado, da culpa, da condenação, da ira, da ignorância, da angústia, da confusão, da desesperança —

de tudo que nos mancha. Não estamos falando da consumação perfeita da salvação que Pedro mencionou no versículo 5.

A salvação que temos em vista aqui no versículo 9 é uma salvação constante no presente. O pecado já não nos domina mais (Romanos 6:14), então, não há como falharmos em nossa perseverança. Certamente tropeçaremos de vez em quando, e nem sempre seremos bem-sucedidos. Na verdade, algumas pessoas podem vivenciar mais fracassos do que sucessos, mas nenhum cristão verdadeiro pode cair em descrença ou em reprovação permanente. Abrir espaço para essa possibilidade seria um equívoco desastroso com relação ao poder protetor de Deus na vida dos seus eleitos.

Assim Pedro abre sua primeira epístola. No final dessa mesma epístola, ele retoma, mais uma vez, o tema da perseverança. Lá, ele escreve: "Depois de terem sofrido durante um pouco de tempo, [Deus] os restaurará, os confirmará, lhes dará forças e os porá sobre firmes alicerces" (5:10).

Você compreende a magnitude dessa promessa? *Deus* aperfeiçoa, confirma, fortalece e firma seus filhos. Mesmo que seus planos para o futuro envolvam alguma dor no presente, ele ainda assim nos dará a graça para perseverar. Mesmo quando somos pessoalmente atacados pelo inimigo, somos pessoalmente aperfeiçoados por Deus. É ele quem faz isso. Ele realizará seus propósitos em nós, firmando-nos em solo firme, fortalecendo-nos e estabelecendo em nós um fundamento sólido. Todos esses termos falam de força e determinação.

O problema da quantificação

Inevitavelmente, surge a pergunta: "Com que medida de fidelidade precisamos perseverar?" Charles Ryrie escreveu:

Então lemos uma declaração como esta: "Um momento de fracasso não invalida as credenciais de um discípulo." Minha reação imediata a esse tipo de afirmação é querer perguntar: E dois momentos os invalidariam? Ou uma semana de desvio, um mês, um ano? Ou dois? Quão sério e quão duradouro precisa ser uma falha para que possamos concluir que essa pessoa nunca foi salva? O ensinamento do senhorio reconhece que "ninguém obedece perfeitamente", mas a pergunta crucial é simplesmente o quão imperfeito podemos ser e mesmo assim ter certeza de que "cremos"? [...]

Ouvimos que um momento de desvio não é uma invalidação. Ou "o discípulo verdadeiro jamais se desviará completamente". Ele pode se desviar quase completamente? Desviar-se 90%? Ou 50% e ainda ter a certeza de que foi salvo? [...]

Francamente, toda essa relatividade me deixaria em confusão e incerteza. Cada desvio, especialmente se for continuado, me deixaria incerto com relação à minha salvação. Qualquer pecado sério ou desobediência teria o mesmo resultado. Se eu chegar numa encruzilhada na jornada da minha experiência cristã e escolher um caminho errado, isso significa que eu nunca estive na jornada cristã? Durante quanto tempo posso ser infrutífero sem que um defensor do senhorio conclua que eu nunca fui salvo? (*SGS*, p. 48-49, grifo meu).

Ryrie dá a entender que, se não pudermos afirmar exatamente *quanto* fracasso é permitido ao cristão, a certeza verdadeira se torna impossível. Ele quer que os termos sejam quantificados: "Ele pode se desviar quase completamente? Desviar-se 90%? Ou 50%?" Em outras palavras: Ryrie está sugerindo que as doutrinas da perseverança e da certeza são incompatíveis. Surpreendentemente, ele quer uma doutrina da certeza que permite que aqueles que abandonaram Cristo possam ter certeza de sua salvação.

Não existem respostas quantificáveis às perguntas que Ryrie levanta. Sim, alguns cristãos persistem no pecado durante períodos extensos. Mas aqueles que o fazem, abrem mão de seu direito à certeza genuína. "Pecado sério ou desobediência" certamente *deveriam* levar a pessoa a contemplar cuidadosamente a pergunta se ele ou ela realmente ama o Senhor. Aqueles que se desviam completamente (não *quase* completamente, ou 90%, ou 50%) demonstram que nunca tiveram uma fé verdadeira.

A quantificação representa também um problema para o ensino do não senhorio. Zane Hodges fala da fé como "momento histórico". Quão sucinto pode ser esse momento? Alguém que ouve um debate entre um

O EVANGELHO SEGUNDO OS APÓSTOLOS

cristão e um ateu pode acreditar enquanto o cristão estiver falando, mas os argumentos do ateu o fazem cair imediatamente em dúvida ou agnosticismo. Nós classificaríamos esse tipo de pessoa como cristão? Suspeitamos que alguns defensores do não senhorio responderiam que sim, mesmo que essa visão contrarie tudo que a Palavra de Deus nos ensina sobre a fé.

Jesus nunca quantificou os termos de suas exigências; ele sempre os apresentou como *absolutos*. "Da mesma forma, qualquer de vocês que não renunciar a tudo o que possui não pode ser meu discípulo" (Lucas 14:33); "Quem ama seu pai ou sua mãe mais do que a mim não é digno de mim; quem ama seu filho ou sua filha mais do que a mim não é digno de mim" (Mateus 10:37); "Aquele que ama a sua vida, a perderá; ao passo que aquele que odeia a sua vida neste mundo, a conservará para a vida eterna" (João 12:25). É *impossível* cumprir essas condições em termos humanos (Mateus 19:26).[16] Isso não altera ou enfraquece a verdade do evangelho e certamente não é uma desculpa para cair no outro extremo e abolir qualquer necessidade de um compromisso com Cristo.

Os comentários de Ryrie levantam outra questão que merece ser contemplada: se é qualidade inerente ao ensino do senhorio julgar o outro: "Durante quanto tempo posso ser infrutífero sem que um defensor do senhorio conclua que eu nunca fui salvo?" Zane Hodges tem feito comentários semelhantes: "O ensino do senhorio reserva para si mesmo o direito de privar cristãos professos de sua pretensão à fé e de atribuir essas pessoas ao grupo dos perdidos" (*AF*, p. 19).

Certamente não existe indivíduo capaz de julgar o coração de outro. Uma coisa é desafiar uma pessoa a examinar a si mesma (2Coríntios 13:5); outra coisa totalmente diferente nomear-se juiz de outro cristão (Romanos 14:4,13; Tiago 4:11).

Mas, enquanto um cristão jamais deve julgar, o corpo da igreja como um todo tem a responsabilidade de preservar a pureza expondo e expulsando aqueles que vivem em pecado contínuo ou em abandono da fé. Nosso Senhor deu instruções muito específicas sobre como lidar com um irmão cristão que cai nesse tipo de pecado. Devemos procurar o irmão (ou a irmã) primeiro em particular (Mateus 18:15). Se ele ou ela se recusar a ouvir, devemos informar a igreja (v. 17). Se o pecador mesmo assim não se arrepender, "trate-o como pagão ou publicano" (v.17). Em outras palavras, tente conquistar essa pessoa para Cristo como se ela fosse uma pessoa não salva.

Esse processo de disciplina é o recurso que Cristo usa para mediar seu domínio na igreja. Ele continuou dizendo: "Digo-lhes a verdade: Tudo o que vocês ligarem na terra terá sido ligado no céu, e tudo o que vocês desligarem na terra terá sido desligado no céu. Também lhes digo que se dois de vocês concordarem na terra em qualquer assunto sobre o qual pedirem, isso lhes será feito por meu Pai que está nos céus" (Mateus 18:18-19). O contexto mostra que ele não está falando sobre "amarrar Satanás" ou sobre oração em geral. Nosso Senhor estava lidando com a questão do pecado e perdão entre os cristãos (cf. v. 21-ss.). Os tempos verbais no versículo 18 significam literalmente: "Tudo que vocês ligarem na terra já foi ligado no céu; e tudo que desligarem na terra já foi desligado no céu." Nosso Senhor está dizendo que ele opera pessoalmente no processo de disciplina: "Pois onde se reunirem dois ou três em meu nome, ali eu estou no meio deles" (v. 20).

Assim, o processo disciplinar na igreja, executado corretamente, responde a todas as perguntas do Dr. Ryrie. Durante quanto tempo uma pessoa pode continuar no pecado até que cheguemos à "conclusão de que [ele ou ela] nunca foi salva"? Durante todo o processo de disciplina. Uma vez que a questão foi apresentada à igreja, e mesmo assim a pessoa se recusa a se arrepender, o próprio Senhor nos instrui a tratarmos tal pessoa "como pagão ou publicano".

O processo disciplinar da igreja que o nosso Senhor esboçou em Mateus 18 é fundamentado na doutrina da perseverança. Aqueles que permanecem endurecidos no pecado apenas demonstram sua falta de fé verdadeira; já aqueles que respondem à repreensão e retornam para o Senhor oferecem a melhor evidência possível de que sua salvação é genuína. Pode ter certeza de que, se sua fé for verdadeira, ela perseverará até o fim — pois Deus garante isso pessoalmente.

"Estou convencido de que aquele que começou boa obra em vocês vai completá-la até o dia de Cristo Jesus" (Filipenses 1:6). "Sei em quem tenho crido e estou bem certo de que ele é poderoso para guardar o que lhe confiei até aquele dia" (2 Timóteo 1:12).

CAPÍTULO 12

O que preciso fazer para ser salvo?

Se disséssemos que viria o tempo em que um grupo de cristãos evangélicos defenderiam uma salvação sem arrependimento, sem mudança de conduta ou estilo de vida, sem um reconhecimento real do senhorio e da autoridade de Cristo, sem perseverança, sem discipulado, e uma salvação que não resulta necessariamente em obediência e em obras, e uma regeneração que não muda necessariamente a vida da pessoa, a maioria dos cristãos de algumas décadas atrás teria dito que isso é uma impossibilidade absoluta. Mas acredite ou não, esse tempo chegou.

RICHARD P. BELCHER[1]

O QUE É O EVANGELHO? AQUI, as coisas se tornam práticas. A pergunta verdadeira que estamos fazendo é: "Como devo evangelizar meus amigos, minha família e meus vizinhos?" Para os pais, a pergunta ainda mais importante é: "Como devo apresentar o evangelho aos meus filhos?"

O cristianismo do século XX tende a optar por uma abordagem minimalista ao evangelho. Infelizmente, o desejo legítimo de expressar a essência do evangelho cedeu espaço a um empreendimento menos saudável. É uma campanha para destilar os aspectos essenciais da mensagem ao mínimo possível. O evangelho glorioso de Cristo — que Paulo chamou "poder de Deus para a salvação de todo aquele que crê" (Romanos 1:16) — inclui *toda* a verdade sobre Cristo, mas o evangelicalismo norte-americano tende a ver o evangelho como um "plano de salvação". Reduzimos a mensagem a uma lista de fatos afirmados no menor número de palavras possível — e continuamos a diminuir esse número o tempo todo. Creio que você já tenha visto esses "planos de salvação" pré-embalados: "Seis passos para a paz com Deus"; "Cinco coisas que Deus quer que você saiba"; "Quatro leis espirituais"; "Três verdades sem

206

O QUE PRECISO FAZER PARA SER SALVO?

as quais você não pode viver"; "Duas questões que você precisa resolver"; ou "Um caminho para o céu".

Hoje em dia, os cristãos costumam ser instruídos a não dizer demais aos perdidos. Além disso, certas questões espirituais são consideradas tabus quando falamos com os não convertidos: a lei de Deus, o senhorio de Cristo, o abandono do pecado, entrega, obediência, juízo e inferno. Essas coisas não devem ser mencionadas, para que não "acrescentemos algo à oferta do dom gratuito de Deus". Os defensores do evangelismo do não senhorio levam a tendência reducionista a novos extremos. Numa aplicação equivocada da doutrina reformada da *sola fide* ("a fé somente"), eles transformam a fé no único assunto permitido quando falamos com os não cristãos sobre sua obrigação perante Deus, e, então, despem a fé de todo seu sentido, retirando dela tudo exceto seus aspectos intelectuais.

Como acreditam alguns, isso preservaria a pureza do evangelho.

Na verdade, isso castrou a mensagem da salvação, sem contar que encheu a igreja de "convertidos" cuja fé é falsa e cuja esperança se apoia numa promessa enganosa. Dizendo como que entorpecidos que eles "aceitam Cristo como Salvador", rejeitam fortemente sua justa reivindicação de ser seu Senhor, e testemunhando seu nome da boca para fora, eles o desdenham profundamente em seu coração (Marcos 7:6). Eles o professam levianamente com sua boca, mas o negam deliberadamente com suas obras (Tito 1:16). Dirigindo-se a ele superficialmente como "Senhor, Senhor", eles se recusam teimosamente a cumprir sua vontade (Lucas 6:46). Esse tipo de pessoas se encaixa na descrição trágica dos "muitos" em Mateus 7, que, certo dia, se surpreenderão ao ouvi-lo dizer: "Nunca os conheci. Afastem-se de mim *vocês, que praticam o mal*!" (v. 23, grifo meu).

O evangelho não é originalmente uma informação sobre o "plano", mas um chamado para confiar em uma *Pessoa*. Não é uma receita que precisa ser prescrita aos pecadores na forma de uma série de passos e também não exige apenas uma decisão da mente, mas uma entrega do coração, da mente e da vontade — de toda a pessoa — a Cristo. Não é uma mensagem que pode ser abreviada e embalada a vácuo, e, então, ser oferecida como um remédio universal para todo tipo de pecadores. Pecadores *ignorantes* precisam ser instruídos sobre quem ele é e por que

O EVANGELHO SEGUNDO OS APÓSTOLOS

ele tem o direito de exigir sua obediência. Pecadores *orgulhosos* precisam ter seus pecados expostos pelas exigências da lei de Deus; já os pecadores *despreocupados* precisam ser confrontados com a realidade do juízo vindouro de Deus; os pecadores *temerosos*, por sua vez, precisam ouvir que Deus, em sua misericórdia, forneceu um caminho da libertação; por fim, *todos* os pecadores precisam entender como Deus é profundamente santo, e precisam também compreender as verdades básicas da morte sacrifical de Cristo e o triunfo de sua ressurreição. Precisam ser confrontados com a exigência de Deus que eles abandonem o pecado e abracem Cristo como Senhor e Salvador.

A *forma* da mensagem varia em cada caso, mas o *conteúdo* precisa sempre destacar a realidade da santidade de Deus e a condição perdida do pecador. *Então*, ela aponta os pecadores para Cristo como um Senhor soberano, embora misericordioso, que adquiriu a plena expiação para todos aqueles que se voltarem para ele em fé.

O evangelicalismo do século XX parece obcecado com a ideia de que as pessoas não salvas jamais deveriam ouvir que eles têm qualquer outra obrigação senão crer. Lewis Sperry Chafer, por exemplo, sugeriu que "em toda pregação do evangelho qualquer referência à vida a ser vivida após a regeneração deve ser evitada ao máximo".[2] Ele alegava que é errado dizer aos pecadores que eles precisam "se arrepender e crer", "crer e confessar Cristo", "crer e ser batizado", "crer e se submeter a Deus" ou "crer e confessar os pecados".[3] As Escrituras, porém, empregam *todas* essas expressões! O próprio Jesus pregou: "*Arrependam-se e creiam* nas boas novas!" (Marcos 1:15). Paulo escreveu: "Se você *confessar* com a sua boca que Jesus é Senhor e *crer* em seu coração que Deus o ressuscitou dentre os mortos, será salvo" (Romanos 10:9). No Pentecostes, Pedro pregou: "*Arrependam-se, e cada um de vocês seja batizado* em nome de Jesus Cristo para perdão dos seus pecados, e receberão o dom do Espírito Santo" (Atos 2:38). João escreveu: "Quem *rejeita* o Filho não verá a vida, mas a ira de Deus permanece sobre ele" (João 3:36). O autor da epístola aos Hebreus disse que Cristo "tornou-se a fonte da salvação eterna para todos os que lhe *obedecem*" (Hebreus 5:9). Tiago escreveu: "Portanto, *submetam*-se a Deus. Resistam ao Diabo, e ele fugirá de vocês. Aproximem-se de Deus, e ele se aproximará de vocês! Pecadores, *limpem as mãos, e vocês, que têm a mente dividida, purifiquem o coração*"

(Tiago 4:7-8, grifos meus). Jesus respondeu pregando a lei e o senhorio a um homem que lhe perguntou como ele poderia adquirir a vida eterna (Mateus 19:16-22).

Devemos acreditar que as Escrituras inspiradas nos apresentam uma teologia pobremente formulada?

Concordo que a terminologia é importante, e não ousemos confundir a mensagem do evangelho ou acrescentar qualquer coisa aos termos bíblicos da salvação. Mas deve ser óbvio que Jesus e os apóstolos certamente não temiam usar a fraseologia dos convites evangelísticos, ao contrário de muitos cristãos de hoje em dia, tampouco evitaram mencionar a lei de Deus. Pelo contrário, eles começavam justamente pela lei (cf. Romanos 1:16—3:20)! A lei revela nosso pecado (Romanos 3:20) e é um tutor que nos leva a Cristo (Gálatas 3:24). É o meio que Deus usa para fazer com que os pecadores reconheçam sua própria impotência. É evidente que Paulo atribuía uma posição central à lei em contextos evangelísticos. Hoje, porém, muitos acreditam que a lei, com sua exigência inflexível de santidade e obediência, é contrária e incompatível com o evangelho.

Por que deveríamos fazer distinções onde a Escritura não as faz? Se as Escrituras nos alertassem contra a pregação do arrependimento, da obediência, da justiça ou do juízo aos incrédulos, a coisa seria diferente, todavia, elas não contêm esse tipo de advertências. Pelo contrário. Se quisermos seguir um modelo bíblico, não podemos ignorar essas questões. "Pecado, justiça e juízo" são exatamente as questões das quais o Espírito Santo convence os não salvos (João 16:8). Podemos omiti-las da mensagem e mesmo assim chamá-la evangelho? O evangelismo apostólico culminava inevitavelmente num chamado para o arrependimento (Atos 2:38; 3:19; 17:30; 26:20). Podemos dizer aos pecadores que eles *não* precisam abandonar o pecado e mesmo assim chamar isso de evangelismo? Paulo ministrou aos incrédulos "dizendo que se arrependessem e se voltassem para Deus, praticando obras que mostrassem o seu arrependimento" (Atos 26:20). Podemos reduzir a mensagem a um simples "Aceite Cristo" e, mesmo assim, acreditar que estamos realizando um ministério bíblico?

Além do mais, em todos os casos em que Jesus e os apóstolos evangelizaram — indivíduos ou multidões —, eles jamais apresentaram a mensagem utilizando a mesma terminologia, pois sabiam que a salvação é a obra soberana de Deus. Sua função era pregar a verdade; era Deus quem a aplicaria individualmente ao coração de seus eleitos.

O novo nascimento é a obra soberana do Espírito Santo. "O que nasce da carne é carne, mas o que nasce do Espírito é espírito" (João 3:6). O Espírito decide soberanamente onde, como e em quem ele operará: "O vento sopra onde quer. Você o escuta, mas não pode dizer de onde vem nem para onde vai. Assim acontece com todos os nascidos do Espírito" (João 3:8).

A proclamação clara da verdade é o meio pelo qual o Espírito opera — não por uma metodologia inovadora ou charme humano (1Coríntios 1:21; 2:1-5).

Decisionismo e fé-fácil

Duas falácias — o *decisionismo* e a *fé-fácil* — mancham muito daquilo que é chamado evangelismo no cristianismo contemporâneo. O decisionismo representa a ideia de que a salvação eterna pode ser garantida pelo movimento do próprio pecador em direção a Cristo. Uma "decisão por Cristo" é, normalmente, indicada por algum ato físico ou verbal — levantar o braço, andar pelo corredor, repetir uma oração, assinar um cartão, recitar um voto ou algo semelhante. Se o pecador executar a atividade prescrita, ele é pronunciado salvo e instruído a reivindicar a certeza. O "momento da decisão" se torna o fundamento para a certeza da pessoa.

Muitas vezes, o decisionismo é empregado na evangelização de crianças. Jovens em grandes grupos são incentivados a levantar o braço, levantar-se, vir para a frente, pedir que Jesus entre em seu coração ou algum gesto semelhante. Essas coisas pretendem indicar uma reação positiva ao evangelho, mas, tendo em vista que crianças são tão suscetíveis à sugestão, tão sensíveis à pressão dos colegas e tão ávidos em conquistar a aprovação do líder, é muito fácil levar grandes grupos de crianças a professar a fé em Cristo por meio desses métodos, mesmo quando elas ignoram completamente a mensagem. Infelizmente, muitas pessoas atravessam a vida não se importando com Cristo, mas acreditando que são cristãos simplesmente porque responderam com uma "decisão" na infância, e sua esperança de céu depende exclusivamente na memória daquele evento. Temo que, em muitos casos, essa esperança seja vã e amaldiçoada.

Segue aqui uma técnica familiar para aconselhar pessoas que não têm certeza de sua salvação: "Tome uma decisão por Cristo aqui e agora, anote a data, depois plante uma estaca no seu jardim e escreva nela a data. Sempre que você estiver em dúvida com relação à sua salvação, saia e contemple a estaca, pois ela servirá como lembrete da decisão que você tomou." Mas isso equivale a dizer às pessoas que elas devem ter fé em sua própria decisão. Dr. Chafer chegou até a dar esse conselho a pessoas que lutam com uma falta de certeza:

A única cura para essa incerteza é encerrá-la por meio da certeza. Que essa pessoa enfrente sua própria pecaminosidade e indignidade com as revelações da cruz e descubra que não há esperança nela mesma, e, então, naquele momento e naquele lugar, aproprie-se de uma vez por todas das provisões da graça divina para cada necessidade de sua alma amaldiçoada pelo pecado. Caso seja necessário, que ela anote o dia e a hora dessa decisão e então *creia nessa decisão* e agradeça a Deus pela sua graça salvadora e fidelidade, e que, depois disso, em cada pensamento, ato e palavra trate da decisão como final e real.[4]

Ironicamente, Chafer denunciou ao mesmo tempo tendências do evangelismo em massa que se baseavam nas mesmas pressuposições decisionistas que se refletem neste parágrafo. Em outro livro, ele criticou os evangelistas de seus dias por exigirem que os convertidos "viessem para a frente" publicamente como ato externo de receber Cristo: "Esses atos, se incentivados, deveriam ser apresentados de tal modo que ninguém os entenda como parte da única condição da salvação."[5] Ele acreditava que esses métodos podiam gerar uma certeza falsa: "Uma investigação cuidadosa mostrará que a base da certeza de todos os convertidos desse tipo nada mais é do que a consciência de que eles executaram o programa prescrito."[6] É exatamente este o problema do decisionismo: ele oferece uma esperança falsa baseada numa premissa errada. A salvação não pode ser obtida por meio da execução de alguma ação externa prescrita. "Pois vocês são salvos pela graça, por meio da fé, e isto não vem de vocês, é dom de Deus; não por obras, para que ninguém se glorie" (Efésios 2:8-9).

Nem sempre o decisionismo e a doutrina do não senhorio caminham lado a lado. Na verdade, quase todos os defensores mais agressivos do ensinamento moderno do não senhorio reconhecem a falácia do decisionismo aberto. Eles afirmariam conosco que ninguém é salvo porque ergueu o braço, andou pelo corredor, recitou uma oração ou qualquer outro ato físico.

Mesmo assim, a maioria acredita que a fé salvadora depende da iniciativa humana. Em seu sistema, a fé começa com uma reação humana, não com a obra de Deus no cristão. Portanto, precisam reduzir a definição de fé a uma crença da qual os pecadores são capazes. Essa é a *fé-fácil*.

Mesmo aqueles que estão dispostos a reconhecer que a fé é um dom de Deus caem, às vezes, na falácia da fé-fácil. Dr. Chafer, por exemplo, parecia confuso nesse ponto. Por um lado, ele condenava aqueles que dizem aos pecadores que eles precisam "crer e se entregar", e argumentava que isso era uma exigência injusta imposta aos pecadores. Se os incrédulos estão mortos em seus pecados e em suas transgressões, como eles podem se entregar a Deus? "Impor uma necessidade de entregar a vida a Deus como condição adicional para a salvação é muito insensato", ele escreveu.[7]

Por outro lado, Chafer percebeu que, se as pessoas não salvas estão mortas em transgressões e pecados, elas nem mesmo conseguem *acreditar* sem a iniciativa de Deus. Curiosamente, Chafer observou isso no mesmo parágrafo que contém também a sentença que acabo de citar: "A fé salvadora não é uma propriedade de todos os homens, mas é concedida especificamente àqueles que creem (Efésios 2:8)";[8] Ele reconheceu corretamente que apenas Deus pode provocar fé no coração incrédulo, mas, por alguma razão, não conseguiu aceitar a ideia de que a fé que Deus concede vem acompanhada de uma postura inerente de entrega e autoabandono. Por isso, ele definiu fé em termos que não representavam qualquer desafio à depravação humana.

Em sua essência, a fé-fácil é um entendimento errado da amplitude da pecaminosidade humana. Se pecadores ímpios, depravados e espiritualmente mortos são capazes de crer por iniciativa própria, então a fé precisa ser algo que não faz exigências morais ou espirituais. É exatamente por isso que a teologia do não senhorio retirou a santidade do ato de fé e a transformou em um exercício amoral. Isso é fé-fácil.

O raciocínio da fé-fácil se expressa da forma mais clara num recorte de jornal que recebi de um ouvinte da rádio. Um pastor havia publicado uma coluna na qual me criticava por causa da minha postura contrária à fé-fácil. Ele escreveu: "Creio que Deus quis que o ato da salvação fosse fácil. [...] *Deus tornou fácil recebê-lo porque ele sabia que, em nosso estado pecaminoso, essa facilidade era o único caminho pelo qual poderíamos ser salvos.*"[9]

Mas essa é uma teologia falha e não bíblica, pois crer não é *fácil*[10] nem é *difícil*.[11] É *impossível* em termos humanos. O próprio Jesus reconheceu isso (Mateus 19:26). Ninguém pode vir a Cristo sem que isso lhe fosse concedido pelo Pai (João 6:65). A pessoa não regenerada não aceita as coisas do Espírito de Deus; coisas espirituais são tolices para ela. Ela não pode nem começar a compreendê-las, muito menos crer nelas (1Coríntios 2:14). Apenas Deus pode abrir o coração e iniciar a fé (cf. Atos 13:48; 16:14; 18:27).

A fé que Deus concede treme diante dele (Lucas 18:13). É uma fé que provoca obediência de coração e transforma o pecador em escravo da justiça (Romanos 6:17-18). É uma fé que opera por meio do amor (Gálatas 5:6) e nada tem a ver com a esterilidade da fé-fácil.

Como devemos chamar as pessoas para a fé?

Existem muitos livros úteis com instruções e conselhos práticos para o testemunho.[12] Neste capítulo sucinto, quero concentrar-me em alguns temas essenciais relacionados ao *conteúdo* da mensagem que somos chamados a compartilhar com os incrédulos. Se quisermos articular o evangelho da maneira mais exata possível, quais pontos que devemos deixar claros?

Ensina-lhes sobre a santidade de Deus

"O temor de Deus é o início da sabedoria" (Salmos 111:10; cf. Jó 28:28; Provérbios 1:7; 9:10; 15:33; Miqueias 6:9). A teologia do não senhorio ignora esse ponto totalmente. Na verdade, grande parte do evangelismo contemporâneo tenta despertar qualquer coisa menos o temor a Deus. "Deus o ama e tem um plano maravilhoso para a sua vida." Essa é a abordagem inicial do evangelismo típico de hoje. A teologia do não senhorio leva isso um passo adiante: Deus o ama e o salvará do inferno, independentemente de *qual* plano você escolhe para sua vida.

O remédio contra esse tipo de pensamento é a verdade bíblica da santidade de Deus. *Deus é plenamente santo, e sua lei exige, por isso, santidade perfeita*: "Pois eu sou o Senhor, o Deus de vocês; consagrem--se e sejam santos, porque eu sou santo [...]. Eu sou o Senhor que os tirou da terra do Egito para ser o seu Deus; por isso, sejam santos, porque eu sou santo" (Levítico 11:44-45). "Vocês não têm condições de servir ao Senhor. Ele é Deus santo! É Deus zeloso! Ele não perdoará a rebelião e o pecado de vocês" (Josué 24:19). "Não há ninguém santo como o Senhor; não há outro além de ti; não há rocha alguma como o nosso Deus" (1Samuel 2:2). "Quem pode permanecer na presença do Senhor, esse Deus santo?" (6:20).

Até mesmo o evangelho exige santidade: "Sejam santos, porque eu sou santo" (1Pedro 1:16). "Sem santidade ninguém verá o Senhor" (Hebreus 12:14).

Deus odeia o pecado porque ele é santo: "Eu, o Senhor, o teu Deus, sou Deus zeloso, que castigo os filhos pelos pecados de seus pais até a terceira e quarta geração daqueles que me desprezam" (Êxodo 20:5). *O pecador não pode permanecer na sua presença:* "Por isso os ímpios não resistirão no julgamento, nem os pecadores na comunidade dos justos" (Salmos 1:5).

Mostre-lhes seu pecado

Evangelho significa "boas novas". O que o transforma realmente em uma boa notícia não é que o céu é de graça, mas que o pecado foi vencido pelo Filho de Deus. Infelizmente, está em alta apresentar o evangelho como qualquer coisa, menos como remédio contra o pecado. "Salvação" é oferecida como uma fuga do castigo, como plano de Deus para uma vida maravilhosa, como meio de satisfação, como resposta aos problemas da vida e como promessa do perdão gratuito. Todas essas coisas são verdadeiras, mas são efeitos colaterais da redenção, não o produto real.

Quando deixamos de falar sobre o pecado, essas promessas das bênçãos divinas diminuem o valor da mensagem.

Alguns professores do não senhorio chegam até a dizer que o pecado não é um tema do convite do evangelho, pois acreditam que o pecado é uma preocupação pós-salvação. Outros creem que cabe a nós decidir se queremos confrontar um incrédulo com seu pecado. O editor de uma *newsletter* do não senhorio deu a seguinte resposta à pergunta de um leitor: "Não, eu não acredito que seja *necessário* reconhecer que ele é um pecador a fim de ser salvo. A palavra-chave é *necessário*. É possível que um indivíduo não tenha consciência de que é um pecador e mesmo assim saiba que estava a caminho do inferno e que só poderia ser salvo se confiasse apenas em Cristo — algumas crianças pequenas podem se encaixar nessa categoria."[13]

Ele não tentou explicar por que pessoas sem compreensão de sua pecaminosidade acreditariam que estão a caminho do inferno, mas fico me perguntando que tipo de salvação estaria disponível àqueles que nem mesmo reconhecem seu pecado. Não foi Jesus que disse: "Não são os que têm saúde que precisam de médico, mas sim os doentes. Eu não vim para chamar justos, mas pecadores" (Marcos 2:17)? Oferecer salvação a alguém que nem mesmo entende a gravidade do pecado significa cumprir Jeremias 6:14: "Eles tratam da ferida do meu povo como se não fosse grave. 'Paz, paz', dizem, quando não há paz alguma."

É o pecado que impede a paz verdadeira na vida do incrédulo: "Mas os ímpios são como o mar agitado, incapaz de sossegar e cujas águas expelem lama e lodo. 'Para os ímpios não há paz', diz o meu Deus" (Isaías 57:20-21).

Não há nenhum justo, nem um sequer; não há ninguém que entenda, ninguém que busque a Deus. Todos se desviaram, tornaram-se juntamente inúteis; não há ninguém que faça o bem, não há nem um sequer. Suas gargantas são um túmulo aberto; com suas línguas enganam. Veneno de serpentes está em seus lábios. Suas bocas estão cheias de maldição e amargura. Seus pés são ágeis para derramar sangue; ruína e desgraça marcam os seus caminhos, e não conhecem o caminho da paz. Aos seus olhos é inútil temer a Deus (Romanos 3:10-18).

O EVANGELHO SEGUNDO OS APÓSTOLOS

O pecado torna o pecador digno da morte: "O pecado, após ter se consumado, gera a morte" (Tiago 1:15). "Pois o salário do pecado é a morte" (Romanos 6:23).

Os pecadores nada podem fazer para merecer a salvação: "Somos como o impuro — todos nós! Todos os nossos atos de justiça são como trapo imundo. Murchamos como folhas, e como o vento as nossas iniquidades nos levam para longe" (Isaías 64:6). "Ninguém será declarado justo diante dele baseando-se na obediência à Lei" (Romanos 3:20). "Ninguém é justificado pela prática da Lei [...] porque pela prática da Lei ninguém será justificado" (Gálatas 2:16).

Portanto, os pecadores estão numa situação impotente: "O homem está destinado a morrer uma só vez e depois disso enfrentar o juízo" (Hebreus 9:27). "Não há nada escondido que não venha a ser descoberto, ou oculto que não venha a ser conhecido" (Lucas 12:2). "Isso tudo se verá no dia em que Deus julgar os segredos dos homens, mediante Jesus Cristo" (Romanos 2:16). "Os covardes, os incrédulos, os depravados, os assassinos, os que cometem imoralidade sexual, os que praticam feitiçaria, os idólatras e todos os mentirosos — o lugar deles será no lago de fogo que arde com enxofre. Esta é a segunda morte" (Apocalipse 21:8).

Instrua-os sobre Cristo e o que ele tem feito

O evangelho é a boa notícia sobre quem Cristo é e o que ele tem feito pelos pecadores. A doutrina do não senhorio tende a ressaltar sua *obra* e minimizar sua *pessoa*, especialmente o aspecto de sua autoridade divina. Mas as Escrituras nunca apresentam Jesus como algo menos do que Senhor na salvação. A noção de que seu senhorio é um acréscimo ao evangelho é profundamente alheia às Escrituras.

Ele é eternamente Deus: "No princípio era aquele que é a Palavra. Ele estava com Deus, e era Deus. Ele estava com Deus no princípio. Todas as coisas foram feitas por intermédio dele; sem ele, nada do que existe teria sido feito. [...] Aquele que é a Palavra tornou-se carne e viveu entre nós. Vimos a sua glória, glória como do Unigênito vindo do Pai, cheio de graça e de verdade" (João 1:1-3, 14). "Pois em Cristo habita corporalmente toda a plenitude da divindade" (Colossenses 2:9).

Ele é Senhor sobre tudo: "[Ele] é o Senhor dos senhores e o Rei dos reis; e vencerão com ele os seus chamados, escolhidos e fiéis" (Apocalipse

17:14). "Por isso Deus o exaltou à mais alta posição e lhe deu o nome que está acima de todo nome, para que ao nome de Jesus se dobre todo joelho, nos céus, na terra e debaixo da terra, e toda língua confesse que Jesus Cristo é o Senhor, para a glória de Deus Pai" (Filipenses 2:9-11). "Jesus Cristo [é] Senhor de todos" (Atos 10:36).

Ele se fez homem: "Embora sendo Deus, não considerou que o ser igual a Deus era algo a que devia apegar-se; mas esvaziou-se a si mesmo, vindo a ser servo, tornando-se semelhante aos homens" (Filipenses 2:6-7).

Ele é totalmente puro e sem pecado: "[Ele] passou por todo tipo de tentação, porém, sem pecado" (Hebreus 4:15). Ele "não cometeu pecado algum, e nenhum engano foi encontrado em sua boca. Quando insultado, não revidava; quando sofria, não fazia ameaças, mas entregava-se àquele que julga com justiça" (1Pedro 2:22-23). "Vocês sabem que ele se manifestou para tirar os nossos pecados, e nele não há pecado" (1João 3:5).

Aquele que não tem pecado se tornou sacrifício pelo nosso pecado: "Deus tornou pecado por nós aquele que não tinha pecado, para que nele nos tornássemos justiça de Deus" (2Coríntios 5:21). Ele "se entregou por nós a fim de nos remir de toda a maldade e purificar para si mesmo um povo particularmente seu, dedicado à prática de boas obras" (Tito 2:14).

Ele derramou seu próprio sangue como expiação pelo pecado: "Nele temos a redenção por meio de seu sangue, o perdão dos pecados, de acordo com as riquezas da graça de Deus, a qual ele derramou sobre nós com toda a sabedoria e entendimento" (Efésios 1:7-8). "Ele nos ama e nos libertou dos nossos pecados por meio do seu sangue" (Apocalipse 1:5).

Ele morreu na cruz para oferecer um caminho para a salvação de pecadores: "Ele mesmo levou em seu corpo os nossos pecados sobre o madeiro, a fim de que morrêssemos para os pecados e vivêssemos para a justiça; por suas feridas vocês foram curados" (1Pedro 2:24). "[...] e por meio dele reconciliasse consigo todas as coisas, tanto as que estão na terra quanto as que estão nos céus, estabelecendo a paz pelo seu sangue derramado na cruz" (Colossenses 1:20).

Ele ressuscitou em triunfo dentre os mortos: Cristo "foi declarado Filho de Deus com poder, pela sua ressurreição dentre os mortos: Jesus Cristo, nosso Senhor" (Romanos 1:4). "Ele foi entregue à morte por nossos pecados e ressuscitado para a nossa justificação." (4:25). "Pois o que primeiramente lhes transmiti foi o que recebi: que Cristo morreu pelos nossos pecados, segundo as Escrituras, foi sepultado e ressuscitou no terceiro dia, segundo as Escrituras" (1Coríntios 15:3-4).

Diga-lhes o que Deus exige deles

A exigência é a fé com arrependimento. Não é apenas uma "decisão" de confiar em Cristo para a vida eterna, mas um abandono completo de tudo em que confiamos e uma conversão a Cristo como Senhor e Salvador.

Arrependa-se: "Arrependam-se! Desviem-se de todos os seus males" (Ezequiel 18:30). "Arrependam-se e vivam!" (v. 32). "No passado Deus não levou em conta essa ignorância, mas agora ordena que todos, em todo lugar, se arrependam" (Atos 17:30). "Preguei em primeiro lugar aos que estavam em Damasco, depois aos que estavam em Jerusalém e em toda a Judeia, e também aos gentios, dizendo que se arrependessem e se voltassem para Deus, praticando obras que mostrassem o seu arrependimento" (Atos 26:20).

Afaste seu coração de tudo que desonra a Deus: "[Voltem-se] para Deus, deixando os ídolos a fim de servir ao Deus vivo e verdadeiro" (1Tessalonicenses 1:9).

Siga Jesus: "Se alguém quiser acompanhar-me, negue-se a si mesmo, tome diariamente a sua cruz e siga-me" (Lucas 9:23). "Ninguém que põe a mão no arado e olha para trás é apto para o Reino de Deus" (v. 62). "Quem me serve precisa seguir-me; e, onde estou, o meu servo também estará. Aquele que me serve, meu Pai o honrará" (João 12:26).

Confie nele como Senhor e Salvador: "Creia no Senhor Jesus, e serão salvos" (Atos 16:31). "Se você confessar com a sua boca que Jesus é Senhor e crer em seu coração que Deus o ressuscitou dentre os mortos, será salvo" (Romanos 10:9).

Aconselhe-os a calcular os custos com cuidado

A salvação *é* absolutamente gratuita. Alistar-se no exército também o é. Você não precisa pagar para entrar, e tudo de que necessita será providenciado. Mas em certo sentido, seguir a Cristo — como também alistar-se no exército — lhe custará caro. Pode custar-lhe sua liberdade, sua família, seus amigos, sua autonomia e talvez até mesmo sua vida.

O QUE PRECISO FAZER PARA SER SALVO?

A tarefa do evangelista — como também a do recrutador do exército — é abrir o jogo aos candidatos. É exatamente por isso que, muitas vezes, a mensagem de Jesus continha tantas exigências duras:

Se alguém vem a mim e ama o seu pai, sua mãe, sua mulher, seus filhos, seus irmãos e irmãs, e até sua própria vida mais do que a mim, não pode ser meu discípulo. E aquele que não carrega sua cruz e não me segue não pode ser meu discípulo. Qual de vocês, se quiser construir uma torre, primeiro não se assenta e calcula o preço, para ver se tem dinheiro suficiente para completá-la? Pois, se lançar o alicerce e não for capaz de terminá-la, todos os que a virem rirão dele, dizendo: "Este homem começou a construir e não foi capaz de terminar." Ou, qual é o rei que, pretendendo sair à guerra contra outro rei, primeiro não se assenta e pensa se com dez mil homens é capaz de enfrentar aquele que vem contra ele com vinte mil? Se não for capaz, enviará uma delegação, enquanto o outro ainda está longe, e pedirá um acordo de paz. Da mesma forma, qualquer de vocês que não renunciar a tudo o que possui não pode ser meu discípulo.

LUCAS 14:26-33

Não pensem que vim trazer paz à terra; não vim trazer paz, mas espada. Pois eu vim para fazer que o homem fique contra seu pai, a filha contra sua mãe, a nora contra sua sogra; os inimigos do homem serão os da sua própria família. Quem ama seu pai ou sua mãe mais do que a mim não é digno de mim; quem ama seu filho ou sua filha mais do que a mim não é digno de mim; e quem não toma a sua cruz e não me segue, não é digno de mim.

MATEUS 10:34-38

O enigma gratuito-custoso, morte-vida é expresso nos mais claros termos em João 12:24-25: "Digo-lhes verdadeiramente que, se o grão de trigo não cair na terra e não morrer, continuará ele só. Mas se morrer, dará muito fruto. Aquele que ama a sua vida, a perderá; ao passo que aquele que odeia a sua vida neste mundo, a conservará para a vida eterna."

219

A cruz é central ao evangelho justamente por causa de sua mensagem concreta, inclusive a natureza abominável do pecado e a profundeza da ira de Deus contra ele, bem como a eficácia da obra de Jesus na crucificação do homem antigo (Romanos 6:6). A. W. Tozer escreveu:

A cruz é a coisa mais revolucionária que já apareceu entre os homens.

A cruz dos tempos romanos não conhecia compromissos e jamais fazia concessões. Ganhava todas as discussões matando seus oponentes e calando-os para sempre. Ela não poupou Cristo, mas o matou como todos os outros. Ele estava vivo quando o penduraram naquela cruz e completamente morto quando o tiraram dela seis horas depois. Essa era a cruz quando apareceu pela primeira vez na história cristã. [...]

A cruz alcança seus fins destruindo um padrão estabelecido, o da vítima, e criando outro padrão, seu próprio. Assim, ela sempre consegue o que quer. Ela vence derrotando seu adversário e impondo sua vontade a ele. Ela sempre domina. Jamais faz concessões, jamais pechincha ou cede, jamais recua num ponto em prol da paz. Ela não se importa com a paz; ela só quer acabar com a oposição o mais rápido possível.

Tendo perfeito conhecimento de tudo isso, Cristo disse: "Se alguém quiser acompanhar-me, negue-se a si mesmo, tome diariamente a sua cruz e siga-me." Assim, a cruz não só encerra a vida de Cristo, mas também a primeira vida, a vida velha, de cada um de seus seguidores. Ela destrói os padrões antigos (o padrão de Adão) na vida do cristão e a leva ao fim. Então, o Deus que ressuscitou Cristo dentre os mortos ressuscita o cristão, e inicia-se uma nova vida.

Isso, e nada menos do que isso, é o cristianismo verdadeiro. [...]

Precisamos fazer algo com relação à cruz, e só podemos fazer uma de duas coisas: fugir dela ou morrer nela.[14]

"Pois quem quiser salvar a sua vida, a perderá; mas quem perder a sua vida por minha causa e pelo evangelho, a salvará. Pois, que adianta ao homem ganhar o mundo inteiro e perder a sua alma? Ou, o que o homem poderia dar em troca de sua alma?" (Marcos 8:35-37).

Incentive-os a confiar em Cristo

"Uma vez que conhecemos o temor ao Senhor, procuramos persuadir os homens" (2Coríntios 5:11). "Tudo isso provém de Deus, que nos reconciliou consigo mesmo por meio de Cristo e nos deu o ministério da reconciliação, ou seja, que Deus em Cristo estava reconciliando consigo o mundo, não levando em conta os pecados dos homens, e nos confiou a mensagem da reconciliação. Portanto, somos embaixadores de Cristo, como se Deus estivesse fazendo o seu apelo por nosso intermédio. Por amor a Cristo lhes suplicamos: Reconciliem-se com Deus" (2Coríntios 5:18-20).

"Busquem o Senhor enquanto é possível achá-lo; clamem por ele enquanto está perto. Que o ímpio abandone o seu caminho, e o homem mau, os seus pensamentos. Volte-se ele para o Senhor, que terá misericórdia dele; volte-se para o nosso Deus, pois ele dá de bom grado o seu perdão" (Isaías 55:7). "Se você confessar com a sua boca que Jesus é Senhor e crer em seu coração que Deus o ressuscitou dentre os mortos, será salvo. Pois com o coração se crê para justiça, e com a boca se confessa para salvação" (Romanos 10:9-10).

Onde entram as boas obras?

Em lugar nenhum do Novo ou do Antigo Testamento, encontramos um convite ao pecador para crer primeiro e obedecer apenas mais tarde. O chamado para confiar e obedecer é um único. A palavra *obedecer* é, às vezes, usada até para descrever a experiência da conversão: "[Ele] tornou-se a fonte da salvação eterna para todos os que lhe obedecem" (Hebreus 5:9).

Alguém verdadeiramente supõe que é possível *crer* e compreender tudo o que Jesus fez ao sofrer e morrer pelo pecado, aceitar a oferta do perdão de sua mão, e então afastar-se, não exaltá-lo com sua vida e até desenvolver desdém e rejeição e não crer nele, exatamente como aqueles que o mataram? Esse tipo de teologia é grotesco.

A verdade é: nossa entrega a Cristo nunca é mais pura do que no momento em que nascemos de novo. Naquele momento sagrado, encontramo-nos completamente sob o controle soberano do Espírito

Santo, unidos em Cristo como recipientes de um novo coração. Naquele momento, mais do que em qualquer outro, a obediência não é negociável, e nenhum convertido genuíno desejaria que fosse (cf. Romanos 6:17).

A conversão do apóstolo Paulo fornece a ilustração arquetípica. Nela, a questão era claramente o senhorio de Jesus. Quais foram as primeiras palavras de Paulo como cristão? "Que devo fazer, Senhor?" (Atos 22:10). Anos mais tarde, Paulo escreveu sobre tudo aquilo do qual desistiu na estrada para Damasco:

> [...] Se alguém pensa que tem razões para confiar na carne, eu ainda mais: circuncidado no oitavo dia de vida, pertencente ao povo de Israel, à tribo de Benjamim, verdadeiro hebreu; quanto à Lei, fariseu; quanto ao zelo, perseguidor da igreja; quanto à justiça que há na Lei, irrepreensível. *Mas o que para mim era lucro, passei a considerar como perda, por causa de Cristo. Mais do que isso, considero tudo como perda, comparado com a suprema grandeza do conhecimento de Cristo Jesus, meu Senhor, por quem perdi todas as coisas. Eu as considero como esterco* para poder ganhar Cristo e ser encontrado nele, não tendo a minha própria justiça que procede da Lei, mas a que vem mediante a fé em Cristo, a justiça que procede de Deus e se baseia na fé.
>
> FILIPENSES 3:4-9 (GRIFO MEU).

Podemos contemplar a conversão, a vida e o ministério de Paulo honestamente e acreditar que alguma vez ele adotou um evangelho que ensinava às pessoas que elas podiam ser salvas sem se submeterem à autoridade de Cristo?

A salvação pelo senhorio é, muitas vezes, apresentada de modo a ensinar às pessoas que elas precisam mudar de vida para serem salvas.[15] Mas não conheço nenhum representante da teologia do senhorio que ensina isso. Não existe um único professor legítimo da doutrina do senhorio que diria a um incrédulo que ele precisa primeiro "provar' que ele se qualifica para a salvação".[16] Como temos visto repetidas vezes em nosso estudo, as obras meritórias não têm lugar na salvação.

O QUE PRECISO FAZER PARA SER SALVO?

Mas *obras da fé* têm tudo a ver com o *porquê* de sermos salvos. Deus nos escolheu "a fim de nos remir de toda a maldade e purificar para si mesmo um povo particularmente seu, *dedicado à prática de boas obras*" (Tito 2:14, grifo meu). Este é o propósito de Deus desde toda eternidade: "Porque somos criação de Deus realizada em Cristo Jesus *para fazermos boas obras, as quais Deus preparou antes para nós as praticarmos*" (Efésios 2:10, grifo meu).

O primeiro mandamento que todo cristão deve cumprir é o batismo. Mencionei antes que, às vezes, os apóstolos incluíam o batismo ao chamado da fé (Atos 2:38; cf. Marcos 16:16). O batismo não é condição da salvação, mas um passo inicial de obediência do cristão. A conversão é completa antes do batismo, e este é apenas um sinal externo que testifica aquilo que ocorreu no coração do pecador. O batismo é um ritual, e é exatamente o tipo de "obra" que, segundo Paulo, não pode ser meritória (cf. Romanos 4:10-11).[17]

Mesmo assim, dificilmente podemos ler o Novo Testamento sem perceber a forte ênfase que a igreja primitiva dava ao batismo. Ela simplesmente *pressupunha* que todo cristão autêntico partiria para uma vida de obediência e discipulado. Isso não era negociável, portanto, a igreja via o batismo como ponto de virada. Eram considerados cristãos apenas aqueles que haviam sido batizados, por isso o eunuco etíope queria tanto ser batizado (Atos 8:36-39).

Infelizmente, a igreja de hoje trata o batismo como algo mais casual. Não é incomum encontrar pessoas que professam ser cristãs há anos, mas que nunca foram batizadas. Na igreja retratada em o Novo Testamento, isso era algo impensável, mas, infelizmente, perdemos o foco na obediência inicial.

Spurgeon escreveu: "Se o convertido professo afirma clara e deliberadamente que ele conhece a vontade do Senhor, mas não pretende obedecê-la, você não deve alimentar suas presunções. Sua tarefa é garantir-lhe que ele não é salvo."[18]

Como devemos testemunhar às crianças?

Devemos amenizar ou abreviar a mensagem quando instruímos crianças no evangelho? Não existe fundamento bíblico para isso. Certamente devemos usar uma terminologia que elas possam entender e ser claros e pacientes ao comunicar a mensagem. Mas quando as Escrituras falam sobre ensinar a verdade espiritual a crianças, elas enfatizam a *persistência*: "Que todas estas palavras que hoje lhe ordeno estejam em seu coração. Ensine-as com persistência a seus filhos. Converse sobre elas quando estiver sentado em casa, quando estiver andando pelo caminho, quando se deitar e quando se levantar". (Deuteronômio 6:6-7). Aparentemente, uma simplificação excessiva é mais perigosa do que o excesso de detalhes.

Crianças não podem ser salvas antes de alcançarem a idade em que consigam entender claramente o evangelho e aceitá-lo com uma fé genuína. Por isso, precisam ser maduras o bastante para entender o bem e o mal, pecado e castigo, arrependimento e fé. Certamente precisam ter a idade necessária para entender a seriedade do pecado e a natureza da santidade de Deus. Mas que idade é essa? Ela certamente varia de criança para criança, pois elas amadurecem em ritmos diferentes. Sendo assim, parte da nossa tarefa ao instruí-las é ajudá-las a adquirir uma compreensão desenvolvida dessas questões.

Não amenize as partes da mensagem que parecem desagradáveis. O sangue de Cristo, a cruz e a expiação dos pecados fazem parte da essência da mensagem. Se evitarmos esses temas, não estamos apresentando todo o evangelho. Não amenize a exigência de submissão, pois o senhorio de Cristo não é tão difícil que uma criança não possa compreender. Qualquer criança que consegue entender o evangelho básico é capaz também de, pela graça de Deus, confiar completamente nele e responder a ele com o tipo mais puro e mais sincero de entrega. Jesus chamou "uma criança, colocou-a no meio deles, e disse: 'Eu lhes asseguro que, a não ser que vocês se convertam e se tornem como crianças, jamais entrarão no Reino dos céus. Portanto, quem se faz humilde como esta criança, este é o maior no Reino dos céus'" (Mateus 18:2-4).

Lembre-se de que o fator primário na conversão de qualquer pessoa não é *o quanto da doutrina* ele conhece. O fator real é a extensão da obra

O QUE PRECISO FAZER PARA SER SALVO?

de Deus no coração. Nem mesmo o cristão mais maduro compreende toda a verdade de Deus. Apenas podemos começar a imaginar as riquezas da Palavra de Deus na vida atual. A compreensão plena de cada aspecto do evangelho certamente não é uma exigência para a salvação. Afinal de contas, o ladrão crucificado ao lado de Cristo sabia apenas que ele próprio era culpado e que Jesus, que era o Senhor e Messias verdadeiro, nada havia feito de errado (Lucas 23:40-42). Como ele sabia tanto? Jesus dissera a Pedro: "Isto não lhe foi revelado por carne ou sangue, mas por meu Pai que está nos céus" (Mateus 16:17). O apelo do ladrão era simples: "Jesus, lembra-te de mim quando entrares no teu Reino" (v. 42). Mas, a despeito do pouco conhecimento doutrinário dele, nosso Senhor lhe garantiu: "Hoje você estará comigo no paraíso" (v. 43).

É a tarefa do Espírito Santo, não a nossa, oferecer certeza (Romanos 8:14-16). Por isso, não ressalte excessivamente a certeza objetiva ao falar com crianças. Como observei anteriormente, muitas pessoas cujos corações são absolutamente frios com relação às coisas do Senhor acreditam que estão a caminho do céu simplesmente porque responderam positivamente a um convite evangelístico quando eram crianças. Após terem "pedido que Jesus entrasse em seu coração", não foram instruídas a examinarem a si mesmas e a nunca permitirem qualquer dúvida relacionada à sua salvação.

Certamente não podemos supor que cada profissão de fé reflita uma obra genuína de Deus no coração, e isso vale especialmente para as crianças. Muitas vezes, crianças reagem de forma positiva a convites do evangelho por inúmeras razões diferentes — e muitas dessas razões nada têm a ver com uma consciência do pecado e com uma compreensão real da verdade espiritual. Se levarmos crianças à "fé" por meio de uma pressão externa, sua "conversão" será espúria, pois apenas aqueles que entendem e são convidados a crer pelo Espírito verdadeiramente nascem de novo (João 3:6).

Lembre-se: uma reação positiva na infância não garante necessariamente que a questão da salvação eterna esteja resolvida para sempre. Mesmo que muitas pessoas assumam um compromisso genuíno com Cristo quando jovens, muitas outras — talvez a maioria — não alcançam uma compreensão adequada do significado do evangelho antes de sua adolescência. Outras pessoas que professam Cristo na infância se desviam, e é exatamente por isso que precisamos evitar a reação rápida e fácil e instruir nossas crianças com paciência, consistência e fidelidade ao longo de todo seu desenvolvimento. Encoraje cada passo na fé enquanto crescerem.

Precisamos ter um extremo cuidado para não vacinarmos as crianças contra qualquer compromisso real com Cristo quando elas alcançarem a idade da compreensão espiritual plena. Ensine o evangelho a elas — todo o evangelho —, mas entenda que você pode estar plantando as sementes para uma ceifa que talvez amadureça apenas após muitos anos. Se você ceifar um campo assim que as plantas brotarem, nunca será capaz de colher uma ceifa plena.

Uma palavra final

O primeiro credo da igreja primitiva era "Jesus é Senhor" (cf. Romanos 10:9-10; 1Coríntios 12:3). O senhorio de Cristo permeava a pregação apostólica, e ele permeia o Novo Testamento. No primeiro sermão apostólico, a mensagem de Pedro no dia de Pentecostes, este era o clímax:

> Deus ressuscitou este Jesus, e todos nós somos testemunhas desse fato. Exaltado à direita de Deus, ele recebeu do Pai o Espírito Santo prometido e derramou o que vocês agora veem e ouvem. Pois Davi não subiu aos céus, mas ele mesmo declarou: "O Senhor disse ao meu Senhor: Senta-te à minha direita até que eu ponha os teus inimigos como estrado para os teus pés". Portanto, que todo o Israel fique certo disto: Este Jesus, a quem vocês crucificaram, *Deus o fez Senhor e Cristo.*
>
> ATOS 2:32-36 (GRIFO MEU)

O contexto não deixa dúvida sobre o que Pedro pretendia dizer. Isso era uma mensagem sobre a autoridade absoluta de Cristo como o Soberano único e abençoado, o Rei dos reis e Senhor dos senhores (cf. 1Timóteo 6:15-16).

Em todo o livro de Atos, o senhorio absoluto de Jesus é um tema recorrente. Quando Pedro abriu o ministério do evangelho aos gentios na casa de Cornélio, ele declarou novamente: "Jesus Cristo [é] Senhor de todos" (Atos 10:36). Só no livro de Atos, o título "Senhor" é usado em referência a Jesus cinquenta vezes mais do que "Salvador". A verdade do seu senhorio era a essência da pregação apostólica. O senhorio de Cristo *é* o evangelho segundo os apóstolos.

Em seu maravilhoso livro *Jesus is Lord* [Jesus é Senhor], T. Alan Chrisope escreve: "Não existe elemento mais proeminente na pregação apostólica do que a ressurreição, a exaltação e o senhorio de Jesus."[19] E acrescenta:

> A confissão "Jesus é Senhor" é a confissão mais predominante no Novo Testamento. Ela não só ocorre em várias passagens que destacam seu caráter singular como *a* confissão cristã (por exemplo, em Filipenses 2:9-11; Romanos 10:9; 1Coríntios 12:3; 8:5-6; cf. Efésios 4:5), mas ocorre também inúmeras vezes numa variante na expressão "nosso Senhor", uma designação que era tão usada que se tornou a confissão distintiva e universalmente reconhecida, conhecida e adotada por todos os cristãos.[20]

"Todos os fatos básicos da história do evangelho estão contidos implicitamente nesta única confissão sucinta: 'Jesus é Senhor'."[21]

O apóstolo Paulo disse: "Mas não pregamos a nós mesmos, mas a Jesus Cristo, o Senhor" (2Coríntios 4:5). Isso nos leva a concluir que o senhorio de Jesus *é* a mensagem apostólica.

Encerrei meu livro anterior sobre o evangelho com estas palavras, que servem como conclusão apropriada também para esta obra:

> [Jesus] é Senhor, e aqueles que o recusam como Senhor não podem usá-lo como Salvador. Todos que o recebem precisam se submeter à sua autoridade, pois afirmar que recebemos a Cristo quando, na verdade, rejeitamos seu direito de reinar sobre nós é um completo absurdo. É uma tentativa fútil de agarrar-se ao pecado com uma mão e a Jesus com a outra. Que tipo de salvação é esta se permanecemos na escravidão ao pecado?
>
> Este, então, é o evangelho que proclamamos: que Jesus Cristo, que é Deus encarnado, se humilhou a si mesmo para morrer em nosso

lugar. Assim, ele se tornou o sacrifício imaculado para pagar a penalidade da nossa culpa. Ele ressuscitou dentre os mortos para declarar com poder que ele é Senhor sobre tudo e que oferece a vida eterna gratuitamente a pecadores que se entregam a ele em fé humilde e penitente. Esse evangelho nada promete ao rebelde altivo; por outro lado, ao pecador quebrantado e penitente oferece graciosamente tudo que pertence à vida e à santidade (2Pedro 1:3).[22]

APÊNDICE 1

Uma comparação de três visões

A tabela a seguir é uma comparação das posições sobre os principais temas da controvérsia do senhorio. Para a documentação, veja o capítulo 2. Leitores interessados em uma análise mais aprofundada das questões centrais à controvérsia do senhorio se beneficiarão muito do excelente Livro de LESCELIUS, Robert. *Lordship Salvation: Some Crucial Questions and Answers* [Salvação por senhorio: questões cruciais e respostas]. Asheville: Revival Literature, 1992. Outro recurso muito útil é BELCHER, Richard P. *A Layman's Guide to the Lordship Controversy* [Guia para leigos sobre a controvérsia do senhorio]. Soutbridge: Crowne Publications, 1990.

	Senhorio	Não senhorio	Não senhorio radical
A cruz	A morte de Cristo na cruz pagou a penalidade plena por nossos pecados e adquiriu a salvação eterna. Seu sacrifício expiatório capacita Deus a justificar os pecadores gratuitamente sem comprometer a perfeição da justiça divina. Pela ressurreição dentre os mortos, ele declara sua vitória sobre o pecado e a morte.	Concorda.	Concorda.
Justificação pela fé	A salvação ocorre pela graça por meio da fé somente no Senhor Jesus Cristo — nem mais nem menos.	Concorda.	Concorda.
Boas obras	Os pecadores não podem conquistar a salvação ou o favor de Deus.	Concorda.	Concorda.
Pré-requisitos para a salvação	Deus não exige daqueles que são salvos qualquer obra preparatória ou melhorias anteriores da própria pessoa.	Concorda.	Concorda.
Vida eterna	A vida eterna é um dom de Deus.	Concorda.	Concorda.
Justificação imediata	Aqueles que creem são salvos e plenamente justificados antes de sua fé produzir uma única obra justa.	Concorda.	Concorda.
Cristãos e o pecado	Cristãos podem pecar e de fato pecam. Até mesmo os cristãos mais fortes travam uma batalha constante e intensa contra o pecado na carne. Às vezes, cristãos genuínos cometem pecados abomináveis.	Concorda.	Concorda.

APÊNDICE 1

	Senhorio	Não senhorio	Não senhorio radical
Arrependimento	O evangelho chama os pecadores para a fé ao mesmo tempo em que os chama para o arrependimento. Arrependimento é o abandono do pecado. Não é uma obra, mas uma graça divinamente concedida. Arrependimento é uma transformação do coração, todavia, o arrependimento autêntico também produzirá uma transformação na conduta.	Arrependimento é uma transformação da mente com relação a Cristo. No contexto do evangelho, *arrependimento* é apenas um sinônimo de *fé*. Não exige nenhum abandono do pecado para a salvação.	Arrependimento não é essencial à mensagem do evangelho e não apresenta qualquer vínculo com a fé salvadora.
Fé	Toda salvação é obra de Deus, e aqueles que creem são salvos independentemente de qualquer esforço próprio. Até mesmo a fé é dom de Deus, não é obra do homem. A fé verdadeira não pode ser deficiente ou efêmera, mas permanece para sempre.	Toda a salvação, inclusive a fé, é dom de Deus. Mas a fé pode não perdurar. Um cristão verdadeiro pode deixar de crer completamente.	A fé é um ato humano, não um dom de Deus. Ela ocorre num momento decisivo, mas não continua necessariamente. A fé verdadeira pode ser subvertida, derrubada, implodir ou até mesmo se transformar em descrença.
Objeto da fé	O objeto da fé é Cristo, não apenas um credo ou uma promessa. Portanto, a fé envolve um compromisso pessoal com Cristo. Em outras palavras: Todos os cristãos verdadeiros seguem a Cristo.	A fé salvadora é simplesmente convencer-se ou acreditar na verdade do evangelho. É a confiança de que Cristo pode remover a culpa e dar vida eterna, mas não significa um compromisso pessoal com *ele*.	"Crer" para a salvação é crer nos *fatos* do evangelho. "Confiar em Jesus" significa acreditar nos "fatos salvadores" sobre ele, e acreditar nos fatos significa apropriar-se do dom da vida eterna. Aqueles que acrescentam qualquer noção de compromisso se desviam da ideia da salvação do Novo Testamento.
Os efeitos da fé	A fé real inevitavelmente produz uma vida transformada. Salvação inclui uma transformação da pessoa interior. A natureza do cristão é diferente, nova. O padrão de pecado e inimizade com Deus não continuará quando uma pessoa nascer de novo.	*Algum* fruto espiritual é inevitável em toda experiência cristã. O fruto, porém, pode não ser visível a outros. O cristão pode até cair num estado de infertilidade espiritual permanente.	O fruto espiritual não é garantido na vida cristã. Alguns cristãos passam toda sua vida num deserto infértil de derrota, confusão e todo tipo de mal.

	Senhorio	Não senhorio	Não senhorio radical
Extensão da salvação	O dom de Deus, a vida eterna, inclui tudo que pertence à vida e santidade, não é apenas uma passagem para o céu.	Apenas os aspectos *jurídicos* da fé — como justificação, adoção, justiça imputada e santificação posicional — são garantidos nesta vida ao cristão. A santificação e o crescimento *práticos* na graça exigem um ato de dedicação pós-conversão.	O céu é garantido aos cristãos, mas a vitória do cristão não o é. Poderíamos até dizer que "os salvos" ainda precisam da salvação. Cristo oferece toda uma gama de experiências de libertação pós-conversão para fornecer aquilo que falta aos cristãos, mas essas outras "salvações" exigem o acréscimo de obras humanas, como obediência, submissão e o professar Jesus como Senhor. Assim, Deus depende, de certa maneira, do esforço humano para alcançar a libertação do pecado nesta vida.
Senhorio de Cristo	Jesus é Senhor de todos, e a fé que ele exige envolve uma entrega incondicional. Ele não concede vida eterna àqueles cujos corações permanecem em oposição a ele.	A submissão à suprema autoridade de Cristo como Senhor não é essencial à transação salvadora. Nem dedicação nem *disposição* a Cristo são aspectos da salvação. As novas de que Cristo morreu pelos nossos pecados e ressuscitou dentre os mortos são o evangelho *completo*. Nada mais precisa ser crido para a salvação.	A submissão de forma nenhuma é condição para a vida eterna. "Clamar ao Senhor" significa *apelar* a ele, não *submeter-se* a ele.
Desejos santos	Aqueles que realmente creem amam a Cristo, por isso, desejam obedecer-lhe.	Os cristãos podem cair num estado de carnalidade vitalícia. Existe na igreja toda uma categoria de "cristãos carnais" — pessoas renascidas que continuam a viver como os não salvos.	Nada garante que um cristão verdadeiro amará a Deus. Nem mesmo é necessário que a salvação coloque o pecador num relacionamento harmonioso com Deus.

APÊNDICE 1

	Senhorio	Não senhorio	Não senhorio radical
Certeza	A conduta é um teste importante da fé, e obediência é evidência de que a fé de uma pessoa é real. Por outro lado, a pessoa que permanece indisposta a obedecer a Cristo não evidencia fé verdadeira.	Desobediência e pecado prolongado não são motivo para duvidar da realidade da fé de uma pessoa.	Se as pessoas tiverem certeza de que creem, sua fé *precisa* ser genuína. *Todos* que professam Cristo como Salvador pela fé — até mesmo aquelas envolvidas em pecado sério ou prolongado — podem ter a certeza de que pertencem a Deus aconteça o que acontecer. É perigoso e destrutivo questionar a salvação de cristãos professos. Os autores do Novo Testamento *nunca* questionaram a realidade da fé de seus leitores.
Perseverança	Cristãos autênticos podem tropeçar e cair, mas eles perseverarão na fé. Aqueles que, mais tarde, abandonam completamente o Senhor, jamais nasceram de novo.	Um cristão pode abandonar Cristo totalmente e chegar ao ponto da descrença. Deus garantiu que ele não desapropriará aqueles que assim abandonam a fé. Aqueles que creram uma vez estão seguros para sempre, mesmo que se desviem.	É possível experimentar um momento de fé que garante o céu para toda a eternidade e, então, afastar-se permanentemente e viver uma vida que não apresente qualquer fruto espiritual. Cristãos autênticos podem até deixar de mencionar o nome de Cristo ou professar o cristianismo.

APÊNDICE 2

O que é dispensacionalismo e o que ele tem a ver com a salvação pelo senhorio?

Um dos elementos mais desnorteadores de toda a controvérsia do senhorio envolve o dispensacionalismo. Alguns supõem que meu ataque contra a teologia do não senhorio é uma guerra total contra o dispensacionalismo, mas não é o caso. Alguns leitores talvez se surpreendam ao saber que a questão do dispensacionalismo é uma área em que Charles Ryrie, Zane Hodges e eu nos firmamos no mesmo solo — todos somos dispensacionalistas.

Compreensivelmente, o termo *dispensacionalismo* confunde muitas pessoas. Conheço seminaristas formados e muitos líderes cristãos que não fazem a menor ideia de como definir dispensacionalismo. Qual a diferença entre este e a teologia da aliança? O que ele tem a ver com a salvação pelo senhorio? Talvez consigamos responder a essas perguntas de modo simples, sem a necessidade de recorrer ao jargão teológico.

O dispensacionalismo é um sistema de interpretação bíblica que faz uma distinção entre o programa de Deus para Israel e seus planos para a igreja. É realmente simples assim.

Uma *dispensação* é o plano de Deus por meio do qual ele administra seu domínio dentro de determinada era de seu programa eterno. Dispensações não são períodos de *tempo*, mas diferentes *administrações* na realização eterna do propósito de Deus. É especialmente importante observar que o caminho da salvação — pela graça, por meio da fé — é

235

O EVANGELHO SEGUNDO OS APÓSTOLOS

o mesmo em cada dispensação. O plano redentor de Deus permanece inalterado, mas a forma como ele o administra varia de uma dispensação para outra. Os dispensacionalistas observam que Israel era o foco do plano redentor de Deus em uma dispensação. A igreja, que consiste em pessoas remidas e inclui judeus e gentios, é o foco de outra. Todos os dispensacionalistas acreditam que pelo menos uma dispensação ainda é futura — a do reinado de mil anos de Cristo na Terra, conhecido como o milênio, em que Israel voltará a exercer um papel central.

O dispensacionalismo ensina que todas as promessas restantes de Deus a Israel serão literalmente cumpridas — inclusive a promessa de bênçãos terrenas e de um reino messiânico terreno. Deus prometeu a Israel, por exemplo, que possuiriam a terra prometida para sempre (Gênesis 13:14-17; Êxodo 32:13). As Escrituras declaram que o Messias reinará sobre os reinos da Terra a partir de Jerusalém (Zacarias 14:9-11). A profecia do Antigo Testamento afirma que todo Israel será restaurado à terra prometida (Amós 9:14-15), que o templo será reconstruído (Ezequiel 37:26-28) e que o povo de Israel será remido (Jeremias 23:6; Romanos 11:26-27). Os dispensacionalistas acreditam que essas bênçãos prometidas serão cumpridas literalmente, como ocorreu também com as maldições prometidas.

A teologia da aliança, por sua vez, costuma ver essas profecias como *já* cumpridas no sentido alegórico ou simbólico e defende que a igreja, não o Israel literal, é o recipiente das promessas da aliança. Acredita que a igreja ultrapassou Israel no programa eterno de Deus e, portanto, que as promessas de Deus a Israel são cumpridas em bênçãos espirituais realizadas por cristãos.[1] Já que seu sistema não permite um cumprimento literal das bênçãos prometidas à nação judaica, os teólogos da aliança alegorizam ou espiritualizam essas passagens proféticas da Palavra de Deus.

Eu sou dispensacionalista porque, normalmente, essa abordagem compreende e aplica as Escrituras — especialmente as profecias — de modo mais consistente com a abordagem normal e literal, que eu acredito ser a intenção de Deus para a interpretação das Escrituras.[2] Por exemplo: os dispensacionalistas podem interpretar ao pé da letra Zacarias 12-14, Romanos 11:25-29 e Apocalipse 20:1-6. O teólogo da aliança, por sua vez, não.

APÊNDICE 2

Portanto, estou convencido de que a distinção dispensacionalista entre a igreja e Israel é uma compreensão correta do plano eterno de Deus revelado nas Escrituras. Não abandonei o dispensacionalismo e nem pretendo fazê-lo.

A propósito, perceba que a descrição que o Dr. Ryrie dá do dispensacionalismo e as razões que ele cita para acatar o sistema são muito semelhantes às que descrevi aqui. Alguns anos atrás, ele escreveu: "A essência do dispensacionalismo, então, é a distinção entre Israel e a igreja, e isso resulta do emprego consistente do dispensacionalista da interpretação normal ou literal."[3] Aparentemente, no que diz respeito a essas questões, Ryrie e eu concordamos fundamentalmente. É na aplicação prática do nosso dispensacionalismo que divergimos. O sistema do dr. Ryrie acaba sendo um pouco mais complexo do que sua própria definição poderia sugerir.

O debate do senhorio tem tido um efeito devastador sobre o dispensacionalismo. Já que a teologia do não senhorio se associa tão intimamente ao dispensacionalismo, muitos têm reconhecido uma relação de causa e efeito entre os dois. Em *O evangelho segundo Jesus*, defendi que alguns dispensacionalistas estabeleceram o fundamento para o ensino do não senhorio. Discordei dos extremistas dispensacionalistas que relegam seções inteiras das Escrituras — inclusive o Sermão do Monte e a Oração do Nosso Senhor — a uma era do reino ainda futura. Critiquei a forma como alguns dispensacionalistas têm tratado a pregação e o ensino de Jesus de modo a apagar a intenção evangelística de alguns de seus convites mais importantes. Também denunciei a metodologia adotada pelos dispensacionalistas que pretendem isolar a salvação do arrependimento, a justificação da santificação, a fé das obras e o senhorio de Cristo de seu papel como Salvador, de modo a separar o que Deus reuniu.

Vários antidispensacionalistas enalteceram o livro como um golpe duro contra o dispensacionalismo e, assim, queriam declarar a morte do sistema e celebrar seu funeral.

Francamente, algumas formas híbridas do dispensacionalismo deveriam morrer, e eu alegremente me unirei ao cortejo fúnebre, mas é um erro escrever que todo o dispensacionalismo é inválido. Meu propósito não é atacar as raízes do dispensacionalismo, mas defender uma aplicação mais pura, mais bíblica do princípio literal, histórico e gramatical da interpretação. O método hermenêutico que subjaz ao dispensacionalismo é fundamentalmente correto e não deve ser abandonado. Esta *não* é a questão do debate do senhorio.

Quem é dispensacionalista? Praticamente todos os dispensacionalistas são evangélicos teologicamente conservadores. Nossa visão das Escrituras é tipicamente muito elevada; nosso método de interpretação é consistentemente literal; e nosso zelo pelas coisas espirituais arde por conta da nossa convicção de que estamos vivendo os últimos dias.

Como o dispensacionalismo influencia nossa perspectiva teológica geral? Obviamente, a questão central em todo sistema dispensacionalista é a *escatologia* ou o estudo da profecia. Todos os dispensacionalistas são *pré-milenaristas,* ou seja, acreditam num futuro reino terreno de mil anos de Cristo — é isso que uma abordagem literal à profecia exige (cf. Apocalipse 20:1-10). Os dispensacionalistas podem não concordar no que diz respeito ao momento do arrebatamento, ao número de dispensações ou a outros detalhes, mas sua posição com relação ao reino milenar terreno é determinada por seu modo de interpretação bíblica.

O dispensacionalismo tem implicações também para a *eclesiologia,* a doutrina da Igreja, por causa da diferenciação entre igreja e Israel. Muitos dispensacionalistas, inclusive eu, concordam que existe alguma continuidade entre o povo de Deus do Antigo e do Novo Testamento, no sentido de que compartilhamos uma salvação comum adquirida por Jesus Cristo e apropriada pela graça por meio da fé. Mas os dispensacionalistas não aceitam o ensino da teologia da aliança de que a igreja é o Israel espiritual. A teologia da aliança reconhece uma continuidade entre o ritual judaico e os sacramentos do Novo Testamento. Em seu sistema, a circuncisão e o batismo têm um significado semelhante — na verdade, muitos teólogos da aliança usam a analogia da circuncisão para defender o batismo de crianças. Os dispensacionalistas, por sua vez, tendem a ver o batismo como um sacramento apenas para cristãos, distinto do rito judaico.

Assim, o dispensacionalismo molda nossa *escatologia* e nossa *eclesiologia* — essa é a sua extensão. O dispensacionalismo puro não tem ramificações para as doutrinas de Deus, do homem, do pecado ou da santificação. E mais: o dispensacionalismo verdadeiro não faz nenhuma contribuição relevante para a *soteriologia*, isto é, para a doutrina da salvação. Em outras palavras, nada numa abordagem legitimamente dispensacionalista às Escrituras exige que definamos o evangelho de modo específico ou distinto. Na verdade, se a mesma preocupação zelosa com a hermenêutica literal, que resulta numa distinção entre Israel e a igreja, fosse seguida consistentemente na questão da salvação, não existiria nada como a teologia do não senhorio.

Qual é a conexão entre o dispensacionalismo e a doutrina do não senhorio?

No entanto, permanece o fato de que virtualmente todos os defensores da doutrina do não senhorio são dispensacionalistas. Nenhum teólogo da aliança defende o evangelho do não senhorio. Por quê?

Compreenda, em primeiro lugar, que o dispensacionalismo nem sempre foi bem representado por seus defensores mais entusiasmados. Como já observei, a singularidade do dispensacionalismo é que reconhecemos uma distinção nas Escrituras entre Israel e a igreja. Essa perspectiva singular, comum a todos os dispensacionalistas, nos diferencia dos não dispensacionalistas e é, podemos dizer, o único elemento do ensino dispensacionalista tradicional que resulta da interpretação literal de textos bíblicos. É também a única doutrina que todos os dispensacionalistas têm em comum. É por isso que eu a isolei como característica que define o dispensacionalismo. Quando falo do dispensacionalismo "puro", estou me referindo a esse denominador comum — a distinção entre Israel e a igreja.

Reconheço, porém, que a maioria dos dispensacionalistas insere uma bagagem muito maior em seus sistemas do que este elemento específico. Os primeiros dispensacionalistas muitas vezes embalavam sua doutrina em sistemas complexos e esotéricos ilustrados por diagramas complicados, e carregavam seu repertório com ideias extrínsecas e ensinamentos novos, alguns dos quais perduram hoje em várias vertentes do dispensacionalismo. Os primeiros porta-vozes do dispensacionalismo incluíam J. N. Darby, fundador dos Plymouth Brethern e considerado por muitos o pai do dispensacionalismo moderno; Cyris I. Scofield,

O EVANGELHO SEGUNDO OS APÓSTOLOS

autor da *Scofield Reference Bible*; Clarence Larken, cujo livro de gráficos dispensacionais tem sido vendido em grande quantidade desde 1918; e Ethelbert W. Bullinger, um clérigo anglicano que levou o dispensacionalismo a um extremo inédito, normalmente chamado *ultradispensacionalismo*.[4] Muitos desses homens eram teólogos autodidatas e exerciam profissões seculares. Darby e Scofield, por exemplo, eram advogados, e Larkin era um projetista mecânico. Eram leigos cujos ensinos adquiriram enorme popularidade principalmente em virtude de um entusiasmo de base.

Infelizmente, alguns desses primeiros desenvolvedores do dispensacionalismo não demonstraram a precisão e o discernimento que poderiam ter tido se tivessem se beneficiado de uma educação teológica mais completa. C. I. Scofield, por exemplo, incluiu uma observação em sua Bíblia de referências que contrastava "a obediência legal como condição da salvação [no Antigo Testamento]" com "a aceitação de Cristo" como condição da salvação na dispensação atual.[5] Os críticos não dispensacionalistas muitas vezes atacaram o dispensacionalismo por ensinar que as condições da salvação variam de dispensação em dispensação. Aqui, pelo menos, Scofield se expôs a essa crítica, mesmo aparentando reconhecer em outros contextos que a lei nunca foi um meio da salvação para os santos do Antigo Testamento.[6]

O amadurecimento do dispensacionalismo, então, tem sido basicamente um processo de refinar, destilar, esclarecer e excluir o que é extrínseco e equivocado. Dispensacionalistas posteriores, como Donald Grey Barnhouse, Wilbur Smith, Allan MacRae e H. A. Ironside se preocupavam cada vez mais das falácias que assolavam grande parte do ensino dispensacionalista primitivo. As obras de Ironside mostram sua determinação de enfrentar os erros dentro do movimento. Ele atacou o ultradispensacionalismo de Bullinger[7] e criticou o ensino que relegava o arrependimento a outra era,[8] condenou a teologia do "cristão carnal", que ajudou a abrir o caminho para o ensino do não senhorio radical de hoje.[9] Os escritos de Ironside estão cheios de advertências contra o antinomianismo.[10]

Os não dispensacionalistas tendem a transformar o dispensacionalismo em caricatura ressaltando seus excessos, e, francamente, o movimento tem produzido ensinamentos abomináveis em número indevido.

APÊNDICE 2

Muitas vezes os dispensacionalistas têm sido obrigados a reconhecer que alguns dos pontos de seus críticos eram válidos.[11] A distinção bíblica entre Israel e a igreja, porém, permanece ilesa como essência do dispensacionalismo puro.

Mais recentemente, o dispensacionalismo tem sofrido uma onda de críticas vigorosas, concentrada principalmente no relacionamento entre o dispensacionalismo e o evangelho do não senhorio. Vemos evidências disso em *Wrongly Dividing the Truth: A Critique of Dispensationalism* [Dividindo a verdade de maneira errada: uma crítica ao dispensacionalismo], de John Gerstner.[12] Gerstner ataca corretamente os elementos do antinomianismo e da soteriologia do não senhorio nos ensinamentos de alguns dispensacionalistas, no entanto, supõe equivocadamente que essas coisas são inerentes a todo o dispensacionalismo. Ele rejeita o movimento como um todo por causa da teologia fajuta que ele encontra nos ensinamentos de vários dispensacionalistas renomados.

É um equívoco grosseiro supor que o antinomianismo ocupa o centro da doutrina dispensacionalista. Além do mais, não é justo retratar todos os dispensacionalistas como teólogos pouco sofisticados ou desleixados. Muitos estudantes hábeis e cautelosos das Escrituras têm acatado o dispensacionalismo, evitando o antinomianismo, o extremismo e outros erros. Os homens que me instruíram no seminário eram todos dispensacionalistas, no entanto, nenhum deles teria defendido o ensino do não senhorio.[13]

No entanto, ninguém pode negar que o dispensacionalismo e o antinomianismo foram, muitas vezes, defendidos pelas mesmas pessoas. Todos os argumentos recentes apresentados em defesa da teologia do não senhorio têm suas raízes em ideias popularizadas pelos dispensacionalistas, e os principais defensores da teologia do não senhorio contemporânea são todos dispensacionalistas. A controvérsia do senhorio é meramente uma bolha na superfície de tensões que sempre existiram dentro e em torno da comunidade dos dispensacionalistas. Esse ponto é essencial para uma compreensão clara de toda essa controvérsia.

Assim, a fim de compreendermos algumas doutrinas-chave do evangelho do não senhorio, precisamos entender sua relação com a tradição dispensacionalista.

Dividindo banalmente a Palavra?

Para alguns dispensacionalistas, a distinção entre Israel e a igreja é apenas o ponto de partida. Sua teologia é impregnada de contrastes semelhantes: entre igreja e reino, crentes e discípulos, naturezas antiga e nova, fé e arrependimento. Obviamente, existem muitas distinções legítimas que podem ser encontradas nas Escrituras e numa teologia sã: antigas e novas alianças, lei e graça, fé e obras, justificação e santificação. Muitas vezes, porém, os dispensacionalistas tendem a levar ao extremo até mesmo os contrastes legítimos. A maioria dos dispensacionalistas que acatou a doutrina do não senhorio imagina, por exemplo, que lei e graça são termos opostos que se excluem mutuamente ou que fé e obras são, de alguma forma, incompatíveis.

Alguns dispensacionalistas aplicam 2Timóteo 2:15 ("Procure apresentar-se a Deus aprovado, como obreiro que não tem do que se envergonhar *e que maneja corretamente* a palavra da verdade" — grifo meu) como se a palavra-chave fosse *manejando*, e não *corretamente*. A tendência dispensacionalista de manejar e contrastar tem gerado uma exegese um tanto criativa. Alguns dispensacionalistas ensinam, por exemplo, que "o reino do céu" e "o reino de Deus" se referem a esferas diferentes.[14] Os termos são claramente sinônimos na Bíblia, como mostra uma comparação entre Mateus e Lucas (Mateus 5:3 // Lucas 6:20; Mateus 10:7 // Lucas 10:9; Mateus 11:11 // Lucas 7:28; Mateus 11:12 // Lucas 16:16; Mateus 13:11 // Lucas 8:10; Mateus 13:31-33 // Lucas 13:18-21; Mateus 18:4 // Lucas 18:17; Mateus 19:23 // Lucas 18:24). Mateus é o único livro em toda a Bíblia que usa a expressão "reino do céu"; e ele, escrevendo para um público predominantemente judeu, entendia sua sensibilidade referente ao uso do nome de Deus e simplesmente empregou o eufemismo comum *céu*. Assim, o reino do céu *é* o reino de Deus.

Essa tendência de contrapor verdades paralelas umas às outras ocupa o centro da teologia do não senhorio. O senhorio de Jesus e seu papel como Salvador são isolados um do outro, permitindo assim reivindicá-lo como Salvador, mas recusá-lo como Senhor. A justificação é separada da santificação, legitimando assim a noção da salvação sem transformação. Meros crentes são separados dos discípulos, estabelecendo duas classes de cristãos, os carnais e os espirituais. A fé é

APÊNDICE 2

lançada contra a obediência, anulando o aspecto moral do ato de crer, e a graça torna-se antítese da lei, oferecendo o fundamento para um sistema que é inerentemente antinomiano.

A dicotomia entre graça e lei merece um exame mais minucioso. Muitos dos primeiros sistemas dispensacionalistas eram obscuros no que diz respeito ao papel da graça na economia mosaica e ao lugar da lei na dispensação atual. Como observei, Scofield deixou a impressão infeliz de que os santos do Antigo Testamento eram salvos por observarem a lei. O aluno mais famoso de Scofield foi Lewis Sperry Chafer, cofundador do Dallas Theological Seminary. Chafer, um escritor prolífico, escreveu a primeira teologia sistemática dispensacionalista, e seu sistema tornou-se padrão para várias gerações de dispensacionalistas treinados em Dallas. Mas Chafer repetiu o erro de Scofield. Em seu sumário sobre a *justificação*, ele escreveu:

> Segundo o Antigo Testamento, os homens eram justos porque eram fiéis na observação da Lei mosaica. Miquéias define essa vida desta forma: "Ele mostrou a você, ó homem, o que é bom e o que o SE-NHOR exige: pratique a justiça, ame a fidelidade e ande humildemente com o seu Deus" (Miquéias 6:8). *Portanto, os homens eram justos por causa de suas próprias obras para Deus, enquanto a justificação do Novo Testamento é obra de Deus para o homem em resposta à sua fé* (cf. Romanos 5:1).[15]

Apesar de Chafer ter negado em outros lugares que ensinava formas múltiplas de salvação, é evidente que ele estabeleceu um abismo enorme entre graça e lei. Ele acreditava que a lei do Antigo Testamento impunha "uma obrigação de adquirir mérito" com Deus.[16] Por outro lado, Chafer acreditava que graça liberta o filho de Deus "de todo aspecto da lei — como regra de vida, como obrigação de tornar-se aceitável a Deus e como dependência da carne impotente".[17] "Os ensinamentos de graça não são *leis*; são *sugestões*. Não são *exigências*, são *incentivos*", escreveu.[18]

No sistema de Chafer, Deus parece flutuar entre dispensações da lei e dispensações da graça. Graça era a regra de vida desde Adão até Moisés, e a "lei pura" assumiu quando uma nova dispensação se iniciou no Sinai. Na dispensação atual, a regra é "a graça pura". O reino milenar

O EVANGELHO SEGUNDO OS APÓSTOLOS

será outra dispensação de "lei pura". Evidentemente, Chafer acreditava que graça e lei não podiam coexistir, e, assim, parecia eliminar uma ou outra em cada dispensação. Ele escreveu:

> Tanto a era antes da cruz quanto a era após o retorno de Cristo representam o exercício da lei pura; o período entre as duas eras representa o exercício da graça pura. *É imperativo, portanto, que não devemos misturar desleixadamente esses elementos caracterizadores de eras*, pois, caso contrário, a preservação das distinções mais importantes nos vários relacionamentos de Deus com o homem se perdem, e o reconhecimento da verdadeira força da morte de Cristo e de sua vinda é obscurecido.[19]

Ninguém pode negar que as Escrituras estabelecem um contraste claro entre lei e graça. João 1:17 diz: "Pois a Lei foi dada por intermédio de Moisés; a graça e a verdade vieram por intermédio de Jesus Cristo." Romanos 6:14 diz: "Vocês não estão debaixo da Lei, mas debaixo da graça." Portanto, a distinção entre lei e graça é evidente nas Escrituras.

Mas graça *e* lei operam em cada dispensação. Graça é e sempre foi o único meio da salvação eterna. A mensagem central de Romanos 4 é que Abraão, Davi e todos os outros santos do Antigo Testamento foram justificados pela graça por meio da fé, não porque observaram a lei.[20] O apóstolo Paulo acreditava que podemos anular a lei nesta era de graça pura? A resposta de Paulo a essa pergunta foi inequívoca: "De maneira nenhuma! Ao contrário, confirmamos a Lei" (Romanos 3:31).

Para sermos justos, precisamos observar que Chafer, quando questionado sobre esse ponto, reconheceu que a graça de Deus e o sangue de Cristo eram o único fundamento para a salvação dos pecadores em qualquer era.[21] Precisamos ressaltar, porém, que Chafer, Scofield e outros que os seguiram estabeleceram diferenças excessivas entre as dispensações do Antigo e do Novo Testamento. Tentando evitar o que ele considerava uma "mistura desleixada" de lei e graça, Chafer chegou a uma "era da lei" legalista e a uma "era da graça" que cheiram a antinomianismo.

O próprio Chafer foi um homem santo, dedicado à santidade e aos altos padrões da vida cristã. Na prática, ele jamais teria justificado a carnalidade, mas seu sistema dispensacionalista — com as dicotomias

APÊNDICE 2

duras que ele introduziu; com seus "ensinamentos de graça" que eram "sugestões", não exigências; com seu conceito de graça "pura" oposta à lei de qualquer tipo — abriu o caminho para um tipo de cristianismo que tem legitimado a conduta despreocupada e carnal.

Poderíamos dizer que Chafer é o pai da teologia do não senhorio do século XX. Para ele, arrependimento e submissão eram dois "aspectos mais comuns da responsabilidade humana, que, muitas vezes, são equivocadamente acrescentados à única exigência de *fé* ou *crença*".[22] Ele escreveu o seguinte: "impor uma necessidade de submeter a vida a Deus como condição adicional para a salvação é altamente insensato. O chamado de Deus aos não salvos jamais é um chamado para se submeter ao senhorio de Cristo; antes, é um chamado para se submeter à sua graça salvadora."[23] "Além da própria sã doutrina, não existe obrigação mais importante do pregador do que pregar o senhorio de Cristo exclusivamente aos cristãos e a salvação àqueles que não são salvos."[24]

É importante observar que, quando Chafer escreveu essas coisas, ele estava argumentando contra o movimento de Oxford, uma heresia popular, mas perigosa, que estava levando os protestantes de volta ao legalismo e à justiça por meio de obras do catolicismo romano. Chafer escreveu:

O erro de impor o senhorio de Cristo aos não salvos é desastroso [...] uma heresia destrutiva está se propagando sob o nome de Movimento de Oxford, especializado nesse erro gritante, exceto pelo fato de que os defensores do movimento omitem totalmente a ideia de crer em Cristo para a salvação e promovem exclusivamente a obrigação de se submeter a Deus. Eles substituem a conversão pela consagração, a fé pela fidelidade e a crença na vida eterna pela beleza da vida diária. Como podemos ver facilmente, o plano desse movimento é ignorar a necessidade da morte de Cristo como fundamento para a regeneração e para o perdão, e promover a heresia abominável de que não importa em que cremos com relação à salvação em Cristo se dedicarmos nossa vida diária ao serviço de Deus. [...] A tragédia é que, iludidos dessa forma, aqueles que o aceitam provavelmente nunca serão libertos por meio da fé verdadeira em

Cristo como Salvador. É difícil encontrar um exemplo mais pleno de "um cego guiar um cego" do que na crença que esse movimento apresenta.[25]

Chafer, porém, prescreveu o remédio errado para o falso ensino do Movimento de Oxford. A fim de responder a um movimento que "omite toda a ideia de crer em Cristo para a salvação e promove exclusivamente a obrigação de submeter-se a Deus", ele desenvolveu uma noção de fé que priva a crença de qualquer traço de submissão. Apesar de o movimento ao qual ele se opôs ter realmente sido um erro traiçoeiro, Chafer, infelizmente, estabeleceu o fundamento para o erro oposto com resultados igualmente devastadores.

A noção de fé sem arrependimento e sem submissão encaixava-se bem no conceito de Chafer de uma era de "graça pura", então, essa noção foi absorvida e ampliada por aqueles que desenvolveram sua teologia segundo esse modelo e subsiste hoje como base de todo ensinamento do não senhorio.

Outro resultado especialmente infeliz da separação rígida entre uma "era da lei" e uma "era da graça" é o efeito de como Chafer via as Escrituras. Ele acreditava que "os ensinamentos da lei, os ensinamentos da graça e os ensinamentos do reino eram sistemas separados e completos do domínio divino".[26] Consequentemente, atribuiu o Sermão do Monte e a Oração do Senhor à era ainda futura do reino e concluiu que as únicas Escrituras diretamente aplicáveis a esta era da graça são "porções dos Evangelhos, porções do livro de Atos e as epístolas do Novo Testamento"[27] — os "ensinamentos da graça". Como podemos saber *quais* porções dos Evangelhos e de Atos são "ensinamentos da graça" para esta era? Chafer foi vago:

> Os ensinamentos da graça não foram isolados no texto sagrado para a nossa conveniência. As três economias ocorrem nos quatro Evangelhos. Os ensinamentos da graça precisam ser identificados por seu caráter intrínseco sempre que ocorrem. Grandes porções do Novo Testamento são totalmente reveladoras da doutrina da graça. O aluno, como Timóteo, é convidado a estudar para que seja aprovado por Deus na questão de manejar corretamente as Escrituras.[28]

APÊNDICE 2

Em outras palavras, o conceito de lei e o ensinamento sobre o Reino encontram-se misturados no Novo Testamento. As passagens não são explicitamente identificadas para nós, mas podemos cair em erro se as aplicarmos de modo equivocado à era presente. Sendo assim, podemos afirmar que as Escrituras são como um quebra-cabeça. Precisamos discernir e categorizar as porções que se aplicam a esta era e categorizá-las de acordo, e podemos fazer isso apenas por meio de seu "caráter intrínseco".

Chafer tinha certeza de uma coisa: grande parte do ensino terreno de Cristo *não* se aplica ao cristão nesta era:

> Existe um sentimento perigoso e completamente sem fundamento que supõe que cada ensinamento de Cristo precisa ser aplicado durante esta era simplesmente porque Cristo o disse. Caiu em esquecimento o fato de que Cristo, ao mesmo tempo em que vivia, observava e aplicava a lei de Moisés, também ensinou os princípios de seu reino futuro e, no fim de seu ministério e com relação à sua cruz, antecipou também os ensinamentos da graça. Se essa divisão tripla dos ensinamentos de Cristo não é reconhecida, só pode haver confusão na mente e consequente contradição da verdade.[29]

Os dispensacionalistas que seguem Chafer nesse ponto dividem *equivocadamente* a Palavra da verdade, atribuindo seções inteiras do Novo Testamento a alguma outra dispensação e anulando a força de segmentos importantes dos Evangelhos e do ensino do nosso Senhor para hoje.[30]

Qual evangelho deveríamos pregar hoje?

Pouco tempo atrás, recebi um artigo que estava sendo circulado por um dispensacionalista conhecido, o qual escreveu o seguinte: "O dr. MacArthur estava bastante correto ao intitular seu livro de *O evangelho segundo Jesus*. O evangelho que Jesus ensinava durante sua humilhação antes da cruz como Messias de Israel e ao povo da aliança sob a lei era, em todas as suas intenções e seus propósitos, a salvação pelo senhorio." Mas acrescentou: "A salvação pelo senhorio se firma no evangelho segundo Jesus, João Batista e os primeiros discípulos. Esse evangelho se dirige à nação da aliança de Israel [...]. O evangelho do Reino do Senhor Jesus nada tinha a ver com os cristãos ou com a Igreja".

O artigo contém muitas citações dos escritos do Dr. Chafer e tenta demonstrar que o evangelho de Jesus "estava no nível da lei e do reino terreno" e nada tem a ver com graça ou a dispensação atual. O autor do artigo observa que eu escrevi: "Num número perturbador de frentes, a mensagem que está sendo proclamada hoje em dia não é o evangelho segundo Jesus." A isso ele responde: "Que verdade abençoada! Hoje devemos pregar o evangelho de Paulo da 'salvação pela graça por meio da fé' [...], não o evangelho do Senhor Jesus relacionado ao reino teocrático orientado pela lei."

E ele prossegue: "O convertido por meio do evangelho segundo Jesus tornou-se filho do Reino [não um cristão!], e a autoridade divina será sempre a força impulsionadora em seu coração — com o Espírito que nele reside escrevendo a lei em seu coração para capacitá-lo a se submeter à lei do reino teocrático, sob seu Rei [...]. [Mas o cristão] não está sob autoridade, ele não está procurando obedecer — a não ser que esteja sob a lei, como descrito em Romanos 7. Para ele, viver é Cristo, e essa vida não está sob autoridade [...]. Paulo estava oferecendo uma salvação completamente diferente."

Aí estão, do modo mais evidente possível, todas as loucuras que já mancharam o dispensacionalismo sintetizadas em um único sistema. Antinomianismo berrante: "o cristão [...] não está sob autoridade, ele não está procurando obedecer"; modos múltiplos de salvação: "Paulo estava oferecendo uma salvação completamente diferente"; uma abordagem fragmentada às Escrituras: "O evangelho do reino do Senhor Jesus nada tinha a ver com os cristãos ou com a igreja"; e uma tendência de dividir e separar ideias relacionadas: "Hoje, devemos pregar o evangelho de Paulo [...] não o evangelho do Senhor Jesus."

Observe cuidadosamente: esse homem reconhece que o evangelho de Jesus exigia submissão ao seu senhorio. O que ele quer dizer é que a mensagem de Jesus não é relevante para a era atual. Ele acredita que os cristãos de hoje devem proclamar um evangelho diferente daquele que Jesus pregava e imagina que o convite de Jesus aos pecadores era de na-

APÊNDICE 2

tureza diferente do que a mensagem que a igreja é chamada a proclamar. Além disso, acredita que deveríamos estar pregando outro evangelho.

Nenhuma dessas ideias é nova ou incomum dentro da comunidade dispensacionalista — todas elas podem ser encontradas em algum dos primeiros porta-vozes do dispensacionalismo —, mas está na hora de abandonarmos todas elas.

Para sermos justos, precisamos admitir que o artigo que acabei de citar expressa visões um tanto extremistas — a maioria dos principais defensores do evangelismo do não senhorio não concordaria com o tipo de dispensacionalismo desse homem. Entretanto, a doutrina do não senhorio que eles defendem é exatamente o produto desse tipo de pregação. Sendo assim, podemos dizer que não basta abandonar as formas rígidas do dispensacionalismo extremo; precisamos abandonar também as tendências antinomianas.

A disciplina cautelosa que tem caracterizado tamanha parte da tradição teológica pós-Reforma precisa ser preservada com cuidado. Os defensores da salvação pelo não senhorio se apoiam excessivamente nas suposições de um sistema teológico predeterminado, e, muitas vezes, recebem apoio de distinções dispensacionalistas pressupostas (salvação/discipulado; cristãos carnais/espirituais; evangelho do reino/evangelho da graça; fé/arrependimento). Eles se embaraçam em especulações e ilustrações, e tendem a recorrer à análise racional, não à análise bíblica. Quando lidam com as Escrituras, estão dispostos a permitir que seu sistema teológico determine sua interpretação do texto, e, em decorrência disso, eles adotam regularmente novas interpretações das Escrituras a fim de conformá-las à sua teologia.

Precisamos nos lembrar do seguinte: nossa teologia precisa ser bíblica antes de ser sistemática. Precisamos começar com uma interpretação correta das Escrituras e construir nossa teologia a partir daí, não projetar sobre a Palavra de Deus pressuposições sem fundamento. As Escrituras são a única medida que nos permite avaliar corretamente a nossa doutrina.

O dispensacionalismo está numa encruzilhada, e a controvérsia do senhorio representa uma sinalização onde a estrada se divide. Uma seta aponta para a ortodoxia bíblica e a outra, chamada "não senhorio", aponta o caminho para um antinomianismo subcristão. Os dispensacionalistas que estão cogitando seguir esse caminho fariam bem em consultar mais uma vez o seu mapa.

O único mapa confiável é a Bíblia, não os diagramas de algum dispensacionalista. O dispensacionalismo é um movimento que precisa alcançar um consenso baseado exclusivamente na Palavra de Deus, ou seja, não podemos continuar pregando diferentes evangelhos a um mundo já confuso.

APÊNDICE 3

Vozes do passado

ZANE HODGES ALEGA QUE A salvação pelo senhorio está lançando a igreja de volta à Idade Média. Ele faz a seguinte alegação:

> Poderíamos até dizer que a salvação pelo senhorio lança um véu de obscuridade sobre toda a revelação do Novo Testamento. Nesse processo, a verdade maravilhosa da justificação pela fé, não pelas obras, recua para as sombras semelhantes àquelas que obscureciam os dias anteriores à Reforma. O que essa doutrina oferece é um tipo de síntese de fé e obras que diverge apenas de forma insignificante do dogma oficial da igreja católica romana (*AF*, p. 19-20).

Em outro lugar, Hodges escreve: "Que isso seja dito claramente: *a salvação pelo senhorio defende uma doutrina da fé salvadora que está em conflito com a doutrina de Lutero e Calvino, e, principalmente, em conflito com a Palavra de Deus*" (*AF*, p. 209; grifo no original).

Muitas vezes, os professores do não senhorio alegam ser os verdadeiros herdeiros da Reforma. Muitos repetiram a acusação batida de que a salvação pelo senhorio "pavimenta o caminho de volta a Roma". Eles citam seletivamente passagens dos grandes reformadores sobre temas como fé e certeza, e então sugerem absurdamente que a teologia do não senhorio "se alinha confortavelmente de Calvino e Lutero e muitos de seus sucessores".[1]

É extremamente difícil entender como qualquer pessoa familiarizada com a literatura da Reforma pode levantar tal pretensão. Os escritos de Lutero e Calvino estão cheios de material que argumenta explicitamente contra muitos dos erros que a teologia do não senhorio acatou. Em lugar nenhum encontramos em seus escritos qualquer apoio à ideia de que uma pessoa justificada possa permanecer não santificada. É um tema sobre o qual os reformadores tinham muito a dizer.

Por que não deixá-los falar por si mesmos?

A justificação pela fé na visão de Lutero

A descoberta de Martinho Lutero da verdade bíblica sobre a justificação pela fé iniciou a Reforma. Observe como Lutero luta contra a noção de que a fé verdadeira pode coexistir com um padrão ininterrupto de vida ímpia:

> A fé verdadeira, da qual falamos, não pode ser produzida por nossos próprios pensamentos, pois é exclusivamente obra de Deus em nós, sem qualquer contribuição nossa. Como Paulo diz aos romanos, é dom e graça de Deus, obtido por um homem, Cristo. *Portanto, a fé é algo muito poderoso, ativo, inquieto, eficaz, que, ao mesmo tempo, renova uma pessoa e a regenera, e a guia a um novo modo e caráter de vida, de modo que se torna impossível não fazer o bem sem cessar.*
>
> Pois assim como é natural que a árvore produza fruto, é natural também que a fé produza boas obras. E assim como é desnecessário ordenar à árvore que produza fruto, não há ordem correspondente para os cristãos, como diz Paulo [1Tessalonicenses 4:9], tampouco é necessário incentivá-lo a fazer o bem, pois ele o faz automática e livremente e sem constrangimento; assim como ele não precisa de ordem para dormir, comer, beber, vestir-se, ouvir, falar, ir e vir.
>
> Quem não tiver essa fé fala em vão sobre fé e obras e não sabe o que diz ou para onde vai. Ele não a recebeu. Ele faz malabarismos com mentiras e aplica as Escrituras que falam de fé e obras aos seus próprios sonhos e pensamentos falsos, que são uma obra puramente humana, ao passo que as Escrituras atribuem fé e boas obras não a nós, mas apenas a Deus.
>
> Não é este um povo pervertido e cego? Ensinam que não podemos fazer uma boa obra por nós mesmos e, então, em sua presunção,

APÊNDICE 3

põem-se a trabalhar e atribuem a si mesmos as mais supremas de todas as obras de Deus, a fé, para produzi-la a partir de seus próprios pensamentos pervertidos. Por conseguinte, tenho dito que devemos desesperar-nos conosco mesmos e orar a Deus por fé, como fizeram os apóstolos em Lucas 17:5. Quando temos fé, nada mais necessitamos, pois ela traz consigo o Espírito Santo, que então nos ensina não só todas as coisas, mas também nos estabelece firmemente nela e nos guia pela morte e pelo inferno para o céu.

Agora, observem: damos essas respostas de que as Escrituras apresentam passagens referentes a obras por causa desse tipo de sonhadores e da fé inventada por conta própria; *não para que o homem se torne bom por meio de obras, mas para que o homem assim demonstre e veja a diferença entre fé falsa e fé verdadeira, pois toda fé correta faz o bem. Se não fizer, certamente é um sonho e uma ideia falsa de fé.* Assim como o fruto na árvore não a torna boa, mas mesmo assim demonstra externamente e testifica que ela é boa, do mesmo modo Cristo diz: "Vocês os conhecerão pelos seus frutos." Assim devemos também aprender a reconhecer a fé pelos seus frutos.

Isso mostra que existe uma grande diferença entre ser bom e ser conhecido como bom; ou tornar-se bom e provar e mostrar que você é bom. *A fé torna bom, mas as obras provam que a fé e a bondade são boas.* Do mesmo modo, as Escrituras falam claramente sobre o que prevalece entre as pessoas comuns; por exemplo, quando o pai diz ao filho: "Vá e seja misericordioso, bom e amigável com essa ou aquela pessoa pobre." Nesse caso, o pai não está obrigando o filho a ser misericordioso, bom e amigável, mas, como o filho já é bom e misericordioso, o pai exige que ele também demonstre e prove externamente isso aos pobres por meio de uma atitude, para que a bondade que ele já tem dentro de si seja conhecida e útil a eles.

Vocês devem explicar todas as passagens das Escrituras referentes a obras, que, por meio disso, Deus deseja que a bondade recebida na fé se expresse e prove, e também se torne um benefício para os outros, para que a fé falsa seja reconhecida e extinta do coração. *Deus não dá a ninguém a sua graça para que ela permaneça inativa e não realize nada de bom, mas ele o faz para que ela produza juros e, sendo reconhecida publicamente e demonstrada externamente, atraia todos a Deus,* como diz Cristo: "Assim brilhe a luz de vocês diante dos homens, para que vejam as suas boas obras e glorifiquem ao Pai de vocês, que está nos céus" (Mateus 5:16). Caso contrário seria um tesouro enterrado e uma luz encoberta. Mas qual seria o lucro? Sim, não só a bondade se torna assim conhecida aos outros, mas nós mesmos adquirimos a certeza de que somos honestos, como diz Pedro: "Portanto, irmãos, empenhem-se ainda mais para consolidar o chamado e a eleição de vocês" (2Pedro 1:10). *Onde não houver obras, o homem não pode saber se sua fé é certa; sim, pode ter certeza de que sua fé é um sonho e não certa como deveria ser.* Assim, Abraão teve certeza de sua fé e que ele temia a Deus quando ofereceu seu filho. Do mesmo modo Deus, por meio de um anjo, disse a Abraão: "Agora sei que você teme a Deus, porque não me negou seu filho, o seu único filho" (Gênesis 22:12).

Então, permaneçam na verdade de que o homem é internamente, em seu espírito perante Deus, justificado apenas pela fé sem obras, mas externa e publicamente, perante os homens e perante si mesmo, ele é justificado pelas obras, de que ele é, em seu coração, um cristão honesto e piedoso. Uma pode ser chamada justificação externa ou pública e a outra, de justificação interna, mas no sentido de que a justificação externa ou pública é apenas o fruto, o resultado e a prova da justificação no coração, e também no sentido de que o homem não se torna justo por meio desta perante Deus, pelo contrário, ele precisa ser justo perante Deus. Assim, podem chamar o fruto da árvore de seu bem público ou externo, que é apenas o resultado e a prova de sua bondade interna e natural.

É isso que Tiago pretende dizer quando afirma em sua epístola: *"Assim como o corpo sem espírito está morto, também a fé sem obras está morta" (2:26). Ou seja, se as obras não apresentarem resultado, isso é um verdadeiro sinal de que não há fé ali, mas apenas um pensamento vazio e um sonho que falsamente chamam fé.* [...]

[...] Tendo em vista que as obras seguem naturalmente à fé, como eu disse, não é necessário dar ordens, pois, mesmo sem receber ordens, é impossível para a fé não fazê-las, para que se possa discernir a fé falsa da verdadeira.[2]

APÊNDICE 3

A natureza da fé na visão de Calvino

João Calvino se defendeu vigorosamente contra aqueles que "lançam ódio" na doutrina da justificação afirmando que aqueles que a ensinam "destroem boas obras e encorajam o pecado".[3] Ele escreveu: "Reconhecemos que fé e obras estão necessariamente vinculadas."[4] Calvino discutiu com um cardeal católico sobre essa questão:

> Se você quiser entender adequadamente o quão inseparáveis são a fé e as obras, olhe para Cristo. [...] Onde zelo pela integridade e santidade não esteja em vigor, não estão o Espírito de Cristo nem o próprio Cristo; e onde Cristo não estiver, não há justiça, ou melhor, não há nem fé; pois a fé não pode apreender Cristo para a justiça sem o Espírito da santificação.[5]

Calvino atacou a definição de fé do movimento escolástico da igreja católica romana. Os escolásticos ensinavam que existe um tipo de "fé" que não tem efeito transformador sobre os afetos ou a conduta daqueles que "creem". Essa "fé", eles ensinavam, existe em pessoas que não têm desejo de santidade e nenhum amor por Deus. Calvino se sentiu claramente ofendido por essa sugestão. Veja seu ataque a esse erro:

> Preciso refutar a distinção fútil dos acadêmicos referente à fé formada e à não formada, pois *eles imaginam que pessoas que não têm temor de Deus e nenhum senso de piedade podem acreditar que sabem tudo o que é necessário para a salvação*; como se o Espírito Santo não fosse a testemunha da nossa adoção ao iluminar nosso coração para a fé. Mesmo assim, e mesmo com as Escrituras contra eles, *eles dogmaticamente denominam fé uma persuasão despida do temor de Deus*. É desnecessário continuar a refutar sua definição, basta afirmar a natureza da fé como é declarada na palavra de Deus, que mostra claramente como murmuram de maneira absurda e sem qualquer habilidade sobre esse tema. Eu já fiz isso em parte e, mais tarde, acrescentarei o restante em seu devido lugar. Por ora, digo que não há nada mais absurdo do que essa ficção. *Insistem que a fé é um consentimento por meio do qual todo desdenhador de Deus pode receber o que as Escrituras oferecem. Mas*

O EVANGELHO SEGUNDO OS APÓSTOLOS

primeiro precisamos ver se qualquer homem pode, por meio de suas próprias forças, adquirir fé ou se o Espírito Santo, por meio dela, se torna testemunha da adoção. Portanto, é bobeira investigar se a fé formada pela qualidade sobrevinda do amor é a mesma fé ou uma fé diferente e nova. Ao falarem desse modo, eles demonstram abertamente que nunca refletiram sobre o dom especial do Espírito; *já que um dos primeiros elementos da fé é a reconciliação contida na aproximação do homem de Deus. Se contemplassem devidamente o dito de Paulo: "Com o coração se crê para justiça" (Romanos 10:10), eles deixariam de sonhar com essa qualidade frígida.* Há uma consideração que deveria encerrar de vez o debate — o fato de que o consentimento (como já observei e ilustrarei mais plenamente adiante) é mais uma questão do coração do que da mente, mais do afeto do que do intelecto. [...] O consentimento em si, pelo menos como as Escrituras o descrevem, consiste em afeto piedoso. Todavia, temos um argumento ainda mais claro. *Já que a fé abraça Cristo como ele nos é oferecido pelo Pai, e ele não é oferecido apenas para a justificação, para o perdão dos pecados e para a paz, mas também para a santificação como fonte de águas vivas, é certo que ninguém o conhecerá realmente sem, ao mesmo tempo, receber a santificação do Espírito; ou, para dizê-lo de modo ainda mais claro, fé consiste no conhecimento de Cristo. Não podemos conhecer Cristo sem a santificação do seu Espírito.* Portanto, a fé não pode ser desvinculada do afeto piedoso.

[...] Apesar de que, quando falarmos sobre a fé, reconhecemos que ela assume diversas formas; mas quando nosso objetivo é mostrar que tipo de conhecimento o ímpio possui de Deus, *acreditamos e insistimos, em concordância com as Escrituras, que apenas os piedosos têm fé.*

[...] Dizem que Simão, o mago, creu, mesmo que, logo em seguida, ele tenha dado prova de sua descrença (Atos 8:13-18). No que diz respeito à fé atribuída a ele, não concordamos com alguns de que ele apenas simulou uma fé, que não existia em seu coração: na verdade, acreditamos que ele, tomado pela majestade do evangelho, produziu algum tipo de consentimento e reconheceu Cristo como autor da vida e da salvação a ponto de, livremente, assumir seu nome. Da mesma forma, no Evangelho de Lucas, aqueles em que a semente

APÊNDICE 3

é sufocada antes de produzir fruto ou em que, não encontrado solo profundo, ela resseca, também creram por um tempo. Não duvidamos que essas pessoas recebem a palavra com um tipo de deleite e têm algum senso de seu poder divino, de modo que impõem não só a mim uma aparência falsa de fé, mas também a si mesmas. Imaginam que a reverência que elas dão à palavra é piedade genuína, pois não têm noção de qualquer impiedade senão aquela que consiste em desdém aberto e professo. Mas qualquer que seja esse consentimento, de forma nenhuma penetra o coração para ali se assentar. Às vezes, pode até parecer que tenha criado raízes, mas elas não têm vida nelas. O coração humano possui tantos recessos para a vaidade, tantos lugares escondidos para a falsidade, é tão obscurecido por fraude e hipocrisia que, muitas vezes, engana a si mesmo. *Que todos aqueles que se gloriam nessas aparências de fé saibam que, no que diz respeito a isso, eles não são em nada superiores aos demônios.*

[...] Entrementes, *os cristãos são instruídos a examinar a si mesmos com cuidado e humildade, para que a certeza carnal não se infiltre e ocupe o lugar da certeza da fé.* Podemos acrescentar que os perversos jamais têm outro senão um senso confuso de graça que se apodera da sombra, mas não da substância, pois o Espírito sela o perdão dos pecados apenas nos eleitos, aplicando-o por meio da fé especial para o seu uso. Mesmo assim, afirma-se corretamente que os perversos acreditam que Deus lhes é propício, no sentido de que aceitam o dom da reconciliação mesmo que de modo confuso e sem o devido discernimento; não que sejam participantes da mesma fé ou regeneração dos filhos de Deus, mas porque, sob o manto da hipocrisia, parecem ter um princípio de fé em comum com eles. Também não nego que Deus ilumina suas mentes quando eles reconhecem sua graça; *mas ele distingue essa convicção do testemunho peculiar que dá aos seus eleitos no sentido de que os perversos jamais obtêm o resultado pleno.* Quando ele se mostra propício a eles, isso não significa que ele verdadeiramente os resgatou da morte e os colocou sob sua proteção. Ele lhes dá apenas uma manifestação de sua misericórdia atual. *É apenas nos eleitos que ele planta a raiz viva da fé, para que eles perseverem até o fim.*[6]

Os puritanos e a teologia da Reforma

Zane Hodges acredita que os reformadores ingleses alteraram e corromperam a doutrina da justificação pela fé. Fizeram isso, afirma ele, expandindo a definição de fé dos primeiros reformadores. Chama o ensino puritano sobre fé e certeza uma "mancha trágica na história da igreja cristã" (*AF*, p. 32). O ensino puritano, diz ele, é o fundamento da "salvação pelo senhorio": "No mundo anglófono, esse conceito de fé radicalmente alterado pode, com todo direito, ser descrito como teologia puritana. A salvação pelo senhorio, em sua forma contemporânea mais conhecida, simplesmente populariza o puritanismo, de quem a fé é herdeiro" (*AF*, p. 33).

A essa altura, Hodges observa que um catálogo de citações que eu incluí como apêndice em *O evangelho segundo Jesus* se apoiava fortemente em fontes puritanas. Ele repete sua acusação de que a "teologia puritana, especialmente na área de fé e certeza, de forma alguma reflete a doutrina de João Calvino e é um desvio distinto do pensamento reformador" (*AF*, p. 208).

Mas, como tenho sugerido em outros meios (veja capítulo 10, anotação 6), Hodges estabelece uma diferença exagerada entre Calvino e os puritanos. Nenhum grupo de teólogos jamais defendeu a justificação pela fé com maior determinação do que os reformadores ingleses, e, como demonstravam as citações anteriores, ninguém tinha uma convicção maior do que Lutero e Calvino de que a fé autêntica resulta em obras.

Enquanto Lutero, Calvino e os puritanos podem ter divergido um pouco no que dizia respeito à descrição da fé e à obtenção da certeza, todos eles concordavam que a santificação inevitavelmente segue à justificação. Nenhum deles teria tolerado a noção de que um cristão verdadeiro pudesse não perseverar na justiça ou que uma fé genuína pudesse cair em inatividade ou incredulidade permanente. No que diz respeito a esse ponto, os defensores da teologia do não senhorio moderno estão seriamente enganados.

APÊNDICE 3

Justificação e santificação na visão de J. C. Ryle

O bispo J. C. Ryle era um clérigo inglês da tradição puritana (apesar de ter vivido no século XIX). Em sua época, ele reconheceu todas as tendências incipientes que levaram à teologia do não senhorio em nosso tempo. Sua obra monumental *Holiness* [Santidade], de 1879, responde àquelas tendências. Hoje, ela continua representando uma defesa eficaz ao erro do não senhorio e é, em muitos aspectos, a obra definitiva sobre o tema.

Ryle, em harmonia com toda a teologia puritana e reformada, desdenhava a noção de que justificação e santificação podiam ser separadas ou que a santificação podia ser opcional na experiência do cristão verdadeiro. Ele via a justificação e a santificação como duas coisas distintas, mas inseparáveis. Ele escreveu:

Em que sentido, então, justificação e santificação se assemelham?

a. Ambas procedem originalmente da graça gratuita de Deus. É exclusivamente por causa de seu dom que os cristãos são justificados e santificados.

b. Ambas fazem parte da grande obra de salvação que Cristo, na aliança eterna, realizou em prol de seu povo. Cristo é a fonte da vida, da qual fluem perdão e santidade. A raiz de cada uma é Cristo.

c. Ambas são encontradas nas mesmas pessoas. Aqueles que são justificados são sempre santificados, e aqueles que são santificados são sempre justificados. Deus as uniu, e elas não podem ser separadas.

d. Ambas começam no mesmo momento. No momento em que uma pessoa começa a ser justificada, também começa a ser uma pessoa santificada. Ela pode não perceber isso, mas é um fato.

e. Ambas são igualmente necessárias para a salvação. Ninguém alcançou o céu sem um coração renovado e sem perdão, sem a graça do Espírito e sem o sangue de Cristo, sem uma adequação para a glória eterna e sem um título. Uma é tão necessária quanto a outra.

Estes são os pontos que justificação e santificação compartilham. Invertamos agora a imagem e vejamos em quais elas divergem.

a. Justificação é o reconhecimento de um homem como justo por causa de outro, Jesus Cristo, o Senhor. Santificação é a transformação

259

interna em um homem justo, mesmo que isso aconteça apenas em medida muito baixa.

b. A justiça que temos por meio da nossa justificação não é nossa, mas a justiça perfeita e eterna do nosso grande Mediador, Cristo, que nos foi imputada e que se tornou nossa por meio da fé. A justiça que temos por meio da santificação é nossa própria justiça, partilhada, inerente e operada em nós pelo Espírito Santo, mas misturada com tanta enfermidade e imperfeição.

c. Na justificação, nossas obras não exercem qualquer função, e a simples fé em Cristo é a única coisa necessária. Na santificação, nossas próprias obras são de enorme importância, e Deus nos incentiva a lutar, observar, orar, buscar e suportar dor e labuta.

d. A justificação é uma obra finalizada e completada, e o homem é perfeitamente justificado no momento em que crê. Comparativamente, a santificação é uma obra imperfeita e jamais será aperfeiçoada até alcançarmos o céu.

e. A justificação não conhece crescimento nem aumento: o homem é tão justificado na hora em que vem a Cristo por meio da fé quanto será em toda a eternidade. A santificação é eminentemente uma obra progressiva e permite crescimento e expansão contínuos enquanto o homem viver.

f. A justificação faz uma referência especial ao que somos, à nossa posição perante Deus e à nossa libertação da culpa, ao passo que a santificação faz referência especial à nossa natureza e à renovação moral do nosso coração.

g. A justificação nos dá direito ao céu e também a ousadia de entrar nele. A santificação nos dá a adequação para o céu e nos prepara para desfrutar dele quando lá formos morar.

h. A justificação é o ato de Deus para nós e não é facilmente reconhecida por outros; já a santificação é a obra de Deus dentro de nós e não pode ser escondida em sua manifestação externa aos olhos dos homens.

Recomendo que todos os meus leitores atentem para essas distinções e peço que reflitam bem sobre elas, pois tenho certeza de que uma

APÊNDICE 3

das grandes causas da escuridão e dos sentimentos desagradáveis de muitas pessoas bem-intencionadas em questões religiosas é seu hábito de confundir justificação e santificação sem fazer qualquer distinção entre elas. Jamais podemos nos esquecer de que são duas coisas diferentes. Sem dúvida, não podem ser separadas, e cada homem que desfruta de uma, desfruta da outra também. Mas nunca, nunca devem ser confundidas, e a diferença entre elas jamais deve ser esquecida.[7]

A santidade na visão de Charles Spurgeon

Charles Spurgeon era um batista inglês da tradição puritana. Ninguém pregou com maior poder do que ele contra o conceito de "aceitar Cristo como Salvador" e ao mesmo tempo rejeitar seu senhorio. "Em verdade vos digo, não podeis ter Cristo como vosso Salvador sem tê-lo também como Senhor", disse Spurgeon.[8] Poderíamos extrair páginas e páginas da pregação dele para derrubar o ensinamento do não senhorio.

Spurgeon se alinha com todos os puritanos e reformadores na pergunta se a santificação prática é uma evidência essencial da justificação. Pregando sobre Mateus 22:11-14, por exemplo, ele disse:

A santidade está sempre presente naqueles que são convidados especiais do grande Rei, pois "sem santidade ninguém verá o Senhor". Muitos cristãos professos se tranquilizam com a ideia de que possuem a justiça imputada, ao mesmo tempo em que são indiferentes em relação à obra santificadora do Espírito. Eles se recusam a vestir a roupa da obediência, rejeitam o linho branco que é a justiça dos santos, e, assim, revelam sua vontade própria, sua inimizade com Deus e sua não submissão ao Filho. Esses homens podem dizer o que querem sobre a justificação pela fé e sobre a santificação pela graça, mas são rebeldes no coração e, assim como os que justificam a si mesmos e que eles tanto condenam, também não vestiram a roupa nupcial. O fato é que, se quisermos as bênçãos da graça, precisamos submeter nosso coração às regras da graça sem escolher o que nos agrada.[9]

261

Em outro contexto, Spurgeon disse:

Jesus Cristo não veio para que você pudesse continuar no pecado e escapar da penalidade; ele não veio para impedir que a doença fosse mortal, mas para retirar a própria doença. Muitas pessoas acham que, quando pregamos a salvação, referimo-nos à salvação de ir para o inferno. Mas não nos referimos [apenas] a isso, pois vamos além e pregamos a salvação *do pecado*, dizendo que Cristo é capaz de salvar um homem. Com isso, queremos dizer que ele é capaz de salvá-lo do pecado e torná-lo santo; transformá-lo em um novo homem. Nenhuma pessoa tem o direito de dizer: "Eu sou salvo" e continuar no pecado como antes. Como você pode ser salvo do pecado enquanto vive nele? Um homem que está se afogando não pode dizer que foi salvo da água enquanto estiver afundando nela; um homem que está congelando não pode dizer que ele foi salvo do frio se continuar sendo assaltado pelo vento do inverno. Não, homem, Cristo não veio para salvá-lo *em* seus pecados, mas para salvá-lo *dos* seus pecados; não para fazer com que a doença não o mate, mas para permitir que ela continue fatal e, mesmo assim, removê-la de você, e você dela. Cristo Jesus veio, então, para curar-nos da praga do pecado, para tocar-nos com sua mão e dizer: "Eu quero, seja puro."[10]

Spurgeon atacou uma variedade incipiente da doutrina do não senhorio num sermão de 1872:

Existem alguns que parecem dispostos a aceitar Cristo como Salvador, mas que não o recebem como Senhor. Raramente o dirão de forma tão clara assim; mas, visto que os atos falam mais alto do que as palavras, é o que sua conduta diz em termos práticos. Como é triste que alguns falem sobre sua fé em Cristo, mas sem que sua fé seja demonstrada por suas obras! Alguns falam até como se entendessem o que queremos dizer quando nos referimos à aliança da graça; no entanto, não há evidências positivas de graça em sua vida, mas provas muito claras de pecado (não graça) em abundância. Não consigo imaginar que seja possível que alguém verdadeiramente receba Cristo como Salvador e não o receba também como Senhor. Um dos primeiros instintos de uma alma

APÊNDICE 3

remida é prostrar-se aos pés do Salvador e exclamar em gratidão e adoração: "Mestre abençoado, comprado com teu precioso sangue, sei que pertenço a ti — apenas a ti, completamente a ti, a ti para sempre. Senhor, o que queres que eu faça?" Um homem realmente salvo pela graça não precisa ser ensinado que está sob a obrigação solene de servir a Cristo; a nova vida dentro dele lhe diz isso. Em vez de vê-lo como fardo, ele com alegria se entrega — corpo, alma e espírito — ao Senhor que o remiu, reconhecendo que isso é um serviço sensato. Falando por experiência própria, posso dizer que, no momento em que conheci Cristo como meu Salvador, estive pronto para dizer a ele:

> Sou teu, e teu somente
> Isso reconheço alegremente;
> E, em tudo aquilo que fizer e falar,
> Quero apenas teu nome louvar.
> Ajuda-me a teu nome confessar,
> E com alegria tua cruz e vergonha carregar
> E seguir somente ao senhor de coração
> Mesmo que nesse caminho enfrente repreensão.

Não é possível aceitarmos Cristo como Salvador se ele não se tornar também o nosso Rei, pois grande parte da salvação consiste em sermos salvos do domínio do pecado sobre nós, e a única forma pela qual podemos ser libertos do senhorio de Satanás é tornando-nos sujeitos ao senhorio de Cristo. [...] Se o perdão dos pecados fosse possível, ao mesmo tempo em que ele continuasse vivendo como antes, ele não teria sido salvo de verdade.[11]

O evangelicalismo norte-americano e a teologia do não senhorio

No capítulo 2, declarei minha convicção de que o movimento contemporâneo do não senhorio é, predominantemente, um fenômeno norte-americano. No entanto, acrescentaria também que a teologia do não senhorio é um *abandono* radical da crença histórica fundamentalista e

263

evangélica na América do Norte. A crença protestante norte-americana tem, é claro, suas raízes no movimento puritano inglês. Os grandes despertamentos evangélicos dos séculos XVIII e XIX, o movimento metodista e a ascensão do reavivamento no início deste século tinham, todos eles, o senhorio de Cristo no centro do evangelho que proclamavam. Jonathan Edwards, talvez a maior mente teológica que a América do Norte jamais teve, escreveu:

> No que diz respeito à pergunta sobre se submeter-se ao ofício real de Cristo é essencial à fé justificadora, eu diria: 1. Aceitar Cristo com seu ofício real é, sem dúvida, a condição correta para se interessar pelo ofício real de Cristo, e o mesmo vale para a condição da salvação que ele concede na execução desse ofício; do mesmo modo, aceitar o perdão dos pecados é a condição correta para o perdão dos pecados. Cristo, em seu ofício real, concede salvação; portanto, aceitá-lo em seu ofício real, por meio de uma disposição de vender tudo e sofrer tudo no serviço a Cristo e dar o devido respeito e a devida honra a ele é a condição da salvação. Isso fica evidente em Hebreus 5:9: "uma vez aperfeiçoado, tornou-se a fonte da salvação eterna para todos os que lhe obedecem."[12]

Evidentemente, a forte tradição reformada do Princeton Seminary, que produziu Charles Hodge, B. B. Warfield e J. Gresham Machen, apresentava uma clara mensagem do senhorio. Hodge escreveu:

> As boas obras são o efeito certo da fé está incluído na doutrina de que somos santificados pela fé, pois é impossível que haja santidade, amor, espiritualidade, ternura fraternal e zelo interno sem uma manifestação externa dessas graças em toda a vida externa. Portanto, a fé sem obras é morta. Somos salvos por meio da fé, mas a salvação inclui também a libertação dos pecados. Se, portanto, a nossa fé não nos libertar dos pecados, ela não nos salva. O antinomianismo apresenta uma contradição desses termos.[13]

Apenas uma vertente do evangelicalismo norte-americano abraçou e propagou a teologia do não senhorio: a vertente do dispensacionalismo que descrevi no apêndice 2.

APÊNDICE 3

O arrependimento na visão de D. L. Moody

D. L. Moody, evangelista e fundador do Moody Bible Institute, apresentava um chamado claro para o arrependimento em sua pregação:

> Existe uma confusão considerável entre as pessoas sobre o que realmente significa arrependimento. Se você perguntar às pessoas o que é o arrependimento, elas lhe dirão: "É sentir-se mal por ter feito algo." Se você perguntar a um homem se ele se arrepende, ele lhe dirá: "Ah, sim; eu geralmente me arrependo dos meus pecados", mas isso não é arrependimento. Arrependimento não é apenas sentir-se mal, mas sim dar meia-volta e abandonar o pecado. No domingo, quero falar sobre aquele versículo em Isaías que diz: "Que o ímpio abandone o seu caminho, e o homem mau, os seus pensamentos." Isso é arrependimento. Se um homem não abandona o pecado, não será aceito por Deus; e se a justiça não provocar uma meia-volta — uma conversão do mal para o bem —, essa justiça não é verdadeira.[14]

Moody declarou:

> Não seguimos o mesmo caminho de antes de nos convertermos. Um homem ou uma mulher que professa o cristianismo e, mesmo assim, continua no velho caminho não nasceu de novo. Quando nascemos de novo, nascemos de maneira diferentemente nova; e Cristo é essa maneira diferentemente nova. Desistimos do velho caminho e seguimos o caminho dele. O caminho velho leva à morte; o caminho novo, à vida eterna. No caminho velho, Satanás nos guiava; no caminho novo, o Filho de Deus nos guia. Somos guiados por ele, não para a escravidão e escuridão, mas para o caminho da paz e da alegria.[15]

O senhorio na visão de R. A. Torrey

R. A. Torrey, primeiro presidente do Moody Bible Institute, instruiu os estudantes sobre como levar pessoas a Cristo:

Mostre-lhes Jesus como Senhor.

Não basta conhecer Jesus como Salvador, precisamos conhecê-lo também como Senhor. Um bom versículo para isso é Atos 2:36:

"Que todo o Israel fique certo disto: *Este Jesus*, a quem vocês crucificaram, *Deus o fez Senhor e Cristo.*"

Após ler o versículo, pergunte à pessoa o que Deus fez de Jesus e insista até ela responder: "Senhor e Cristo." Então, diga a ela: "Você está disposto a aceitá-lo como seu Senhor divino, como aquele para quem você entregará seu coração, todo seu pensamento, toda palavra e toda ação?"

Outro bom versículo para esse propósito é Romanos 10:9:

"Se você confessar com a sua boca que Jesus é Senhor e crer em seu coração que Deus o ressuscitou dentre os mortos, será salvo."

Após ler o versículo, pergunte como devemos confessar Jesus. A resposta deveria ser: "Como Senhor." Se a pessoa não responder assim, faça outras perguntas até ela responder dessa forma. Então pergunte: "Você realmente crê que Jesus é Senhor, que ele é Senhor de todos, que é legitimamente o Senhor e Mestre absoluto da sua vida e pessoa?" Talvez ajude usar Atos 10:36 para lançar uma luz adicional sobre esse tema:

"Vocês conhecem a mensagem enviada por Deus ao povo de Israel, que fala das boas novas de paz por meio de Jesus Cristo, Senhor de todos."[16]

A salvação na visão de James M. Gray

James M. Gray, segundo presidente do Moody Bible Institute, escreveu:

O plano da expiação, como podemos ver, é exposto nas seguintes palavras: *"a fim de que morrêssemos para os pecados e vivêssemos para a justiça"*, um plano duplo. O pensamento de Deus não era apenas punitivo, mas também curador, e ele deu seu Filho não só para tirar a nossa culpa, mas também para mudar a nossa vida. [...]

No momento em que recebemos Cristo por meio da fé, recebemos também o Espírito Santo para que ele resida em nós e nos

APÊNDICE 3

regenere, criando dentro de nós um coração puro e renovando em nós um espírito correto, de modo que "morremos" para os pecados não só num sentido jurídico ou imputado [...], mas no sentido concreto e experiencial também. Isso não significa que o pecado é erradicado do nosso coração e não reside mais de maneira latente em nós (1João 1:8), mas que seu poder sobre nós é rompido. Realmente passamos a odiar o pecado que costumávamos amar e a amar a santidade que costumávamos odiar.

[...] Cristo morreu não só para que nós morrêssemos para os pecados num sentido jurídico e experiencial, mas para que também *"vivêssemos para a justiça"*. Como nosso substituto e representante, ele morreu *e ressuscitou*. [...]

No sexto capítulo de Romanos, que já citamos, Paulo nos diz que, se estamos unidos com Cristo na semelhança de sua morte, estamos unidos com ele também na semelhança de sua ressurreição. Se morrermos com ele, viveremos também com ele.

Isso significa não só que *viveremos* com ele para sempre num estado físico da glória da ressurreição, mas que vivemos com ele agora num estado espiritual da glória da ressurreição. A morte que ele sofreu, ele morreu uma única vez pelo pecado, mas a vida que vive, ele a vive para Deus. Ele a vive para Deus agora. Portanto, devemos considerar-nos não só mortos para os pecados, como já contemplamos, mas também vivos para Deus em Cristo Jesus (6:11), vivos *agora* [...].

Isso é verdade não só num sentido imputado, mas como na outra metade dessa declaração, também num sentido experiencial. Como acabamos de ver, o Espírito Santo no homem regenerado não só o capacita a odiar o pecado, mas também a amar a santidade e a segui-la. Ele não mais oferece "os membros do seu corpo em escravidão à impureza e à maldade que leva à maldade", mas "em escravidão à justiça que leva à santidade". Ele crucifica a carne com seus afetos e seu prazer. Ele não só se liberta de todos estes: "de toda maldade e de todo engano, hipocrisia, inveja e toda espécie de maledicência", mas, como eleito de Deus, reveste-se "de profunda compaixão, bondade, humildade, mansidão e paciência. Acima de tudo, porém, reveste-se do amor, que é o elo perfeito".

O EVANGELHO SEGUNDO OS APÓSTOLOS

É assim que *"por suas feridas somos curados"*. Perfeitamente curados. Deus, tendo iniciado a boa obra em nós, a aperfeiçoa até o dia de
Jesus Cristo (Filipenses 1:6). O homem que recebe Cristo como seu
Salvador e o confessa como seu Senhor não precisa temer se ele será
capaz de perseverar.[17]

A submissão na visão de W. H. Griffith Thomas

W. H. Griffith Thomas, cofundador do Dallas Theological Seminary,
escreveu:

Deus diz ao homem: "Aqui estou", e então o homem o recebe e responde a Deus: "Aqui estou."

As palavras significam *submissão*. Quando o cristão diz a Deus:
"Aqui estou", ele se coloca à disposição de Deus. Essa resposta do
fundo do coração é o resultado natural da aceitação da revelação de
Deus à alma, e podemos ver essa verdade em cada página do Novo
Testamento. Deus vem ao encontro da alma, entra no coração e na
vida, e então o homem se entrega completamente a ele como sua propriedade. "Vocês não pertencem a si mesmos, vocês foram compra-
dos". Esse é o significado da grande palavra de Paulo traduzida como
"oferecer" em Romanos 6:13, 19 e em 12:1. Nesta segunda passagem,
o apóstolo Paulo fundamenta sua exortação nas "misericórdias de
Deus", na revelação de Deus dizendo ao homem: "Aqui estou", e após
pedir que seus leitores "ofereçam" seus corpos como sacrifícios a Deus,
ele fala dessa submissão como "culto racional", como resultado racional, lógico e necessário de sua aceitação das "misericórdias de Deus".
O evangelho não vem para a alma simplesmente para o prazer pessoal, mas sim para despertar nela um senso de sua vida verdadeira e de
suas possibilidades maravilhosas. Consequentemente, quando Deus
diz ao cristão: "A ti pertenço", o cristão responde: "A ti pertenço" (Salmos 119:94), "Pertenço ao Senhor" (Isaías 44:5). Essa foi uma parte
do propósito da obra de redenção do nosso Senhor: "para ser Senhor",
e agora "pertencemos ao Senhor" (Romanos 14:8-9). Essa resposta do
fundo do coração deve ocorrer a partir do primeiro momento da nossa

APÊNDICE 3

aceitação em e de Cristo. "Cristo é tudo" para nós, desde o início; e nós deveríamos ser "todos dele". Não deveria haver hiato, lacuna ou intervalo entre a aceitação de Cristo como Salvador e a submissão a ele como Senhor. Seu título completo é "Jesus Cristo, nosso Senhor"; e a extensão completa desse sentido (mesmo que não sua profundeza completa) deve ser realizada a partir da nossa primeira experiência de sua presença e de seu poder salvador. [...]

Esse ato inicial de entrega, porém, é apenas o início de uma vida de submissão, pois esse ato precisa se transformar em postura. Isso tem sido reconhecido pelos verdadeiros filhos de Deus em todas as eras como seu "culto e obrigação".[18]

A certeza na visão de H. A. Ironside

O Dr. H. A. Ironside, pastor da Moody Memorial Church, em Chicago, escreveu:

Talvez alguém pergunte: "Mas será que para Deus não importa quem eu sou? Posso viver em meus pecados e mesmo assim ser salvo?" Não, certamente não! Mas isso levanta outro aspecto da verdade: o momento em que alguém crê no evangelho, ele nasce de novo e recebe vida e natureza novas — uma natureza que odeia o pecado e ama a santidade. Se você veio a Jesus e nele confiou, não reconhece essa verdade? Agora você não odeia e detesta as coisas ímpias que, no passado, lhe deram algum prazer? Não encontra dentro de si mesmo uma nova fome pela bondade, um desejo pela santidade, uma sede pela justiça? Tudo isso é evidência de uma nova natureza. E quando você andar com Deus, descobrirá diariamente que o poder do Espírito Santo que habita em você lhe dará a libertação prática do domínio do pecado.[19]

Com relação a 1João 3:9, Ironside escreveu:

Veja como as duas famílias, os não regenerados e os regenerados, são representadas aqui. Homens não salvos praticam o pecado, e quais-

269

quer que sejam as coisas boas em seu caráter segundo os padrões do mundo, eles se deleitam em sua própria vontade. Essa é a essência do pecado. "Pecado é rebeldia". Todos os estudiosos cautelosos concordam que essa é uma tradução mais correta do que "Pecado é a transgressão da lei". Aprendemos que, "até a lei, o pecado estava no mundo", e mesmo que o pecado não tenha sido imputado como transgressão porque não existia um padrão escrito, mesmo assim o pecado se manifestava como vontade própria, ou rebeldia, e podia ser encontrado por toda a parte entre a humanidade caída. A rebeldia é a recusa de uma pessoa de submeter sua vontade a outro, até mesmo a Deus, que tem o direito de exigir sua plena obediência. Nisso, os filhos do diabo demonstram claramente a que família eles pertencem.

Mas as coisas são diferentes com o cristão. Voltando-se para Cristo, ele nasce do alto, como vimos, e, assim, possui uma nova natureza, a qual abomina o pecado e domina seus desejos e seus pensamentos. O pecado se torna detestável. Ele se odeia por causa das loucuras e iniquidades do seu passado e deseja a santidade. Energizado pelo Espírito Santo, a tendência de sua vida se transforma. Ele pratica a justiça. Mesmo consciente de seus frequentes erros, a tendência geral de sua vida é alterada. A vontade de Deus é sua alegria e seu deleite. E à medida que conhece cada vez mais a preciosidade de permanecer em Cristo, ele cresce em graça e conhecimento e entende o poder divino lhe foi dado para andar no caminho da obediência. Sua nova natureza encontra alegria na submissão a Jesus como Senhor, e, assim, o pecado deixa de ser típico de sua vida e de seu caráter.[20]

Seguir a Cristo na visão de A. W. Tozer

A. W. Tozer escreveu muito sobre a questão do senhorio. Ele começou a reconhecer os perigos do evangelho do não senhorio há cinquenta anos, e ele alertou a igreja muitas vezes. Seguem alguns excertos:

Permitindo que a expressão "aceitar Cristo" represente um esforço honesto de dizer sucintamente o que não poderia ser dito tão bem

APÊNDICE 3

de outra forma, vejamos então o que queremos dizer ou deveríamos querer dizer quando a usamos.

Aceitar Cristo significa formar um vínculo com a pessoa do nosso Senhor Jesus único em toda a experiência humana. O vínculo é intelectual, volitivo e emocional. O cristão é intelectualmente convencido de que Jesus é Senhor e Cristo; ele voltou sua vontade para segui-lo a qualquer custo e logo seu coração desfruta da deliciosa doçura de sua comunhão.

Esse vínculo inclui tudo no sentido de que aceita Cristo com alegria com tudo que ele é. Não existe uma divisão covarde de ofícios que nos permitiria reconhecer hoje sua função como Salvador e adiar nossa decisão sobre seu senhorio até amanhã. O cristão verdadeiro possui Cristo como seu tudo em tudo sem ressalvas. Ele também inclui tudo de si mesmo, não permitindo que nenhuma parte de seu ser não seja afetada pela transação revolucionária.

Além disso, seu vínculo com Cristo é exclusivo. O Senhor torna-se para ele não um entre vários interesses concorrentes, mas a atração exclusiva para sempre. Ele gira em torno de Cristo, assim como a Terra gira em torno do Sol, atraído pelo magnetismo de seu amor, extraindo toda a sua vida e luz e calor dele. Nesse estado feliz, ele recebe outros interesses, sim, mas todos estes são determinados por sua relação com seu Senhor.

Aceitarmos Cristo desse modo inclusivo e exclusivo é um imperativo divino. Aqui, a fé se lança em Deus por meio da pessoa e da obra de Cristo, mas ela nunca separa a obra da pessoa. Nunca tenta crer no sangue e dele separar o próprio Cristo, ou da cruz ou da "obra consumada". Crê no Senhor Jesus Cristo, em todo o Cristo sem modificação ou ressalva, e assim ela recebe e desfruta de tudo que ele fez em sua obra da redenção, tudo que ele está fazendo agora no céu para os seus e tudo que ele faz em e por meio deles.

Aceitar Cristo denota conhecer o significado das palavras "neste mundo somos como ele" (1João 4:17). Aceitamos seus amigos como nossos amigos, e seus inimigos como nossos inimigos. Seus caminhos são nossos caminhos, sua rejeição é a nossa rejeição. Sua cruz é a nossa cruz, sua vida é a nossa vida, e seu futuro é o nosso futuro.

Se é isso que queremos dizer quando aconselhamos uma pessoa a aceitar Cristo, é melhor explicarmos isso para ela, pois ela pode se ver diante de profundos problemas espirituais se não o fizermos.[21]

Tozer escreveu: "O pecador é salvo de seus pecados passados. Ele nada mais tem a ver com estes; estão entre as coisas que devem ser esquecidas assim como a noite é esquecida ao amanhecer."[22]

Esse ensaio toca em vários temas que Tozer não se cansava de destacar:

Hoje em dia, sofremos a tentação constante de substituir o Cristo do Novo Testamento por outro Cristo. Todo o impulso da religião moderna vai em direção a essa substituição.

A fim de evitarmos isso, precisamos nos agarrar firmemente ao conceito de Cristo apresentado de forma tão clara nas Escrituras da verdade. Se algum anjo dos céus pregar algo diferente do Cristo dos apóstolos, precisamos rejeitá-lo direta e firmemente.

A poderosa mensagem revolucionária da igreja primitiva era que um homem chamado Jesus, que havia sido crucificado, agora havia ressuscitado dentre os mortos e exaltado à direita de Deus. "Que todo o Israel fique certo disto: Este Jesus, a quem vocês crucificaram, Deus o fez Senhor e Cristo."

A salvação não se dá "aceitando a obra consumada" ou "decidindo-se por Cristo". Ela se dá quando acreditamos no Senhor Jesus Cristo, em todo o Senhor vivo e vitorioso, que, como Deus e homem, combateu a nossa batalha e a venceu, aceitou nossa dívida como a sua própria e a quitou, tomou sobre si os nossos pecados e morreu por eles, e ressuscitou para nos libertar. Esse é o Cristo verdadeiro, e nada menos do que isso bastará.

Mesmo assim, há algo menor entre nós, e fazemos bem em identificá-lo para que possamos repudiá-lo. Esse algo é uma ficção poética, um produto da imaginação romântica e do capricho religioso sentimental. É um Jesus tenro, sonhador, tímido, doce, quase afeminado, que se adapta maravilhosamente a qualquer que seja a sociedade em que se encontre. Ele é cortejado por mulheres decepcionadas no amor, instrumentalizado por celebridades e recomendado por psiquiatras como

APÊNDICE 3

modelo de uma personalidade bem resolvida. É usado como meio para quase todos os fins carnais, mas nunca é reconhecido como Senhor. Esses quase cristãos seguem um quase Cristo. Querem sua ajuda, mas não querem sua interferência. Eles o bajulam, mas nunca o obedecem.[23]

Tozer chamou o ensinamento do não senhorio uma "doutrina desacreditada" que divide Cristo. Ele descreveu o ensinamento ao qual se opôs:

Ela diz o seguinte: Cristo é tanto Salvador quanto Senhor. Um pecador pode ser salvo aceitando-o como Salvador sem se submeter a ele como Senhor. O resultado prático dessa doutrina é que o evangelista apresenta e o incrédulo aceita um Cristo dividido [...]

Agora, parece estranho que nenhum desses mestres tenha percebido que o único e verdadeiro objeto da fé salvadora é exclusivamente o próprio Cristo; não a "função de salvador" nem o "senhorio" de Cristo, mas o próprio Cristo. Deus não oferece salvação àquele que está disposto a crer em um dos ofícios de Cristo, tampouco um ofício de Cristo é, em algum lugar, apresentado como objeto da fé. Também não somos exortados a crer na expiação, ou na cruz, ou no sacerdócio do Salvador. Todos estes são encarnados na pessoa de Cristo, mas jamais são separados ou isolados do restante. Muito menos devemos aceitar um dos ofícios de Cristo e rejeitar os demais. A noção de que teríamos essa permissão é uma heresia moderna, e, repito, como toda heresia esta é acatada com impunidade. Pagamos com fracassos práticos por nossos erros teóricos.

Duvido profundamente se há salvação para aqueles que vêm a Cristo pedindo ajuda, mas sem qualquer intenção de obedecer-lhe, uma vez que a função de salvador de Cristo está eternamente unida ao seu senhorio. Leia as Escrituras: "Se você confessar com a sua boca que Jesus é Senhor e crer em seu coração que Deus o ressuscitou dentre os mortos, será salvo [...], pois o mesmo Senhor é Senhor de todos e abençoa ricamente todos os que o invocam, porque todo aquele que invocar o nome do Senhor será salvo" (Romanos 10:9-13). Aqui, o *Senhor é* o objeto da fé para a salvação. E quando o carcereiro de Filipos perguntou como poderia ser salvo, Paulo respondeu: "Creia no Senhor Jesus, e serão salvos, você e os de sua casa" (Atos 16:31). Ele não o instruiu a crer no Salvador com a ideia de que, mais tarde, ele poderia resolver a questão do seu senhorio da maneira como lhe agradasse, pois para Paulo não podia haver divisão de ofícios. Cristo precisa ser Senhor, caso contrário, não será Salvador.[24]

Essa análise penetrante da fé mostra o quanto Tozer havia refletido sobre os perigos da doutrina do não senhorio.

Há vários anos, meu coração vem se desesperando com a doutrina de fé que está sendo recebida e ensinada entre os cristãos evangélicos por toda parte. Os círculos ortodoxos dão muita importância à fé, e isso é bom; mesmo assim, estou angustiado. Meu medo é, mais especificamente, que a concepção moderna de fé não é bíblica; que, quando os mestres dos nossos dias usam a palavra, eles não a usam como os autores bíblicos a usavam.

As causas da minha preocupação são estas:

1. A falta de fruto espiritual na vida de tantos que alegam ter fé.
2. A raridade de uma mudança radical na conduta e na perspectiva geral das pessoas que professam sua nova fé em Cristo como seu Salvador pessoal.
3. A falha dos nossos mestres de definirem ou até mesmo descreverem a coisa à qual a palavra *fé* supostamente se refere.
4. A lamentável falha de inúmeras pessoas, por mais sinceras que sejam, de produzir qualquer coisa com a doutrina ou de receber qualquer experiência satisfatória por meio dela.
5. O perigo real de que uma doutrina que é repetida tão amplamente e recebida por tantos de modo tão acrítico seja falsamente compreendida por eles.
6. Tenho visto como a fé é apresentada como substituta da obediência, como fuga da realidade, como refúgio da necessidade de reflexão árdua, como esconderijo para um caráter fraco. Conheço pessoas que chamam de fé os espíritos animais, o otimismo natural, êxtases emocionais e tiques nervosos.
7. O mero bom senso deveria nos dizer que qualquer coisa que não provoca mudança no homem que a professa também não

APÊNDICE 3

faz diferença para Deus, e observamos com facilidade que, para inúmeras pessoas, a mudança de não fé para fé não faz qualquer diferença em sua vida. [...]

Qualquer fé que professa Cristo como Salvador pessoal mas que não submete a vida à obediência a ele como Senhor é inadequada e em algum momento trairá sua vítima.

O homem que crê obedecerá; a não obediência é prova convincente de que não há fé verdadeira. Para tentar o impossível, Deus precisa dar fé, caso contrário, não haverá nenhuma, e ele dá fé apenas ao coração obediente. Onde houver arrependimento real, haverá obediência, pois arrependimento não é apenas tristeza causada por fracassos e pecados passados, é uma determinação de começar agora a praticar a vontade de Deus na forma como ele a revela a nós.[25]

O evangelho do não senhorio na visão de Arthur Pink

Arthur W. Pink era, basicamente, um teólogo reformado clássico autodidata. Ele escreveu e distribuiu estudos sucintos sobre temas teológicos e bíblicos por meio de uma revista mensal, *Studies in the Scriptures*. Sua compreensão das Escrituras e sua habilidade de se expressar por meio da escrita são lendárias.

Pink escrevia com uma caneta ácida, e reservou algumas de suas críticas mais duras para aqueles que ele via como corruptores da mensagem do evangelho por meio da fé-fácil. É justo dizer que ele desdenhava profundamente a doutrina do não senhorio. Pink escreveu o seguinte: "O evangelismo de hoje não é apenas extremamente superficial, mas é *radicalmente defeituoso*."[26]

Já na década de 1930, décadas antes de o debate sobre o senhorio se tornar um tema familiar, Pink reconheceu claramente os problemas principais da doutrina emergente do não senhorio:

A fé salvadora consiste na submissão completa de todo o meu ser e de toda a minha vida às reivindicações de Deus a mim: "Entregaram-se primeiramente a si mesmos ao Senhor" (2Coríntios 8:5).

275

É a aceitação irrestrita de Cristo como meu Senhor absoluto, curvando-me perante a sua vontade e recebendo seu jugo. Talvez alguém objete: "Por que, então, os cristãos são exortados como em Romanos 12:1?" Respondemos: todas essas exortações são simplesmente um chamado para que *continuem como começaram*: "Assim como vocês receberam Cristo Jesus, o Senhor, continuem a viver nele" (Colossenses 2:6). Sim, observem bem que Cristo é "recebido" como *Senhor*. Ah, quão inferior ao padrão do Novo Testamento é o modo moderno de implorar que os pecadores aceitam Cristo como seu "Salvador" pessoal. Se o leitor consultar sua concordância, descobrirá que em *cada passagem* em que os dois títulos são encontrados juntos, isso ocorre *sempre* na forma de "Senhor e Salvador", jamais o contrário: veja Lucas 1:46, 47; 2Pedro 1:11; 2:20; 3:18.[27]

Ele lamentou o desastre ao qual estava assistindo à medida que o evangelismo do não senhorio se tornava cada vez mais popular:

A coisa terrível é que tantos pregadores hoje em dia, sob o pretexto de engrandecer a graça de Deus, apresentam Cristo como Ministro do *pecado*; como aquele que, por meio de seu sacrifício expiatório, adquiriu uma indulgência para que os homens continuem a satisfazer seus desejos carnais e mundanos. Dado que um homem professe sua crença no nascimento virginal e na morte vicária de Cristo e alega confiar exclusivamente nele para a sua salvação, ele pode passar como cristão real praticamente em qualquer lugar hoje em dia, mesmo que sua vida em nada se diferencie da vida daquele mundano moral que não professa o cristianismo. O Diabo está entorpecendo milhares de pessoas e as levando para o inferno por meio dessa ilusão. O Senhor Jesus pergunta: "Por que vocês me chamam 'Senhor, Senhor' e *não* fazem o que eu digo?" (Lucas 6:46). E insiste: "Nem todo aquele que me diz: 'Senhor, Senhor', entrará no Reino dos céus, mas apenas aquele que faz a vontade de meu Pai que está nos céus" (Mateus 7:21).[28]

Pink deu este conselho sobre como lidar com os defensores da doutrina que corrompia a igreja:

APÊNDICE 3

É a obrigação solene de cada cristão não se envolver com a monstruosidade "evangelística" dos nossos dias: *recusar* todo apoio moral e financeiro desta, não frequentar qualquer reunião dela e não distribuir nenhum de seus panfletos. Os pregadores que dizem aos pecadores que eles podem ser salvos *sem* abandonar seus ídolos, *sem* arrependimento e sem submissão ao senhorio de Cristo são tão falsos e perigosos quanto aqueles que insistem que a salvação se dá por meio de obras e que o céu precisa ser conquistado por meio dos nossos próprios esforços.[29]

Palavras fortes. Mas Pink sentia que a gravidade do erro do não senhorio exigia a advertência mais forte possível. Pergunto-me qual teria sido sua reação se ele tivesse visto a doutrina do não senhorio radical que emergiu em anos recentes.

Resumo

A soteriologia do não senhorio se desvia das correntes principais da ortodoxia evangélica. Permanece o fato de que, antes deste século e antes da emergência do dispensacionalismo de Chafer e Scofield, nenhum teólogo ou pastor proeminente acatou as doutrinas do não senhorio.[30]

A igreja como um todo precisa estudar essa questão com muito cuidado. Nenhum de nós gosta de controvérsias, mas as questões que enfrentamos aqui são mais importantes do que uma mera questão de preferência. É o *evangelho* que está em jogo, portanto, precisamos corrigir a mensagem. Não é uma questão meramente acadêmica; na verdade, são as questões pelas quais muitos grandes homens de Deus deram sua vida no passado.

Não podemos continuar a fazer concessões e a tolerar e varrer o erro sob o tapete. Esse tipo de reação à controvérsia apenas contribuiu para o declínio do evangelho bíblico. Isso tem dizimado a igreja da nossa geração.

O "cristianismo" de hoje se encontra num estado de desordem e decadência, e essa condição está piorando a cada ano. A verdade da Palavra de Deus tem sido diluída e comprometida a fim de alcançar um denominador comum capaz de apelar e acomodar o maior número de participantes. O resultado é um cristianismo híbrido, centrado no homem, materialista e mundano, e que vergonhosamente desonra o Senhor Jesus Cristo. Essa degeneração vergonhosa se deve, em grande parte, ao evangelho falso que está sendo apresentado por muitos no mundo inteiro.[31]

Estudemos as Escrituras, levantemos as perguntas difíceis e cheguemos a um consenso sobre o evangelho.

Glossário

antinomianismo: a ideia de que a conduta não está vinculada à fé ou de que os cristãos não estão sujeitos a qualquer lei moral. O antinomianismo separa radicalmente justificação e santificação, tornando opcional a santidade prática.

arrependimento: uma transformação do coração que envolve o abandono do pecado para abraçar Jesus Cristo. Arrependimento e fé são elementos distinguíveis que se fundem numa obra composta por meio da conversão genuína promovida por Deus.

assensus: veja *consentimento*.

carne: o princípio da fraqueza humana — especialmente nosso egoísmo pecaminoso — que permanece conosco após a salvação até a nossa glorificação última.

confiança (*fiducia*): um dos três elementos da fé verdadeira; um compromisso pessoal e uma apropriação de Cristo como única esperança para a salvação eterna (veja *consentimento* e *conhecimento*).

conhecimento (*notitia*): um dos três elementos da fé verdadeira; reconhecimento e compreensão da verdade de que Cristo salva (veja *consentimento* e *confiança*).

consentimento (*assensus*): um dos três elementos da fé verdadeira; a confiança segura e afirmação de que a salvação de Cristo se aplica à nossa alma (veja *conhecimento* e *confiança*).

conversão: voltar-se para Deus em arrependimento e fé.

decisionismo: a ideia de que a salvação eterna precisa ser garantida pelo movimento do próprio pecador em direção a Cristo, uma "decisão por Cristo" que, normalmente, é sinalizada por algum ato físico ou verbal — erguer o braço, subir ao altar, recitar uma oração, assinar um cartão, repetir um juramento ou algo semelhante.

depravação total: corrupção pelo pecado de cada aspecto da existência. Pecadores não remidos são totalmente depravados; isto é, estão espiritualmente mortos, são incapazes de responder ou agradar a Deus e permanecem em profunda necessidade da atenção graciosa de Deus.

dispensação: o plano de Deus por meio do qual ele administra seu domínio dentro de determinada era de seu programa eterno.

dispensacionalismo: um sistema de interpretação bíblico que reconhece uma distinção entre o programa de Deus para Israel e suas interações com a igreja.

eclesiologia: a doutrina da igreja.

escatologia: a doutrina das coisas futuras; profecia.

fé espúria: fé de aparência ou defeituosa. O ensino do não senhorio radical nega a possibilidade de fé espúria em Cristo como Salvador. Essa visão afirma que, se o *objeto* da fé é confiável, o caráter da fé não deve ser questionado.

fé salvadora: a apropriação e a submissão ao Senhor Jesus Cristo como única esperança para a vida eterna e a libertação dos pecados. Essa fé é uma obra de Deus no coração do pecador cristão.

fé: veja *fé salvadora*.

fé-fácil: a visão de que a fé salvadora é um ato exclusivamente humano. Aqueles que adotam esse tipo de visão precisam alterar a definição de fé de modo que o ato de crer seja algo do qual os pecadores imorais são capazes.

fiducia: veja *confiança*.

graça barata: graça autoatribuída que promete perdão sem a necessidade de arrependimento; pseudograça, que não causa mudança no caráter daquele que a recebe.

GLOSSÁRIO

graça comum: graça divina concedida à humanidade em geral. A graça comum limita o pecado, ameniza os efeitos destrutivos do pecado na sociedade humana e concede bênçãos de todos os tipos a todas as pessoas. Essa graça não é redentora (veja *graça especial*).

graça eficaz: uma graça que certamente produzirá o efeito desejado — a graça de Deus é sempre eficaz.

graça especial: a obra irresistível de Deus que liberta os homens e as mulheres da penalidade e do poder do pecado, renovando a pessoa interior e santificando o pecador por meio da operação do Espírito Santo — é chamada também de graça salvadora e graça irresistível.

graça irresistível: graça que transforma o coração e, assim, torna o cristão plenamente disposto a confiar e a obedecer. A graça salvadora sempre é irresistível.

graça salvadora: veja *graça especial*.

graça: a influência gratuita e benevolente de um Deus santo que opera soberanamente nas vidas de pecadores que não são merecedores.

justificação: um ato da graça de Deus por meio do qual ele declara que todas as exigências da lei foram cumpridas em prol do pecador cristão por meio da justiça de Jesus Cristo. Justificação é a inversão da postura de Deus em relação ao pecador. Antigamente, ele condenava; agora, ele vinga — não por causa de qualquer coisa boa encontrada no pecador, mas por causa da justiça imputada de Cristo. Por causa da justificação, o cristão não só está completamente livre de qualquer acusação de culpa, mas também tem todo o mérito de Cristo depositado em sua conta pessoal. Justificação e santificação são, ambas, elementos essenciais da salvação (veja *santificação*).

legalismo: o ensinamento de que as pessoas podem conquistar o favor de Deus por meio da prática de determinadas coisas. Alguns legalistas ensinam que a salvação precisa ser conquistada por meio de obras; outros praticam um ritualismo extremo ou seguem códigos de conduta rígidos. Até mesmo cristãos podem cair em legalismo se voltarem seu foco para coisas externas e negligenciarem o cultivo da correta postura do coração (cf. Rom. 2:29).

notitia: veja *conhecimento*.

obras meritórias: um ritual ou uma conduta que conquista o favor de Deus ou é digno de suas recompensas ou honra. As Escrituras são claras: obras humanas jamais podem ser meritórias (Isaías 64:6; Romanos 6:23; 8:8; Tito 3:5). Obras meritórias não são necessárias para a salvação, mas a graça produzirá obras por meio da fé como manifestações da obra salvadora de Deus na vida de cada cristão.

ordo salutis: a ordem da salvação, um arranjo lógico de vários aspectos da graça salvadora. Uma *ordo salutis* típica na teologia reformada seria: eleição, chamado, regeneração, conversão, arrependimento, fé, justificação, santificação, perseverança e glorificação. Obviamente, a parte da sequência desde a regeneração até a santificação é de natureza lógica, não cronológica, e esses eventos acontecem todos ao mesmo tempo.

penitência: uma atividade realizada para tentar expiar seus próprios pecados.

pré-milenismo: a crença de que Cristo voltará, depois inaugurará um reino de mil anos na terra.

puritanos: reformadores ingleses do século XVII.

regeneração: o novo nascimento — a obra do Espírito Santo que concede uma vida nova ao pecador.

salvação pelo senhorio: a crença de que o chamado do evangelho para a fé pressupõe que o pecador precisa se arrepender e se submeter à autoridade de Cristo.

santificação: a operação contínua do Espírito Santo no cristão, tornando-nos santos, conformando nosso caráter, nossos afetos e nossa conduta à imagem de Cristo.

soteriologia: doutrina da salvação.

ultradispensacionalismo: uma vertente extrema do dispensacionalismo que identifica o início da igreja em algum ponto após Atos 2. Muitos ultradispensacionalistas rejeitam o batismo de água e a Ceia do Senhor como ordenanças de outra era e acreditam que as únicas Escrituras diretamente aplicáveis a esta era estão contidas nas epístolas paulinas.

Índice bíblico

Gênesis

15:6	43, 105,108	16:16	108	19:16	137	19:30-38	137
16:2-4	108	17:24-25	108	19:26	137		

Êxodo

3:14	49	20:5	214

Levítico

11:44-45	214

Números

23:19	46

Deuteronômio

6:6-7	224	19:15	183	30:10	54

Josué

24:19	214

1 Samuel

2:2	214	6:20	214

2 Samuel

12:1-23	137

2 Reis

23:25	54

Jó

28:28	213

Salmos

1:5	214	119:81-83	147	119:131	147	119:174	147
51:12	144	119:92	147	119:143	147	119:176	148
111:10	213	119:97	147	119:163	147	130:1-5	148
112:4	62	119:113	147	119:165	147		

Provérbios

1:7	213	9:10	213	15:33	213

Isaías

55:7	221	57:20-21	215	64:6	51, 216, 282	66:2, 5	163

Jeremias

5:25	144	29:13	51	32:40	188

Ezequiel

18:30	218

Oseias

4:6	126

Joel

2:13	62

Amós

5:4	51

Miqueias

6:9	213

Habacuque

2:4	43

Malaquias

3:6	46

Mateus

1:21	121	6:24	129	7:21-27	154	11:28	37
3:5-8	89	6:33	51	7:23	172	12:33	83
3:8	38	7:7	51	8:29-30	163	12:37	158
3:17	52	7:16-18	161	9:13	37	15:18	158
4:17	83	7:21	166	10:34-38	219	16:16	186
5:45	64	7:21-23	172	10:37	204	16:17	225

ÍNDICE BÍBLICO

17:5	52	18:16	183	22:37-40	180	26:69-75	194
18:2-4	224	18:18-19	205	23:26	83	27:3	81
18:3	37, 83	19:16-22	209	24:24	50		
18:15	204	19:26	204, 213	25:21,23	199		

Marcos

1:15	83,208	7:6	207	8:35-37	220
2:17	37,215	7:15	83	9:24	170
5:7	163	8:34	17	16:16	223

Lucas

3:8	26, 82	6:45	55, 158	14:26-33	219	22:31-32	187
4:41	163	6:46	167, 207	14:33	204	22:32	47
5:8	88	9:23	218	17:5	170, 253	22:60-61	200
5:32	37, 106	11:9	51	18:11-12	119	23:40-42	225
6:27-36	62	12:2	216	18:13	80, 213	24:47	26, 78

João

1:1-3, 14	216	3:36	87, 208	8:31	130	14:15	87, 200
1:12	73, 88	4:10	84	8:31-32	186	14:15, 23	27
1:13	66	4:14	190	8:39	105	14:21, 23-24	130
1:14	62	4:23-24	87	8:42	87	15:5	150
1:16	63	5:22-24	87	8:44	71, 144	15:10	130
3:3, 5, 7	86	5:29	87	10:10	124	15:13	72
3:3, 7	35	5:39-40	54	10:26-28	87	16:8	88, 209
3:6	210, 225	6:29	154	10:27-28	27	16:8-11	88
3:8	210	6:35	52, 190	11:44	125	17:15-23	187
3:12, 15	84	6:44	38, 66, 72	12:25	204	19:30	104
3:16	27, 72, 175	6:48-66	87	12:26	218	20:30-31	85
3:19	87	6:65	74, 213	12:31	70	20:31	83
3:20-21	87	8:12	178	12:40	37	21:17	200

Atos

2:32-36	226	10:36	227, 266	16:31	54, 80, 90,	20:32	118
2:36	88, 266	10:43	89		175, 218	22:10	222
2:38	26, 36, 208	11:18	26, 37-38,	17:23	49	23:6	105
	209, 223		66, 90	17:30	26, 36, 77	24:24	54
3:19	26, 36, 209	13:48	213		91, 209, 218	26:18	54, 118
4:10-12	90	15:1-29	119	18:27	66, 213	26:19-20	37, 91
5:32	153	15:3	37	19:15	163	26:20	91, 209, 218
8:22	91	16:14	214	20:20-21	91		
8:36-39	223	16:30-34	90	20:21	26, 54, 80, 91		

Romanos

1:4	217	2:13-25	154	3:20	75, 153, 166,	3:27	66, 75
1:5	153	2:16	216		204, 216	3:28	95, 165
1:16	206	3:10	103	3:20, 24	153	3:31	63
1:16—3:20	209	3:10-18	64, 215	3:22, 26	54	4:2-3	105
2:8	153	3:11-13	66	3:24	66	4:4	109
1:17	43	3:18	163	3:24-26	26	4:5	75, 94,

285

	117, 153	6:4 72, 122	7:15-21 141	8:30 35, 57, 66,
4:9-12	108	6:5 73	7:15-24 26	110, 149
4:10-11	223	6:6 27, 35, 73,	7:20 145	8:31 197
4:11	95	123-125, 220	7:21 34	8:31-32 66
4:12	108	6:8 73	7:22 141	8:32 27
4:13-15	108	6:11 121, 126	7:22-23 145	8:33 95
4:16	63	6:11-14 126	7:24-25 148	8:38-39 19, 175,
4:16-17	109	6:12-13 127	8:1 121-122	197
4:22-25	95	6:13 127	8:2 63	9:15-16 66
4:25	218	6:14 144, 202	8:2-4 121	9:23 73
5:1	103, 243	6:14-15 63	8:3 43, 63	10:4 101, 266
5:1-2	95	6:15 166	8:4 101, 103	10:9 50, 208, 227
5:2	62	6:17 222	8:5-9 129	10:9-10 27, 221,
5:6-8	121	6:17-18 27, 125,	8:7 71, 141	226
5:10	37, 71	213	8:8 26, 143, 282	10:13 26
5:14-15	124	6:18 34-35	8:11-14 95	10:17 153
5:15	76	6:18-19 145	8:13 149	12:1 127
5:17	95	6:19 95	8:14-16 225	12:2 34
5:19	95	6:20 130	8:15 95	12:3 66
5:20	63	6:22 34	8:16 175, 183	12:5 122
5:20-21	118	6:23 26-27, 68,	8:18 199	13:8 180
5:21	63, 64	216, 282	8:18-19 149	14:4, 13 204
6:1	118	7:1-4 125	8:23 127, 149	16:7 122
6:1-2	63, 112	7:8-24 34	8:29 35, 66, 76,	16:26 153
6:1-7	95	7:12 109	193	
6:2	120, 140	7:14-17 143	8:29-30 64, 102,	
6:3-10	123	7:15 33	117	

1Coríntios

1:2 115, 122	2:10-16 72	6:19-20 144	15:1-4 50
1:2, 30 118	2:14 46, 213	8:5-6 227	15:3-4 218
1:4 64	2:14—3:3 133-135	9:27 127	15:9 138
1:7-9 191	3:1 135, 144	10:12-13 144	15:14 50
1:8 27	3:4 134	10:21 144	15:19 195
1:21 210	5:12 136	10:31 70	15:22 124
1:30 95, 122	6:9-11 136	11:28 173	15:53 127
1:31 75	6:11 116, 118	11:29-30 144	15:53, 57 144
2:1-5 210	6:15 123	12:3 226	15:54-57 26
2:9-10 161	6:17 95	13:12 34, 176	16:22 27, 33

2Coríntios

1:20 175	123
1:22 196	5:18-20 221
3:18 35, 175	5:21 217
4:5 227	6:1 64
4:16 147	9:8 76
5:4 149	13:1 183
5:5 196	13:5 112, 152, 173,
5:11 221	175-176, 204
5:15 27	
5:17 27, 35, 122,	

ÍNDICE BÍBLICO

Gálatas

2:16	33, 43, 75	3:10	109	3:24	109, 209	5:22-23	157, 184
2:16, 20	54	3:11	43	3:27	95	5:24	124
2:20	27, 73, 124	3:21	109	5:4	63		
2:21	63	3:22	54	5:6	150, 213		

Efésios

1:3	72	2:1-10	67-68	2:8-9	26, 67, 74,	3:16	147
1:4	193	2:2	70		153, 161, 212	4:5	227
1:5-6	62	2:5	72	2:9	66, 153	4:22	124
1:6	76	2:6	73, 11	2:10	26, 36, 66	4:30	144, 196
1:7-8	217	2:6-7	73	2:12	67	5:8	178
2:1	67, 69	2:7	74	2:19	73	5:9	153
2:1-5, 8	27			3:8	138	6:24	200

Filipenses

1:6	27, 36, 76,	2:9-11	217, 227	3:6	146	3:14	137, 193
	117, 197, 205	3:4-9	222	3:9	33, 43, 54, 95	3:20	73
2:6-7	217	3:5-6	105	3:12-15	34	3:20-21	149

Colossenses

1:20	217	1:28	122	3:2	72	3:5	149
1:21-22	129	2:9	216	3:3	111, 122	3:9-10	124
1:27	95, 123, 176	2:12	122	3:4	73, 123		

1Tessalonicenses

1:9	36	5:4	178	5:23	139	5:23-24	191

2Tessalonicenses

2:13	115, 118

1Timóteo

1:9	10, 43	1:18-19	190	6:15-16	190
1:15	26, 136	5:6	69		

2Timóteo

1:12	205	2:16-19	190	2:25	26, 37
2:5	38	2:21	144		

Tito

1:1	150	1:16	173, 180, 207	2:12	36, 61	3:5	27, 35, 153
1:2	46	2:11-12	61	2:14	36, 76, 217, 223	3:5-7	150

Hebreus

4:15	217	9:27	216	11:3	110	12:10	138
5:9	208, 221	10:29	62	11:6	49	12:14	116, 122, 214
6:4-8	190	10:38	43	11:7-13	47	12:5-7	144
6:19	195	11	27	12:2	58, 123	13:5	175
7:25	188	11:1	44, 170	12:5-11	33	13:9	62

O EVANGELHO SEGUNDO OS APÓSTOLOS

Tiago

1:2-3	198	1:23-25	155	2:19	57	4:6	27, 63
1:15	216	1:25	63, 156	2:20	164	4:7	209
1:16-18	158-161	1:26-27	157	2:21-25	165	4:11	204
1:18	66	2:15-16	162	2:24	165		
1:22	153, 167	2:17	167	3:2	158		
1:23	175	2:17-20	150	4:4	71		

1Pedro

1:3, 23	35	1:8	201	2:23	217	4:10	63
1:3-9	194	1:9	201	2:24	107, 217	5:10	62, 202
1:6-7	197	1:16	214	3:12	144		
1:8-9	27, 47	2:9	111, 178	4:1-2	125		

2Pedro

1:3	27, 115, 228	1:10	152, 168	3:9	26
1:4	35, 72	2:8-9	137138	3:18	62

1João

1:6-7	177	2:5	153	3:5	217	4:8, 16	72
1:7	150, 178	2:9-11	180	3:6	34	4:12	181
1:8	26, 34, 182	2:11	184	3:6-9	182	4:13	183
1:8, 10	26	2:15	87, 144	3:8	183	4:19	33, 200
1:9	34	2:19	27, 182, 191	3:9	34, 121	4:20	184
1:10	34	2:20-23	181	3:9-10	27	5:2	180
1:8—2:1	178	2:29	182	3:10	180	5:4	127
2:1	179	3:1	73	3:14-15	180	5:10-11	183
2:3	27, 34	3:2	76, 193, 201	3:15	184	5:19	70
2:3-4	179	3:2-3	149	4:2, 6	181		
2:4	27, 184	3:3	150, 183, 193	4:7	181		
2:4, 6, 9	161	3:3-4	182	4:8	184		

3 João

11	35, 120

Judas

4	63	24-25	191	24	139

Apocalipse

1:5	217
17:14	216-217
21:8	216

Notas

Capítulo 1 - Prólogo

1. LLOYD-JONES, D. Martyn. *The Heart of the Gospel*. Wheaton, III. Crossway, 1991, p. 165-166.

Capítulo 2 - Uma introdução à controvérsia da "salvação por senhorio"

1. O wesleyanismo acredita, por exemplo, que um cristão genuíno pode se afastar da fé, mas, em geral, ensina que aqueles que se afastam perdem também a sua salvação. Seu sistema não abre espaço para "cristãos" que vivem em rebelião contínua contra Cristo.
2. Neste livro, usarei a abreviação SGS quando me referir a Charles Ryrie. *So Great Salvation*. Wheaton, III.: Victor, 1989.
3. RYRIE, Charles C. *Balancing the Christian Life*. Chicago: Moody, 1969, p. 186.
4. *AF* refere-se a Zane Hodges, *Absolutely Free!* Grand Rapids, Mich.: Zondervan, 1989.
5. Curiosamente, porém, a doutrina do não senhorio se alia muitas vezes a uma visão que considera meritórias as obras após a salvação. Zane Hodges, por exemplo, defende essa visão. Ele ensina que a vida eterna pode ser obtida gratuitamente pela fé, mas a vida abundante de João 10:10 é uma recompensa que pode ser adquirida apenas por obras (*AF*, p. 230).

Capítulo 3 - Sem fé, é impossível agradá-lo

1. MACHEN, J. Gresham. *What Is Faith?* Nova York: Macmillan, 1925, p. 203-204.
2. MOULTON, James Hope; MILLIGAN, George. *The Vocabulary of the Greek Testament*. Grand Rapids, Mich.: Eerdmans, 1930, p. 660.

O EVANGELHO SEGUNDO OS APÓSTOLOS

3. Hebreus 11:1 certamente afirma que um elemento de certeza se encontra no centro da própria fé. Como veremos no capítulo 10, a fé salvadora em Cristo é o fundamento de toda certeza. Nosso senso de segurança pessoal se torna mais profundo e mais forte com a maturidade espiritual, mas a semente dessa certeza está presente mesmo no início da fé salvadora.

4. STRONG, Augustus H. *Systematic Theology*. Philadelphia: Judson, 1907, p. 837-838; BERKHOF, Louis. *Systematic Theology*. Grand Rapids, Mich.: Eerdmans, 1939, p. 503-505.

    Em *Absoutely Free!*, Zane Hodges afirma que eu "distorci seriamente" a definição de Berkhof (*AF*, p. 207)."*Assensus* não é um 'elemento emocional'", protestou Hodges. Essas, porém, são as próprias palavras de Berkhof. Observe que Strong defendia uma visão idêntica. Até Ryrie concorda (*SGS*, p. 120). Strong e Berkhof usaram a expressão "elemento emocional" para dizer que *assensus* vai além de contemplar o objeto da fé de modo distanciado e desinteressado. Berkhof escreveu: "Quando alguém aceita Cristo pela fé, ele tem uma convicção profunda da verdade e da realidade do objeto de fé, sente que ele satisfaz uma necessidade importante em sua vida e está ciente de um interesse abrangente nele. [...] É exatamente a característica distintiva do conhecimento da fé salvadora" (Berkhof, p. 504-505).

    João Calvino definiu *assensus* como "mais uma questão do coração do que da cabeça, mais do afeto do que do intelecto". Ele igualou o consentimento ao "afeto pio"; veja: CALVINO, João. *Institutes of the Christian Religion*. Grand Rapids, Mich.: Eerdmans, 1966, 1:476.

5. Strong, *Systematic Theology*, p. 338–339.

6. Berkhof, *Systematic Theology*, p. 505.

7. WARFIELD, Benjamin B. *Biblical and Theological Studies*. Philadelphia: Presbyterian & Reformed, 1968, p. 402-403.

8. WILKIN, Bob. "Tough Questions About Saving Faith". *The Grace Evangelical Society News*, jun. 1990, p. 1.

9. Ibid., p. 4.

10. Ocasionalmente, Ryrie fala de Cristo como objeto de fé, mas inevitavelmente define o que pretende dizer que anula tudo. Por exemplo, quando diz que "o objeto de fé ou confiança é o Senhor Jesus Cristo", ele imediatamente acrescenta: "A questão em que confiamos nele é sua habilidade de perdoar nosso pecado e levar-nos para o céu" (*SGS*, p. 121).

11. RYRIE, Charles C. *Balancing the Christian Life*. Chicago: Moody, 1969, p. 169-170.

12. Warfield, *Biblical and Theological Studies*, p. 379.

13. O fato de que a fé necessariamente tem resultados morais práticos pode ser visto nas declarações de causa e efeito de João 8:36-47 (grifos meus): "Portanto, se o Filho os libertar, *vocês de fato serão livres. Eu sei que vocês são descendentes de Abraão. Contudo, estão procurando matar-me, porque em vocês não há lugar para a minha palavra. Eu lhes estou dizendo o que vi na presença do Pai, e vocês fazem o que ouviram do pai de vocês.*" "Abraão é o nosso pai", responderam eles. Disse Jesus: "*Se vocês fossem filhos de Abraão, fariam as obras que Abraão fez.* Mas vocês estão procurando matar-me, sendo que eu lhes falei a verdade que ouvi de Deus; Abraão não agiu assim." Protestaram eles: "Nós não somos filhos ilegítimos. O único Pai que temos é Deus."Disse-lhes Jesus: "*Se Deus fosse o Pai de vocês, vocês me amariam*, pois eu vim de Deus e agora estou aqui. Eu não vim por mim mesmo, mas ele me enviou. *Por que a minha linguagem não é clara para vocês? Porque são incapazes de ouvir o que eu digo.* Vocês pertencem ao pai de vocês, o Diabo, *e querem*

NOTAS

realizar o desejo dele. Ele foi homicida desde o princípio e não se apegou à verdade, pois não há verdade nele. Quando mente, fala a sua própria língua, pois é mentiroso e pai da mentira. No entanto, *vocês não creem em mim, porque lhes digo a verdade!* Qual de vocês pode me acusar de algum pecado? Se estou falando a verdade, por que vocês não creem em mim? *Aquele que pertence a Deus ouve o que Deus diz. Vocês não ouvem porque não pertencem a Deus".*

Uma chave para essa passagem é o versículo 42: "Se Deus fosse o Pai de vocês, vocês me amariam". O fato de eles dizerem que Deus era seu Pai não fazia disso uma realidade. Seu comportamento e seus afetos refletiam a realidade espiritual.

Capítulo 4 - Graça barata?

1. BONHOEFFER, Dietrich. *The Cost of Discipleship.* Nova York: Collier, 1959, p. 45-47.
2. Ibid., p. 45-46.
3. TOZER, A.W. *The Knowledge of the Holy.* Nova York: Harper & Row, 1961, p. 100.
4. BERKHOF, Louis. *Systematic Theology.* Grand Rapids, Mich.: Eerdmans, 1939, p. 427.
5. Ibid.
6. Isso é contrário à afirmação assombrosa de Zane Hodges: "É inerentemente contraditório falar aqui de 'graça' como 'dádiva de Deus'. A entrega de um presente é um ato de 'graça', mas 'graça', quando vista como princípio ou fundamento de ação divina, nunca é descrita como 'dádiva' ou como parte de uma dádiva" (*AF,* p. 219). As Escrituras estão repletas de declarações que contradizem essa afirmação: "O Senhor concede favor [graça] e honra; não recusa nenhum bem aos que vivem com integridade" (Salmos 84:11); "Ele concede graça aos humildes" (Provérbios 3:34); "Ele nos concede graça maior" (Tiago 4:6); "Deus se opõe aos orgulhosos, mas concede graça aos humildes" (1Pedro 5:5; cf. também Romanos 15:15; 1Coríntios 1:4; 3:10; Efésios 4:7).
7. Isso explica por que os teólogos reformados concordam universalmente com a salvação por senhorio. Muitos destes consideram os argumentos do não senhorio um tanto tolos, pois eles entendem corretamente que fé, arrependimento, entrega e santidade são parte da graciosa obra salvadora de Deus.
8. Não estou sugerindo explicitamente uma *ordo salutis,* ou ordem de salvação, nestes comentários. Muito tem sido escrito sobre a *ordo salutis,* mas tratar dessa questão ultrapassa os propósitos deste livro. Um bom tratado sobre a questão é: HOEKEMA, Anthony A. *Saved by Grace.* Grand Rapids, Mich.: Eerdmans, 1989, p. 14-27.
   Hoekema mostra que a salvação não é tanto uma série de passos sucessivos, e sim mais uma aplicação simultânea de vários aspectos da graça salvadora. A *ordo salutis* precisa ser um arranjo primeiramente lógico, não cronológico, pois no mesmo momento em que somos regenerados, também somos convertidos, nós nos arrependemos, cremos, somos justificados, santificados e embarcamos numa vida de fé e obediência que perseverará até a glorificação.
   No sentido amplo, *regeneração,* ou novo nascimento, é um termo usado às vezes como sinônimo de salvação (Tito 3:5; cf. João 3:3, 5, 7; 1Pedro 1:23). Em seu sentido teológico específico, a regeneração é a obra do Espírito Santo que concede vida nova ao pecador. Jamais o Novo Testamento usa a palavra para algum ato de Deus anterior à fé, que poderia ser separado como evento autônomo. Do ponto de vista da razão, a regeneração logicamente precisa iniciar a fé e o arrependimento, mas a transação salvadora é um evento único e instantâneo.

O EVANGELHO SEGUNDO OS APÓSTOLOS

O ponto crucial em que devemos insistir em relação a isso é que isso exclui qualquer possibilidade de transformar a santificação, a consagração, o batismo no Espírito ou qualquer outro aspecto da conversão em uma experiência de nível secundário. Nenhuma fase da conversão é adiada ou oferecida como uma segunda obra da graça.

9. Um dos pontos mais fracos da teologia do não senhorio é sua tendência de ver a operação da graça apenas na justificação e transformar as obras em fundamento da santificação. Zane Hodges ensina que "a dádiva da vida de Deus" e o "potencial" para a santificação são dádivas "inteiramente gratuitas" da graça. Mas, a partir daí, "crescimento, fertilidade e a santificação prática exigem um esforço humano árduo" (*AF*, p. 74).

10. Charles Ryrie talvez seja uma exceção à regra nesse ponto. Em determinada passagem, ele reconhece que "o todo da salvação, inclusive a fé, é a dádiva de Deus" (*SGS*, p. 96). Infelizmente, ele menciona essa realidade crucial apenas como "um aspecto secundário interessante" e não trata das implicações disso em seu sistema.

11. Compare a declaração de Hodges: "A Bíblia nunca afirma que a fé salvadora *per se* é uma dádiva" (*AF*, p. 219).

Capítulo 5 – A necessidade de pregar o arrependimento

1. CHANTRY, Walter. *Today's Gospel: Authentic or Synthetic?* Edimburgo: Banner of Truth, 1970, p. 48-49.

2. TOZER, A.W. *That Incredible Christian.* Harrisburg, Pa.: Christian Publications, 1964, p. 18.

3. BERKHOF, Louis. *Systematic Theology.* Grand Rapids, Mich.: Eerdmans, 1939, p. 486.

4. Precisamos admitir, porém, que Ryrie reconhece que arrependimento "efetua alguma mudança no indivíduo" (*SGS*, p. 157), mas ele faz um esforço tão grande para descrever o arrependimento como uma atividade exclusivamente intelectual que ele parece contradizer a si mesmo.

5. Berkhof, *Systematic Theology*, p. 487.

6. BROWN, Colin (org.). *The New International Dictionary of New Testament Theology.* Grand Rapids, Mich.: Zondervan, 1967, verbete "conversion" (1:358).

7. KITTEL, Gerhard (org.). *Theological Dictionary of the New Testament.* Grand Rapids, Mich.: Eerdmans, 1967, verbete "metanoia" (4:1002-3, grifo meu).

8. CHAFER, Lewis Sperry. *Systematic Theology*, 8 vols. Dallas: Seminary Press, 1948, v. 3, p. 376.

9. Ibid., v. 3, p. 376-377.

10. Hodges cita aqui o meu livro *The Gospel According to Jesus* [O evangelho Segundo Jesus]. Grand Rapids, Mich.: Zondervan, 1988, p. 167.

11. IRONSIDE, H. A. *Except Ye Repent.* Grand Rapids, Mich.: Zondervan, 1937, p. 37-38.

Capítulo 6 – Somente pela fé

1. SPROUL, R. C. "Works or Faith?". *Tabletalk*, maio 1991, p. 6.

2. Citado em: BAINTON, Roland. *Here I Stand.* Nova York: Abingdon, 1950, p. 65.

3. Ibid.

4. BETTENSON, Henry (org.). *Documents of the Christian Church.* Nova York: Oxford, 1963, p. 263.

NOTAS

5. SCHAFF, Philip (org.). *The Creeds of Christendom*, 3 vols. Grand Rapids, Mich.: Baker, 1983, v. 3, p. 94.

6. RADMACHER, Earl. "First Response to 'Faith According to the Apostle James' by John F. MacArthur, Jr.", *Journal of the Evangelical Theological Society* 33/1, mar. 1990, p. 40.

7. CALVIN, John. *Institutes of the Christian Religion*, 3:16:1. Grand Rapids, Mich.: Eerdmans, 1966, 2:99.

8. Ibid., v. 2, p. 115.

9. LUTHER, Martin. *Table Talk*. In: LEHMAN, Helmut T. *Luther's Works*. 55 vols. Philadelphia: Fortress, 1967, v. 54, p. 248.

10. Ibid., v. 54, p. 289-290.

11. Ibid., v. 54, p. 290.

12. Schaff, *The Creeds of Christendom*, v. 3, p. 117-118.

13. Ibid., v. 3, p. 118 (grifo meu).

14. Ibid., v. 3, p. 119.

15. Citado em: STRONG, Augustus H. *Systematic Theology*. Philadelphia: Judson, 1907, p. 875.

16. BUTCHER, J. Kevin. "A Critique of The Gospel According to Jesus", *Journal of the Grace Evangelical Society*, primavera de 1989, p. 28. Butcher acredita que, quando descreve Chafer, Ryrie e Hodges como antinomianos, eu estaria sugerindo "que estes homens (e a visão que eles representam) estão apenas preocupados em popular o céu, demonstrando desdém pela santidade e uma jornada cristã consistente". Mas não é isso que o termo antinomiano significa, como mostra a discussão nestas páginas.

17. HODGES, Zane. "Calvinism Ex Cathedra". *Journal of the Grace Evangelical Society*, outono de 1991, p. 68.

18. Ibid., p. 69.

19. RYRIE, Charles C. *Balancing the Christian Life*. Chicago: Moody, 1969, p. 35. O contexto dessa citação é uma seção que argumenta que os cristãos têm duas naturezas. Ryrie sugere que a carnalidade pode ser um estado de existência continuado para o cristão (ibid., p. 170-173). Quando ele fala daqueles que "decidem deixar Deus de fora e viver de acordo com a velha natureza", ele está claramente falando de algo que vai além de uma falha temporária.

20. Existem muitos paralelos entre a teologia moderna do não senhorio e as outras formas de antinomianismo que surgiram de vez em quando na história da igreja. Estas incluem, por exemplo, os ensinamentos de João Agrícola, condenado por Lutero, e o culto sandemaniano que floresceu na Escócia na década de 1700.

21. Hodges, "Calvinism Ex Cathedra", p. 67. Numa nota de rodapé, Hodges alega que ele expressou essa mesma visão em *Absolutely Free!* (p. 213-215). Mas, em *Absolutely Free!*, Hodges nunca fez esse tipo de declaração. Na seção de *Absolutely Free!* que Hodges cita, encontramos que, ironicamente, ele começa me condenando por escrever: "Obediência é a manifestação inevitável da fé salvadora" (*AF*, p. 213). Ele conclui afirmando: "Precisamos acrescentar que não há necessidade de brigar com a visão dos reformadores de que, onde há fé justificadora, as obras existirão também sem qualquer dúvida" (*AF*, p. 215). Mas essa é precisamente a visão contra a qual Hodges argumenta! Hodges conclui que é apenas uma "suposição sensata" que obras resultam da fé, e essas obras podem ser invisíveis ao observador humano: "É possível que apenas Deus consiga detectar os frutos da regeneração em alguns de seus filhos" (p. 215).

22. Quando li *Absolutely Free!*, não encontrei uma única ocorrência das palavras *santificar* ou *santificação*, exceto em uma citação do meu livro. Hodges também não trata da

293

O EVANGELHO SEGUNDO OS APÓSTOLOS

santificação em nenhuma outra de suas obras sobre a questão do senhorio, *The Gospel Under Siege*. Dallas: Redención Viva, 1981, e *Grace in Eclipse*. Dallas: Redención Viva, 1985. Evidentemente, Hodges vê a santidade prática e o crescimento na graça como obra exclusiva do cristão (*AF*, p. 117-126). Trataremos da questão da santificação de maneira mais aprofundada no capítulo 7.

23. Kendall R. T., ao qual Hodges recorre frequentemente, é explícito em relação a isso: "É verdade que a santificação não é uma exigência para a glorificação, caso contrário, Paulo a teria mencionado juntamente com 'chamado' e 'justificação' (Romanos 8:30)." KENDALL, R. T. *Once Saved, Always Saved*. Chicago: Moody, 1983, p. 134. Observe a semelhança entre a declaração de Kendall e o parágrafo de Ryrie citado anteriormente (*SGS*, p. 150).

Capíutulo 7 - Livres do pecado, escravos da justiça

1. Citado em: MURRAY, Iain H. D. *Martyn Lloyd-Jones: The First Forty Years*. Edimburgo: Banner of Truth, 1982, p. 375.
2. RYRIE, Charles C. *Balancing the Christian Life*. Chicago: Moody, 1969, p. 186-187 (grifos meus).
3. RYLE, J. C. *Holiness*. Durham, England: Evangelical Press, p. xxv.
4. Por isso, Zane Hodges escreve: "O jovem rico não estava pronto para uma vida [de dependência no senhorio de Jesus], mas os discípulos renascidos do Filho de Deus estavam" (*AF*, p. 189).
5. WARFIELD, Benjamin B. *Perfectionism*. Philadelphia: Presbyterian & Reformed, 1958, p. 356-357. Warfield diz mais adiante: "Essa separação grosseira da santificação da justificação, como se aquela fosse apenas um dom adicional da graça a ser buscado e obtido por si só – em vez de vê-la como elemento inseparável da única salvação que pertence a todos os cristãos –, estabelece o fundamento, é claro, para aquele círculo de ideias que se resumem na expressão 'a Segunda Bênção'. Elas são danosas. Podemos mencionar, como exemplo, a criação de dois tipos diferentes de cristãos, uma variedade inferior e outra superior" (ibid., p. 357–358). É claro, o erro das duas classes de cristãos subjaz a todo ensino do não senhorio. Veja a discussão mais aprofundada sobre isso no capítulo 8.
6. BARNHOUSE, Donald G. *Romans*, 4 vols. Grand Rapids, Mich.: Eerdmans, 1961, 3:2, 10-12.
7. MOULE, Handley. *The Epistle to the Romans*. Londres: Pickering & Inglis, s.d., p. 160-161.

Capítulo 8 - A luta mortal com o pecado

1. PACKER, J. I. *Hot Tub Religion*. Wheaton: Tyndale, 1987, p. 172.
2. CHAFER, Lewis Sperry. *He That Is Spiritual*. Nova York: Our Hope, 1918. Em *O evangelho segundo Jesus*, descrevi o livro de Chafer e a crítica de B. B. Warfield a ele. A resenha de Warfield em *The Princeton Theological Review*, abr. 1919, p. 322-327, era repleto de raciocínio saudável e conhecimento bíblico. Ela se apresenta como uma crítica minuciosa à teologia do não senhorio moderno. Se Chafer e os autores que foram influenciados por ele tivessem interagido seriamente com Warfield sobre essas questões,

NOTAS

talvez o evangelicalismo norte-americano do século XX teria sido poupado de muita confusão e falso ensinamento.

3. "Os melhores comentaristas em cada era da igreja têm, quase que invariavelmente, aplicado o sétimo capítulo de Romanos aos cristãos mais maduros. Os comentaristas que não assumem essa visão têm sido, com algumas exceções brilhantes, os romanistas, os socinianos e os arminianos. Contra eles se reúnem os juízos de quase todos os reformadores, de quase todos os puritanos e dos melhores evangélicos modernos. [...] Mesmo não pedindo que alguém chame os reformadores e puritanos 'mestres', peço que as pessoas leiam o que eles têm a dizer sobre esse assunto e respondam a seus argumentos, se forem capazes. Isso ainda não tem sido feito! [...] Lembremo-nos de que existe um grande abismo que não pode ser superado: de um lado, temos as opiniões e a interpretação dos reformadores e puritanos; do outro, as opiniões e a interpretação dos romanistas, socinianos e arminianos. Que isso seja claramente distinguido." RYLE, J. C. *Holiness*. Durham, England: Evangelical Press, 1979, p. xxii.

4. RYLE, *Holiness*, 30.

Capítulo 9 - A fé que não funciona

1. RYLE, J. C. *Holiness*. Durham, England: Evangelical Press, 1979, p. 17.

2. THIEME, R. B. Jr. *A Matter of Life [and] Death: The Gospel of Jesus Christ*. Houston: Thieme Bible Ministries, 1990, p. 10-12.

3. Ao destacar as palavras "convicção interior" e ressaltá-las com a expressão "isso – e apenas isso", Hodges rejeita explicitamente o conceito de que a fé produz inevitavelmente uma conduta justa. Os reformadores, por sua vez, tinham um provérbio: "Apenas a fé salva, mas a fé que salva jamais está sozinha."

4. "Provavelmente como reação da justificação por meio das obras da lei, havia surgido uma falácia entre os cristãos judeus de que uma fé em Cristo como princípio inativo, como crença meramente especulativa, seria suficiente sem obras." Tiago mostra como é impossível essa posição." CARR, Arthur. "The General Epistle of St. James". *Cambridge Greek Testament for Schools and Colleges*. Cambridge: Cambridge University Press, 1896, p. 35.

5. ALDRICH, Roy L. *"Some Simple Difficulties of Salvation"*. Bibliotheca Sacra 111/442, abr.-jun. 1954, p. 167.

6. JOHNSTONE, Robert. *Lectures, Exegetical and Practical on the Epistle of James*. Minneapolis: Klock & Klock, 1978, p. 144.

7. BURDICK, Donald W. "James". In: GAEBELEIN, Frank E. (org.) *The Expositor's Bible Commentary*. Grand Rapids, Mich.: Zondervan, 1981, 11, p. 175.

8. HIEBERT, D. Edmond. *The Epistle of James*. Chicago: Moody, 1979, p. 135-136.

9. Ibid.

10. Burdick,"James", 1981, p. 176.

11. A declaração de Tiago de que o praticante da Palavra será abençoado é um eco das palavras do próprio Jesus em João 13:17: "Agora que vocês sabem estas coisas, felizes serão se as praticarem"; e Lucas 11:28: "Antes, felizes são aqueles que ouvem a palavra de Deus e lhe obedecem." A "felicidade" da qual esses versículos falam é o direito de nascença de todos aqueles que são remidos.

12. KISTEMAKER, Simon J. *Exposition of the Epistle of James*. Grand Rapids: Baker, 1986, p. 64.

13. REICKE, Bo. "The Epistles of James, Peter and John". *The Anchor Bible.* Garden City: Doubleday, 1964, 37:32.

14. CRANFIELD, C. E. B. "The Message of James". *The Scottish Journal of Theology,* 18/3, set. 1965, p. 338.

15. RYRIE, Charles C. (org.). *The Ryrie Study Bible.* Chicago: Moody, 1978, p. 1859-1860.

16. Hiebert, *The Epistle of James,* p. 182-185; veja também HODGES, Zane C. "Light on James Two". *Bibliotheca Sacra* 120/480, out.-dez. 1963, p. 341-350.

17. BARNES, Albert. *Notes on the New Testament.* Grand Rapids, Mich.: Baker, 1983, 13:50.

18. Lenski escreve: "'Muito bem!' é certamente uma ironia, já que logo em seguida Tiago escreve: 'Até mesmo os demônios creem – e tremem!' O verbo denota um terror que arrepia nossos pelos. Isso vem como uma trovoada. Jamais foi apresentada uma ilustração mais chocante da fé morta. Sim, até mesmo os demônios têm fé. Esse 'alguém' lhes dirá que isso basta? Dirá ele que os demônios são salvos por meio de sua fé; que o cristão ao qual ele diz: 'Você professou fé' não precisa de uma fé melhor?" LENSKI, R. C. H. *The Interpretation of the Epistle to the Hebrews and the Epistle of James.* Minneapolis: Augsburg, 1966, p. 585.

19. MANTON, Thomas. *The Complete Works of Thomas Manton.* Londres: Nisbet, 1874, 17:113-114.

20. Hiebert, *The Epistle of James,* p. 188.

21. Falo sobre esses versículos em detalhe em: MACARTHUR JR, John. *True Faith.* Chicago, Moody, 1989, p. 123-131.

22. CALVIN, John. *Institutes of the Christian Religion,* v. 3, n. 17, p.12. Grand Rapids, Mich.: Eerdmans, 1966, 2:115.

23. ROSS, Alexander. "The Epistles of James and John". *The New International Commentary on the New Testament.* Grand Rapids, Mich.: Eerdmans, 1954, p. 53.

24. Hiebert, *The Epistle of James,* p. 175.

25. Vale observar que Zane Hodges publicou um panfleto sobre Tiago 2 que questiona mais de quatro séculos de erudição protestante. Admitindo que suas visões são incomuns, ele sugere que todas as interpretações convencionais de Tiago 2 estão fundamentalmente equivocadas e, num tratado de 32 páginas, ele propõe corrigi-las. Hodges escreve: "Não só não existe uma interpretação universalmente aceita de Tiago 2:14-26 no protestantismo pós-Reforma, mas todas as maneiras principais de entender esse texto estão erradas. *E não só erradas, mas seriamente erradas.* Essas visões são tão incorretas que, se o próprio Tiago as ouvisse, ele teria ficado assustado e consternado!" HODGES, Zane C. *Dead Faith: What Is It?* Dallas: Redención Viva,1987, p. 7 (grifo no original). Outro professor aborda as alegações de Hodges com ceticismo: "Um dos aspectos mais surpreendentes – e preocupantes – do livro de Zane C. Hodges [...] é que, pelo que sei, nenhum intérprete significativo das Escrituras em toda a história da igreja defendeu a interpretação de Hodges da passagem da qual ele trata. Isso não significa necessariamente que Hodges esteja errado; mas certamente significa que, provavelmente, ele esteja errado, e provavelmente significa que ele não refletiu com a seriedade necessária sobre todo o conjunto de falácias vinculado a [projetar suas próprias pressuposições sobre o texto bíblico]". CARSON, D. A. *Exegetical Fallacies.* Grand Rapids: Baker, 1984, p. 137. Menciono esse livrinho porque a voz do professor Hodges exerce uma grande influência sobre aqueles que seguem à posição do não senhorio. Respondi a ela num artigo de revista: "Faith According to the Apostle James", *Journal of the Evangelical*

NOTAS

Theological Society 33/1, março de 1990, p. 13-34. Grande parte deste capítulo é uma adaptação desse artigo.

Capítulo 10 - Um antegosto da glória

1. BROOKS, Thomas. *Heaven on Earth: A Treatise on Christian Assurance*. Edimburgo: Banner of Truth, 1982, p. 49.

2. Um editor publicou uma "resenha" de *O evangelho segundo Jesus* que começava assim: "O livro de MacArthur trata de quatro assuntos principais: certeza, fé, arrependimento e a relação entre salvação e discipulado." Meu livro, porém, não apresentava essa divisão. A certeza não era um tema principal; mencionei a falsa certeza apenas ocasionalmente e, no máximo, três ou quatro vezes. Mesmo assim, essa resenha continuava: "Apesar de nunca dizê-lo com tantas palavras assim, MacArthur não acredita na certeza." Evidentemente, isso é loucura, e é também um bom exemplo da razão pela qual muitas pessoas não entendem a essência do debate do senhorio. A resenha foi publicada numa carta de uma organização que existe para defender a teologia do não senhorio e continha vários outros equívocos grosseiros. O editor não respondeu às cartas pedindo uma correção de suas distorções.

3. Obviamente, existe um problema semelhante na teologia wesleyana e arminiana e em qualquer outro sistema de fé que abre espaço para a possibilidade de um cristão se desviar e perder a salvação.

4. CALVINO, João. *Institutes of the Christian Religion*. Grand Rapids, Mich.: Eerdmans, 1966, 4:475.

5. Ibid., 1:484.

6. Para Zane Hodges, essa divergência entre Calvino e aqueles que vieram depois dele é muito importante. Hodges tenta até recrutar Calvino como defensor da posição do não senhorio! (*AF*, p. 207-209, 214-215). Hodges, porém, vai muito além de Calvino nessa questão, transformando a certeza em soma e substância da fé salvadora (*AF*, p. 50-51) e negando qualquer necessidade de autoexame na questão da certeza (*AF*, p. 174-175). Segundo Hodges, certeza é fé, e vice-versa. Afirma não ser necessária nenhuma outra evidência de regeneração. Ele supõe que o grande reformador ensinava a mesma coisa.

   Mas qualquer que tenha sido a visão de Calvino sobre a fé e a certeza, é evidente que ele não teria apoiado a soteriologia do não senhorio de Hodges. Calvino escreveu: "Devemos ter o cuidado de não separar o que o Senhor uniu perpetuamente. O quê, então? Que os homens sejam instruídos que é impossível serem considerados justos pelo mérito de Cristo sem serem renovados por seu Espírito para uma vida santa. [...] *Deus não concede seu favor a ninguém que não tenha sido também feito verdadeiramente justo.*" BEVERIDGE, Henry; BONNET, Jules (orgs.). *Selected Works of John Calvin*, 7 vols. Grand Rapids: Baker, 1983, 3:246 (grifo meu).

   Calvino acrescentou: "[Fé] não é um mero conhecimento que esvoaça pela mente, [mas] traz consigo um afeto vívido, que tem sua sede no coração." Ibid., p. 250.

7. Os escritos de John Owen sobre a certeza são uma exceção refrescante à regra. Cf. FERGUSON, Sinclair B. *John Owens on the Christian Life*. Edimburgo: Banner of Truth, 1987, p. 99-124.

8. "A fé vacila se ela se concentrar em obras, visto que ninguém, nem mesmo o mais santo, encontrará algo em que possa confiar." CALVINO, João. *Institutes ofthe Christian Religion*. Philadelphia: Westminster, 1960, 3:11:11.

297

O EVANGELHO SEGUNDO OS APÓSTOLOS

9. WILKIN, Bob. *"Putting the Gospel Debate in Sharper Focus"*. The Grace Evangelical Society News, maio 1991, p. 1.

10. Certeza sem santificação é a essência do antinomianismo. E o antinomianismo é, muitas vezes, o resultado de uma ênfase extrema na certeza como essência da fé. Charles Hodge observou essa tendência já no início da década de 1800: "Aqueles que fazem da certeza a essência da fé reduzem normalmente a fé a um consentimento meramente intelectual. Muitas vezes, são censuradores, recusando-se a reconhecer como irmãos aqueles que não concordam com eles; e, às vezes, eles são antinomianos". HODGE, Charles. *Systematic Theology*. Grand Rapids: Eerdmans, 1989, 3:106-107.

Berkhof, reconhecendo o perigo do antinomianismo, mesmo assim acreditava ser possível defender a posição de que é possível considerar a certeza a essência da fé, mas manter uma visão equilibrada. Escreveu: "Precisamos manter contra Roma que esse conhecimento certo faz parte da essência da fé; e, em oposição aos teólogos [antinomianos] como Sandeman, Wardlaw, Alexander, Chalmers e outros, que uma aceitação meramente intelectual da verdade não é a íntegra da fé." BERKHOF, Louis. *Systematic Theology*. Grand Rapids: Eerdmans, 1939, p. 503.

11. "Em seu contexto no Novo Testamento, a palavra [certeza] tem referências objetivas e subjetivas. Em seu sentido objetivo, ela denota o fundamento da confiança e da certeza [...]. Em seu sentido subjetivo, a certeza se refere à experiência do cristão [...]. A certeza interior precisa ser submetida a testes morais e espirituais (cf., por exemplo, 1Coríntios 6:9; Efésios 4:17; 1João 2:3-5 etc.), por meio dos quais sabemos se estamos na verdade e que confirmam nossos corações perante Deus (1João 3:19)". MCDONALD, H. D. "Assurance". *The New International Dictionary of the Christian Church*. Grand Rapids: Zondervan, 1978, p. 79.

12. Calvino, *Institutes of the Christian Religion* [Beveridge], 3:14:20, 2:87.

13. Ibid., p. 88.

14. "Os fundamentos da certeza são mais objetivos do que subjetivos; eles não estão tanto dentro de nós quanto fora de nós. Portanto, a base da certeza precisa se apoiar em evidências objetivas suficientes." BOYD, Robert F. "Assurance". *Baker's Dictionary of Theology*. Grand Rapids: Baker, 1960, p. 70.

15. OWEN, John. *The Works of John Owen*, 16 vols. Londres: Banner of Truth, 196, 6:549.

16. Ibid., 6:605.

17. O teste que João está sugerindo aqui é virtualmente idêntico ao autoexame que Paulo exigiu em 2Coríntios 13:5: Jesus Cristo vive em você?

18. Owen, *The Works of John Owen*, 6:397.

19. Ibid., 6:396.

20. Ibid., 6:398.

21. Ibid., 6:397.

22. Para uma discussão mais aprofundada sobre a certeza, veja: MACARTHUR, John. *Saved Without a Doubt*. Wheaton: Victor, 1992.

Capítulo 11 - Protegidos pelo poder de Deus

1. MURRAY, John. *Redemption Accomplished and Applied*. Grand Rapids: Eerdmans, 1955, p. 151-152.

2. HOEKEMA, Anthony A. *Saved by Grace*. Grand Rapids: Eerdmans, 1989, p. 234.

3. HODGES, Zane. *The Gospel Under Siege*. Dallas: Redenção Viva, 1981, p. 113.

NOTAS

4. Murray, *Redemption Accomplished and Applied*, p. 151.
5. Ironicamente, Zane Hodges constrói todo seu sistema sobre as palavras de Jesus à mulher junto ao poço em João 4, mas Hodges ignora a verdade da perseverança que está incluída nessa promessa.
6. HORNE, Charles. *Salvation*. Chicago: Moody, 1971, p. 95.
7. KENDALL, R. T. *Once Saved, Always Saved*. Chicago: Moody, 1983, p. 19 (grifos no original). Mais adiante, Kendall aprofunda o pensamento: "Afirmo, portanto, categoricamente, que a pessoa que foi salva – que confessa que Jesus é Senhor e crê em seu coração que Deus o ressuscitou dentre os mortos – irá ao céu, independentemente das obras (ou falta de obras) que possam acompanhar sua fé. Em outras palavras: independentemente do pecado (ou ausência de obediência cristã) que possa acompanhar essa fé". Ibid., p. 52-53.
8. Ibid., p. 22.
9. Ibid., p. 23. A retórica semelhante de Hodges nessa mesma questão é abertamente ofensiva. "As pessoas não são salvas fitando Cristo. São salvas olhando para ele em fé" (*AF*, p. 107).
10. Murray, *Redemption Accomplished and Applied*, p. 154-155.
11. ALDERSON, Richard. *No Holiness, No Heaven!* Edinburgh: Banner of Truth, 1986, p. 88.
12. Horne, *Salvation*, p. 95.
13. Hoekema, *Saved by Grace*, p. 244.
14. Isso não quer dizer que todos cristãos experimentarão a mesma medida de sucesso espiritual, apenas que nenhum deles se desviará de Cristo rendendo-se à descrença.
15. LEIGHTON, Robert. *Commentary on First Peter*. Grand Rapids, Mich.: Kregel, 1972, p. 55.
16. Mesmo aqueles que querem aplicar essas declarações de Cristo a um passo pós-conversão do discipulado não conseguem resolver o dilema de seu caráter absoluto.

Capítulo 12 - O que preciso fazer para ser salvo?

1. BELCHER, Richard P. *A Layman's Guide to the Lordship Controversy*. Southbridge: Crowne, 1990, p. 71.
2. CHAFER, Lewis Sperry. *Systematic Theology*, 8 vols. Dallas: Seminary Press, 1948, 3:387.
3. Ibid., 3:371-393.
4. CHAFER, Lewis Sperry. *Salvation*. Philadelphia: Sunday School Times, 1917, p. 80 (grifo meu).
5. CHAFER, Lewis Sperry. *True Evangelism*. Grand Rapids, Mich.: Zondervan, 1919, p. 13.
6. Ibid., p. 15.
7. Chafer, *Systematic Theology*, 3:385.
8. Ibid.
9. KERN, Stephen. "It is Easy to Receive Salvation from God". *The Idaho Statesman*, 29 jun. 1991, 3D (grifo meu).
10. Hodges parece estar argumentando que, afinal de contas, crer deve ser fácil. Respondendo à expressão "fé-fácil", ele escreve: "Supostamente, o contrário seria a 'fé-difícil'. E se existir algum sistema de pensamento que ensina a 'fé difícil', esse sistema é a

O EVANGELHO SEGUNDO OS APÓSTOLOS

salvação pelo senhorio. [...] Mas a salvação é simples e, nesse sentido, fácil! Afinal de contas, o que poderia ser mais simples do que 'aceitar a água da vida gratuitamente'?" (*AF*, p. 30).

11. Ryrie inclui um capítulo intitulado de "It's Not Easy to Believe" [Não é fácil crer] (*SGS*, p. 117-123).

12. Um recurso especialmente útil é METZGER, Will. *Tell the Truth*. 2. ed. Downers Grove: InterVarsity, 1984. Além de oferecer informações muito práticas, Metzger denuncia a tendência reducionista no evangelismo que descrevi anteriormente, e ele inclui uma seção muito perspicaz contrastando o evangelismo centrado em Deus com o evangelismo centrado no homem. Um tratado útil é "Who Do You Think I Am?". Valencia: Grace to You,1991.

13. WILKIN, Bob. "Letters to the Editor". *The Grace Evangelical Society News*. ago. 1990, p. 3.

14. TOZER, A. W. *The Root of the Righteous*. Harrisburg: Christian Publications,1955, p. 61–63.

15. PENTECOST, J. Dwight. "A Christian Perspective". *Kindred Spirit*. inverno de 1988, p. 3.

16. Ibid. Isso é um exemplo perfeito de como a salvação pelo senhorio é, muitas vezes, exagerada, satirizada e transformada em caricatura que facilmente pode ser rejeitada. Infelizmente, isso confunde e infunde preconceitos nas pessoas sem tratar das questões essenciais.

17. Se o batismo fosse necessário para a salvação, Paulo certamente não teria escrito: "Dou graças a Deus por não ter batizado nenhum de vocês, exceto Crispo e Gaio [...] Pois Cristo não me enviou para batizar, mas para pregar o evangelho" (1Coríntios 1:14, 17).

18. SPURGEON, Charles Haddon. *The Soul Winner*. Grand Rapids: Eerdmans, 1963, p. 38.

19. CHRISOPE, T. Alan. *Jesus Is Lord*. Hertfordshire: Evangelical Press, 1982, p. 57.

20. Ibid., p. 61.

21. Ibid., p. 63.

22. MACARTHUR, JR. John. *The Gospel According to Jesus*. Grand Rapids: Zondervan, 1988, p. 210.

Apêndice 2 - O que é dispensacionalismo e o que ele tem a ver com a salvação pelo senhorio?

1. Esta é a maior inconsistência que vejo na abordagem da teologia da aliança: Todos nós reconhecemos que as promessas de juízo contra Israel foram cumpridas literalmente. Mas a teologia da aliança faz da igreja o recipiente das bênçãos prometidas, que precisam, então, ser espiritualizadas para que possam ser aplicadas à igreja. Parece-me que uma abordagem consistente diria que, se as promessas de juízo foram cumpridas literalmente, as bênçãos também deveriam ser cumpridas literalmente.

2. Veja o capítulo "How Should We Interpret the Bible?" em meu livro *Charismatic Chaos* [Caos carismático]. Grand Rapids: Zondervan, 1992, p. 85-105.

3. RYRIE, Charles C. *Dispensationalism Today*. Chicago: Moody, 1965, p. 47.

4. A maioria dos dispensacionalistas rejeita o ultradispensacionalismo (cf. ibid., p. 192-205).

5. *The Scofield Reference Bible*. Nova York: Oxford, 1917, p. 1115.

NOTAS

6. Em uma anotação a Êxodo 19:3, onde Moisés recebe a lei, Scofield escreveu: "A lei não pretende ser um meio de vida, mas um meio pelo qual Israel poderia se tornar 'um tesouro peculiar' e um 'reino de sacerdotes'" (ibid., p. 93).

7. GERSTNER, John. *Wrongly Dividing the Word of Truth*. Nova York: Loizeaux, s.d.

8. IRONSIDE, H. A. *Except Ye Repent*. Grand Rapids: Zondervan, 1937.

9. *Eternal Security of Believers*. Nova York: Loizeaux, 1934.

10. Veja, por exemplo, *Full Assurance*. Chicago: Moody,1937, p. 64, 77-87; também *Holiness: The False and the True*. Neptune: Loizeaux, 1912, p. 121–126.

11. Ryrie, por exemplo, reconheceu em *Dispensationalism Today* que Scofield havia feito "declarações sem fundamento" sobre a soteriologia dispensacionalista e que, muitas vezes, os dispensacionalistas passam uma impressão errada sobre o papel da graça durante a era do Antigo Testamento (p. 112, 117).

12. Brentwood: Wolgemuth & Hyatt, 1991. Cf. MAYHUE, Richard L. "Who Is Wrong? A Review of John Gerstner's Wrongly Dividing the Word of Truth". *Master's Seminary Journal* 3:1, primavera de 1992, p. 73-94.

13. Além do mais, todos os membros do corpo docente do *The Master's Seminary* são dispensacionalistas. Nenhum de nós defende as visões antinomianas que Dr. Gerstner atribui a todos os dispensacionalistas.

14. Scofield, *The Scofield Reference Bible*, p. 1003.

15. CHAFER, Lewis Sperry. *Systematic Theology*, 8 vols. Dallas: Seminary Press, 1948, 7:219 (grifo meu).

16. Ibid., 7:179.

17. CHAFER, Lewis Sperry. *Grace*. Wheaton: Van Kampen, 1922, p. 344.

18. Ibid.

19. Ibid., p. 124 (grifo meu).

20. Gálatas 3 também deixa claro que jamais foi a intenção de Deus que a justiça viria por meio da lei ou que a salvação pudesse ser conquistada por meio da obediência (veja especialmente os vs. 7, 11). A lei agia como tutor para levar as pessoas a Cristo (v. 24). Assim, até mesmo no Antigo Testamento as pessoas eram salvas por causa da fé, não por causa da obediência à lei (cf. Romanos 3:19-20).

21. CHAFER, Lewis Sperry. "Dispensational Distinctions Denoucned". *Bibliotheca Sacra*. jul. 1944, p. 259.

22. Chafer, *Systematic Theology*, 3:372.

23. Ibid., 3:385.

24. Ibid., 3:387.

25. Ibid., 3:385-386.

26. Ibid., 4:225.

27. Ibid., 4:206.

28. Ibid., 4:185.

29. Ibid., 4:224.

30. Os ultradispensacionalistas levam a metodologia de Chafer um passo além. Observando que o apóstolo Paulo chamou a igreja um mistério que "não foi dado a conhecer aos homens doutras gerações, mas agora foi revelado pelo Espírito aos santos apóstolos e profetas de Deus" (Efésios 3:5), eles concluem que a era da igreja só começou no ministério de Paulo. Assim, anulam todo o Novo Testamento com a exceção das epístolas de Paulo.

O EVANGELHO SEGUNDO OS APÓSTOLOS

Apêndice 3 - Vozes do passado

1. LLEWELLEN, Thomas G. "Has Lordship Salvation Been Taught Throughout Church History?", *Bibliotheca Sacra*, jan.-mar. 1990, p. 59.
2. LUTHER, Martin. "Justification by Faith". In: WIERSBE, Warren W. (org.). *Classic Sermons on Faith and Doubt*. Grand Rapids: Kregel, 1985, p. 78-83 (grifos meus).
3. CALVIN, John. *Institutes of the Christian Religion*, 3:16:1. Grand Rapids: Eerdmans, 1966, 2:98.
4. Ibid.
5. OLIN, John C. (org.). *A Reformation Debate*. Grand Rapids: Baker, 1966, p. 68.
6. Calvin, *Institutes* [Beveridge], 3:2:8-11, 1:475-479 (grifos meus).
7. RYLE, J. C. *Holiness*. Durham, England: Evangelical Press, 1979, p. 29-30.
8. SPURGEON, C. H. *The Metropolitan Tabernacle Pulpit*, v. 47. Pasadena: Pilgrim, 1986, p. 570.
9. SPURGEON, C. H. *The Metropolitan Tabernacle Pulpit*, v. 17. Londres: Passmore & Alabaster, 1894, p. 99.
10. SPURGEON, C. H. *The Metropolitan Tabernacle Pulpit*, v. 11. Pasadena: Pilgrim, 1979, p. 138.
11. SPURGEON, C. H. *The Metropolitan Tabernacle Pulpit*, v. 56. Pasadena, Tex.: Pilgrim, 1979, p. 617.
12. Citado em GERSTNER, John. *The Rational Biblical Theology of Jonathan Edwards*. Orlando: Ligonier, 1991, p. 301.
13. HODGE, Charles. *Systematic Theology*. Grand Rapids: Eerdmans, 1989, 3:110.
14. MOODY, D. L. "True Repentance". In: *The Gospel Awakening*. Chicago: Fairbanks, Palmer, 1883, p. 417.
15. "Signs of the New Birth", ibid., p. 658.
16. TORREY, R. A. *How to Work for Christ*. Old Tappan: Revell, s.d., p. 37-38.
17. GRAY, James M. *Salvation from Start to Finish*. Chicago: Moody, s.d., p. 39-44.
18. THOMAS, W. H. Griffith. *The Christian Life and How to Live It*. Chicago: Moody, 1919, p. 46-49.
19. IRONSIDE, H. A. *Full Assurance*. Chicago: Moody, 1937, p. 33.
20. Ibid., p. 82–23.
21. TOZER, A.W. *That Incredible Christian* (Harrisburg, Pa.: Christian Publications, 1964), p. 18-19.
22. Ibid., 44.
23. TOZER, A.W. *Man: The Dwelling Place of God*. Camp Hill: Christian Publications, 1966, p. 140-143.
24. TOZER, A.W. *The Root of the Righteous*. Harrisburg: Christian Publications, 1955, p. 84-86.
25. Tozer, *Man: The Dwelling Place of God*, p. 30-33.
26. PINK, Arthur. *Studies on Saving Faith*. Swengel: Reiner, s.d., p. 5.
27. PINK, Arthur. *Practical Christianity*. Grand Rapids: Baker, 1974, p. 20.
28. Ibid., p. 24-25.
29. Pink, *Studies on Saving Faith*, p. 14.
30. É possível, por meio de citações seletivas, encontrar comentários de teólogos confiáveis que parecem apoiar algumas das ideias propagadas por vários professores do não senhorio. Mas você não encontrará nenhum líder na Reforma, na pós-Reforma ou nos movimentos evangélicos que tenha apoiado o sistema da soteriologia do não senhorio

NOTAS

defendido pelo Dr. Ryrie, muito menos a variedade extrema defendida pelo professor Hodges.

Os verdadeiros precursores históricos do ensino do não senhorio incluem os antinomianos sandemanianos na Escócia do século XVIII. Esse movimento foi plenamente refutado pelos puritanos. D. Martyn Lloyd-Jones apresenta a seita sandemaniana e sua doutrina em: *The Puritans: Their Origins and Successors*. Edinburgh: Banner of Truth, 1987, p. 170-190.

31. WILSON, Jeffrey E. *The Authentic Gospel*. Edinburgh: Banner of Truth, 1990, p. 1.

Este livro foi impresso em 2020, pela
Exklusiva para a Thomas Nelson Brasil.
A fonte usada no miolo é Adobe Caslon Pro
corpo 11,5. O papel do miolo é avena 80g/m²,
e o da capa é Cartão 250g/m².